国家出版基金项目
NATIONAL PUBLICATION FOUNDATION

中国电影人口述历史
The Oral History About Chinese Cinema

丛书主编　陈墨　张锦　边静

# 漫漫求索
# 孜孜不息

本卷主编　刘桂清



## 刘国典访谈录

采访人丨陈墨　受访人丨刘国典

CFP 中国电影出版社

**图书在版编目（CIP）数据**

漫漫求索 孜孜不息：刘国典访谈录 / 刘桂清主编. --
北京：中国电影出版社，2023.12
（中国电影人口述历史 / 陈墨，张锦，边静主编）
ISBN 978-7-106-05515-8

Ⅰ. ①漫… Ⅱ. ①刘… Ⅲ. ①刘国典－访问记 Ⅳ.
①K825.78

中国国家版本馆CIP数据核字（2023）第019409号

**责任编辑**：王　宁
**封面设计**：杨平平
**责任校对**：林　娜
**责任印制**：孙　杉

**出版发行**　中国电影出版社（北京北三环东路22号）　邮编：100013
电话：64296664（总编室）　64216278（发行部）
64296742（读者服务部）Email：cfpygb@126.com
**印　　刷**　中国电影出版社印刷厂
**版　　次**　2023年12月第1版　2023年12月北京第1次印刷
**开　　本**　710mm × 1000mm　1/16
**印　　张**　19.5
**字　　数**　320千字
**定　　价**　96.00元

# 《中国电影人口述历史》

## 编纂指导组成员

边　静　陈　墨　皇甫宜川　黎　煜

李　镇　吴　迪（启之）　张　锦　周　夏

## 特别鸣谢

傅红星　阎晓明　饶曙光　陆弘石　张建勇

# 序

■ 陈 墨

## 一

“中国电影人口述历史”，是由中国电影资料馆暨中国电影艺术研究中心和电影频道合作的，以采访和记录老一代中国电影人生平经历并作档案收藏为目的的大型采访工程。该项目于2007年正式启动，2008年全面展开，至2010年为采访工程的第一阶段；2011年起为采访工程的第二阶段。做口述历史，我们是后来者，其便利条件是可以站在前人的肩膀上，充分汲取先驱者的经验和教训；可以利用后发优势，使我们的工作做得比较顺利、有效，且有一点特色。

我们的项目名称是“中国电影人口述历史”，而不是“电影口述史”。作为电影资料馆人，我们做口述历史采访的目标，是要作为档案收集，让受访人做生平讲述，包括其电影从业经历、社会人生经历、个人生活与心灵成长经历三个向度，建立电影专业史、中国社会史、个人心灵史三者合一信息档案。

“中国电影人口述历史”采集电影人记忆档案，固然是留赠后人，也应尽可能服务于当下。为此，我们和中国电影出版社合作，申请到国家出版基金资助，将陆续出版“中国电影人口述历史”30卷。我们采取了四种分卷形式，即单人卷、单位卷（多人）、专业卷（多人）、专题卷（多人），目的是在深度与广度、丰富性与多样性之间获得平衡。

## 二

口述历史采访及其录音抄本的编纂，依据不同的目标，自有不同的重点、方法与形式。“中国电影人口述历史”的编纂，在篇幅允许的前提下，希望我们能够做到，录音编纂抄本展现五个方面的内容：一是受访人电影从业史及与电影相关内容。二是政治运动经历及社会环境变迁的情况，由此展现电影人在怎样的环境中工作，以便理解他们为何及如何工作。三是个人生活史，是社会史的资料。四是个人心灵史或个性成长史，看社会环境如何塑造个人及个人如何与社会环境和社会关系互动。五是在确保对话信息清晰可感的前提下，不仅展现受访人“说什么”，也尽可能保留其“怎么说”，尽量保持口述历史采访的现场感及对话者的个性言语特征。在实际编选过程中，会因为采访方式、资料丰歉、编选方法、篇幅容量的不同而产生不同的变体形式。

这套书有须共同遵守的编辑体例。具体如，1. 每个访谈都必须有一些常规项目，例如采访人、受访人、摄像师姓名，采访时间、采访地点等。2. 保留采访人和受访人对话问答形式。3. 编纂抄本必须以原始抄本为依据，如有修订必须用括号标示。4. 编者可以做必要删减，但须保持对话语意的完整性。5. 尽可能保持受访人说话的言语特点。6. 编者应针对访谈录中须加解释说明的地方做出注释。7. 每个访谈录后面都必须有《采访人手记》，提供必要的工作说明。8. 每册书后，须有分册主编的《编后记》，说明其编选方法及理由。

除上述必须遵守的基本体例之外，在编选理念、编辑方法、技术技巧等方面，我们鼓励分册主编按照自己的思考和认知进行探索和创新。

# 三

这套书采取分册主编负责制度。分册主编人选，大多是“中国电影人口述历史”工作团队成员，包括张锦研究员、李镇研究员、黎煜博士、边静博士、周夏研究员、黄德泉研究员、蒙丽静博士、李相先生、王霞女士、彭琨女士、苗禾女士、赵正阳博士和我本人。我们还聘请了张震钦研究员、刘桂清编审等资深专家，孙劲松副研究馆员及《当代电影》檀秋文编审等担任分册主编。

“中国电影人口述历史”的采访和出版，首先应该感谢授权我们出版其访谈录的所有前辈电影人！

我们曾得到过程季华、罗艺军、李少白、马德波、孟犁野、戴光晰等学界前辈，北京电影学院郑洞天教授、陈山教授、钟大丰教授，复旦大学周斌教授，中国传媒大学胡克教授，中国艺术研究院影视所所长丁亚平研究员，北京大学李道新教授，上海交通大学李亦中教授，西南大学虞吉教授，电影史家翟建农先生，山西社科院丁东研究员，中国青年政治学院邢小群教授等人的帮助和指导，在此向诸位专家表示衷心感谢！

“中国电影人口述历史”计划得以顺利实施，要感谢电影频道慷慨资助；要感谢阎晓明先生、陆弘石先生！

感谢中国电影资料馆前任馆长傅红星、前副馆长饶曙光、前代理馆长张建勇及现任馆长孙向辉！感谢倡议者和领导者皇甫宜川研究员！感谢最先探索者启之研究员！感谢李迅研究员、李一鸣研究员、单万里研究员！感谢中国电影资料馆办公室、离退休干部处、财务处等所有支持和帮助过口述历史工作的同事们！

感谢所有担任过“中国电影人口述历史”摄像、录音工作的在读或已毕业的、本中心及外校研究生同学们！

最后，要感谢中国电影出版社！感谢所有为之付出的人！

# 目录

# 刘国典访谈录

| | |
|---|---|
| **采访人** | 陈墨 |
| **摄　像** | 孙波 |
| **录　音** | 孙波 |
| **采访时间** | 2012年2月至3月 |
| **采访时长** | 39小时 |
| **采访地点** | 北京·刘国典先生家 |

#【受访人简介】

**刘国典**

1932年1月26日生于湖南省安乡县。电影专家。任中华人民共和国全国政协委员（两届）。北京电影学院院长，中共北京电影学院党委副书记。1950年在湖南电影总队任队长。在北京电影制片厂曾任摄影队和抗美援朝前线电影记者。1954年入北京电影学校摄影系学习。先后任摄影系副主任、教研室主任，教授、硕士生导师。并在北京师范大学英语系和“四所大学”专修英语、光学。加拿大瑞俄森理工学院访问学者。就读于中共中央高中级干部理论班。1988年任中共广播电影电视部电影局分党组成员、总工程师。《电影技术》主编。《电影放映技术》编委会主任。1992年任中国电影电视技术学会常务副理事长，秘书长。感光学会常务理事。国家广电科技委常务理事、高级顾问。中国老年科学技术工作者协会广播电影电视分会常务理事长、高级顾问。科研项目“海鸥CL-A型曝光计研究”于1977年获文化部重大科研成果奖；“摄影滤光器系列化研究”于1978年获全国科学大会重大科研成果奖，文化部重大科研成果奖。著作《摄影曝光控制》于1987年获广播电影电视部优秀教材一等奖、国家教委优秀教材奖。《电影摄影技术》《摄影滤光器与影调调节》《摄影师手册》和其他著述由中国电影出版社、上海人民美术出版社出版发行。

# 引子

**陈墨（下文简称为陈）：**那咱们就开始呀，刘老师？

**刘国典（下文简称为刘）：**有关这次采访，我想稍微地说那么几句。1947年，我在明德中学就参与中国共产党领导的系列活动，积极参加革命的学生运动。在这一过程中，我开始学习毛泽东同志的《中国革命与中国共产党》（1939）、《新民主主义论》（1940）、《论联合政府》（1945）、《目前形势和我们的任务》（1947）等有关的论著，并积极地参加反对饥饿、反对迫害、反对内战的“三反运动”。1950年6月20日，由中国新民主主义青年团湖南省工委推荐到湖南省文教厅，参加到革命队伍中。在这样一个过程中，在革命队伍里面，从1950年6月开始，直到成为北京电影学院的教授、正局级的院长，经历过摄影记者、抗美援朝电影摄影、电影教育者、电影事业管理者（电影局总工程师），搞过科研，直到2003年12月31日离开工作岗位（离休）。我的革命经历整整是53年6个月。

这样一个长期的革命队伍里面，从青年团的积极选拔，一级级地选拔，成为文教厅的放映队长、摄影记者，到北京电影制片厂的新闻纪录电影记者，1954年作为北京电影学院（校）的调干生，再到1956年1月26日留校任教。后来又提拔我为北京电影学院的院长，并继续担任教学工作。1988年担任电影局的总工程师，工作了将近五年。我总觉得，从一个学生走到这一步，一直是在中国共产党的关注下成长。现在要口述历史，要讲自己的长时间的工作经历，做这件事本身对自己来说是一个很好的回顾，更多的还是一个展望。因为电影学院的工作还在继续，同时中国老科学技术工作者协会的工作还在担任，尽管2003年12月已经办理了退休手续，但很多工作还在担任。我今年已经足足80周岁了，仍然觉得还是……

**陈：**非常好。

**刘：**（大笑）工作精力还很充沛。所以在这口述历史的时候，我自然会想到这样一些简要的情况。

# 第一章　生平及家庭状况

## 第一节　对家乡的印象

**陈：** 下面做具体的访谈，就是您的生平讲述。

**刘：** 好。

**陈：** 请您先从家乡开始说起，您的家乡安乡县是一个什么样的地理位置，什么样的历史沿革，主要出产是什么，文化历史名人有哪些？

**刘：** 严格地说，我离开老家时只有六七岁，离开乡下，经由县城文新小学，然后到长沙来。离开县城时也只有 15 岁，后来一直在一个求学的过程之中。对老家的情况，的确不甚了解，要是回顾的话，首先一条特别明确，我的老家是“滨湖”之乡，在洞庭湖边上。我们那个地方水稻产量还是相当高的，还有像棉花这一类型的作物，当然也包括各种各样的鱼类，还有大豆啦，等等。物产非常丰富，的确是“滨湖”之乡。

**陈：** 鱼米之乡。

**刘：** 对，鱼米之乡。国民党时期我们那里的苛捐杂税是相当的厉害。如果要讲到当地的社会情况，在农村这个层面，不会太深入。如果说想要进一步地了解那个地方的情况，无外乎是要到类似县城这样的地方。在我们那个地方，除了广大的劳动群众、农民受到较多的剥削以外，我觉得最积极、活跃的因素是农业。当初的那些有钱人——地主阶级。尽管数量不是特别的多，但是搜刮民脂民膏，搜刮老百姓的钱粮相当厉害。那个时候我还是个小学生，就看到这些情况是很突出的。还有抓壮丁，把人弄走去当兵。这些事情在当时的社会情况里面呢，反映得很明显。

**陈：** 您见过抓壮丁吗？

**刘：** 知道，没有直接见到，但听说过，谁家的人被抓走了，谁家的人又被弄走了。这种话是听说过的。除此之外还比较明显地感到所谓的“保甲长”搜刮民脂民膏。尽管他的官不大，搜刮起来可是很厉害的。把老百姓的东西弄走了，人也抓走了，家里还要交粮款呐。那时候我也就七岁左右吧。后来我所在的文新小学搬到县城，县城里搜刮民脂民膏的情况仍然是很厉害的。离开了我们所在的地区进入到县城，耳闻较多的是地主……地主也搬到城里去住去了，仍然是搜刮民脂民膏。讲到某家某户，都是钱粮多少多少“石”[①]。不过呢，跟其他的地方比较起来，主要还是一些中小地主。

**陈：**您知道安乡有哪些历史文化名人？

**刘：**我们当初来讲，就是何彦模[②]啦。

**陈：**他是什么人？

**刘：**他是地主，是当时的社会名流，另外还有袁东山[③]，都相当富有，收租的粮食比较多嘛，收得太多，上千石的粮食。像何彦模家里，还经营着粮店，跟做买卖一样的。袁东山纯粹是个大地主，就住在城里面，照吃照喝照拿。只要讲到当初县城里那些大的人物，感觉到的就是靠收租，靠剥夺粮食发家致富、家缠万贯，都是这样一些人在当地有影响。

**陈：**有更大影响的人不是太多？

**刘：**不太多。安乡算是一个县城啊，规模也不小，国民党还曾经把它定为所谓的模范县。但它并没有太多的人，没有太多的物。我还能讲若干个名字出来，但当地都是这样一种类型的人物比较多一些。

**陈：**您的家乡，就是笃睦乡，它是什么时候得名的，您了解过吗？

**刘：**笃睦乡，我的印象当中，可能 1938 年我就在县城里头读书了。1938 年之前的 4 年里头，就已经叫名为笃睦乡了。

**陈：**笃睦乡所在地不远就是陆家渡？

**刘：**我们笃睦乡 2000 米就到陆家渡，乡政府就在陆家渡，我家在文新桥。

**陈：**文新桥是村子？

**刘：**我们那儿不叫村，当初要讲到我们那个县，老讲陆家渡怎么样，因为它就在我们文新桥的边上。文新小学就在文新桥跟陆家渡就隔 2000 米。到陆家渡去，有一条小河沟，可以坐小船，用撑竹竿的方法——就是

---

① 石是指容量单位，10斗等于1石。

② 何彦模，当地地主。

③ 袁东山，当地地主。

小筏子，是很近的一段距离。没有特别大名气的那么一个地方。活跃的有影响的人，还是那些收租者。比如刘步元（刘琳华），1947 年他在长沙，解放以后到台湾去了，但是他的老家还在文新桥。文新桥这个地方，就是在他家的大祠堂的旁边。那时候他家里发财就发得多了，搜刮得更厉害啊。文新小学就办在他家里开辟的一块地方，有很大一片房子。那在我们当地来讲就很不错了。当时我家里只是一个小地主，能够收到的谷子，讲石田的话，将近四十石田，再连着收租就一百多石谷子。一石谷子是 140 斤，140 斤的谷子我家里收一百多石。

**陈：**那就是一万多斤？

**刘：**嗯……就是这么个意思嘛。

**陈：**刘琳华家呢？

**刘：**恐怕有十倍于我们家，相当多了，收的谷子太多了。

**陈：**那一年有十几万斤吧？

**刘：**很多，对，应该这么估算。他家的谷仓很大。他的年龄比我大不了太多，我查了我家的历史档案，他年龄比我大 10 周岁，当初来讲在当地算个小地主了。我夫人跟我说，他家的人可能是早亡了，所以他小时候就在家里当家了。他先在湖南大学上学，后来又在家乡收租。当初看面相，感觉也就是二十八九、三十来岁那么一个年轻人。他继承了这一大块家业，后来就干脆从长沙回到家乡，在他的家里办小学。无所谓赞助不赞助，就在这儿办吧，是这么一种情况。我在这里大概读了三年级。因为他也不在家里住，他也没有什么亲戚朋友。后来他结婚，在台湾生了几个孩子。他 1948 年离开家乡的时候，家里没有太多的小孩，我看他的资料里面，后来他家里的小孩，都是到台湾去以后生的。因为他家收的租太多了，家里装一点，长沙装一点，到处装一点，不久就卖，卖了存起钱来。钱多得用不完，所以无所谓赞助不赞助。

## 第二节　家庭概况

**陈：**您说说您家大概的情况。那会儿房产大概是多少？家里有没有长工？

**刘：**要讲到我家里的情况，要说到 1994 年，家里来了一个姓刘的老先生，大概比我现在的年龄还要大，七八十岁的样子，我们都是以长者相称，到了我家之后，问我家里的情况。当时在湖南干什么呢？家在什么地方呢？

他要写一本历史，刘家的历史，像给刘家写档案一样。

**陈：** 族谱。

**刘：** 家族族谱。他给了我一份东西。我从他写的资料里面，反过来看我的家谱，了解我家里的情况。他给我讲他从湖南了解的情况，大概是这样：我有一个祖父，我知道他，但从没有见过。大概从祖父那儿算起到我父亲去世，整个这段家族历史，是典型的地主阶级。

**陈：** 政治概念太明确了。

**刘：** 我的祖父百分之百地靠收租过日子。他没有当过官，没有做过事，就是每年收租。我们家里大概是40石田的地租，收下来的谷子按照我刚讲的比例来算，大概就是一百多石谷子，一石谷子大概是140斤。这是我知道的，可能不准确。就收这么一点东西，一部分租子存在县城的家里，我知道家里有个大仓。这是我小时候，到1938年之前，或1940年以前，我在家乡待的时候，我知道家里的仓有多大，能够装那么多的谷子。还有一部分谷子存在县城里的粮栈，有些栈可以把粮食存在那儿，一石粮收你多少钱。

**陈：** 粮店，粮站？

**刘：** 粮栈，栈，木字旁。客栈的栈。粮栈，就是存粮的地方，它不卖粮食。到后来，一部分粮食就存到长沙。因为我家在湖南汉寿还有一些地，在洞庭湖的南边，靠近常德地区。那个地方收的租子就放在长沙。我家整体来讲算40石田，包括它们都在内。所以我看这个地主咧……地不算太多。但是有时候讲起来嘛，好像说“大地主哇”这样说得多一点。收租应该说是不算太重。对我父亲来讲，就纯粹靠收租，两个地方收租。后来家搬到安乡县县城，生活还是靠地租。再后来家搬到长沙，吃的还是地租。他不为官，保甲长这类的小官他都没有当过，就是靠收租。在当地来讲呢，能收一百多石谷子，也还算一个中小地主，有一点名气，还是场面上的人物。我父亲没有任何“为政”的活动。总之，我们家大概是这么一个状况。

**陈：** 房产呢？

**刘：** 我现在能够说得出来的，大概农村有十来间房。因为我在那儿住过，我都能说出布局来，房子是前一间、后一间，前面是卧房后边就是佣人住的房间，前面是堂屋，后面是灶房啊，另外还有客房。房内的柱子都是很粗很高的，里头的对联也是很庄重的。

**陈：** 那对联是木板的？

**刘：** 木板的，雕刻的，两边都是。具体什么字儿我一句也记不得了，那时候年纪太小了。家里要请客，摆吃饭的桌子能摆六桌，三开间。当中有个神龛了，要摆放菩萨嘛。后面有一个小间，放些小零碎东西。

**陈**：就是储藏间那样的？

**刘**：是相当典型的储藏间。可是我们那个地方不叫“储藏间”，叫“倒屋”[①]。后头一间倒屋，旁边是卧房，后边还是卧房。卧房摆三个铺位没问题，一个大铺两个小铺。后面佣人住的房间也是比较大的。旁边是厨房，厨房很大。厨房旁边呢，是我们休闲的地方，这个当然是现在的话，就是冬天烧火取暖的地方。那个房间基本上有后面“稻屋”那么大。旁边是舂米间，这就是我家里房子的布局情况。你要这么说的话，旁边还有一个盛粮食的。

**陈**：仓屋？

**刘**：仓屋。要这么来算呢，我们家大概就是十一二间瓦房。

**陈**：那时候瓦房在乡村还不普遍。

**刘**：不普遍。住瓦房的肯定是“高级”人家，农民住的就是茅草房。烤火的那个房呢，比正房大概要高出五个台阶左右。如果说下雨涨水，可以到那个地方躲雨的。

**陈**：您出生的时候，家里一共有几个人？

**刘**：我是家里最小的孩子，连我在内有三个孩子，加上父母五个人。

**陈**：祖父已经去世了？

**刘**：去世了。我知道祖父的名字，但压根儿就没见过。

**陈**：祖父叫什么？

**刘**：刘士贤。士兵的士，贤良的贤。

**陈**：这个名字很文雅。

**刘**：他是小一点儿的地主，钱财积累、过渡到我爸爸的时候呢，可能就多了一点了。

**陈**：您父亲的大名是什么？

**刘**：刘华勋。中华的华，勋章的勋。他有一个别名，舫之。舟字旁，一个方字。画舫的舫，刘舫之，之乎者也的之。妈妈姓周，周氏，没名字的。也许有名字，我们不知道的（大笑）。

**陈**：（笑）您不知道妈妈的名字？

**刘**：不知道。周氏就是周氏，都写的周氏啊。修族谱也是会留名周氏。我父亲结过三次婚，大妈妈姓张，弓长张，我的妈妈姓周，带我长大的那个妈妈姓雷。雷锋的雷。都是张氏、周氏、雷氏。都是去世了一个再娶一个。

**陈**：不是同时？

---

① 倒屋，旧时储存粮食的地方，相当于现在的储存粮食的仓库。

**刘**：没有同时。

**陈**：您的生母也早去世了？

**刘**：早去世了。雷妈妈带我。

**陈**：姐姐呢？

**刘**：大姐刘国银，是长沙市周南女中的学生。读过书的。我大姐排球打得很好啊！那个时候相当的有名啊，就像我们现在说的女子排球。但是她在周南女中读到三年级还是几年级呢，就结婚走了。没有读到高中就离开湖南去随军了。

**陈**：您大姐夫我们后头还要提到。

**刘**：对对对。

**陈**：他也是个历史人物。

**刘**：二姐叫刘国碧，她就没有读太多的书，好像就是小学的文化程度。为什么这样呢？她跟着我大姐走了，老跟着我大姐过日子。大姐结婚走了，就把她带着，那不就没读书了嘛。我的印象当中，顶多是读了个小学吧。小学在哪儿读的我都说不清。

**陈**：二姐比您大几岁？

**刘**：大概比我要大七八岁。

**陈**：那大姐要大更多？

**刘**：大姐大概是大十到十一岁。我们间隔很大的。

**陈**：嗯。您三个姐弟是同一个妈妈吗？

**刘**：不是。大姐是张妈妈养的。二姐和我是周妈妈养的。

## 第三节　大姐夫罗哲东

**刘**：这个家庭里的情况大概就是这样。像大姐完全是协助姐夫主持家务，照顾孩子。她有三个孩子，第一个叫少东；第二个叫小东，大小的小；第三个叫再东。大姐夫叫罗哲东。

**陈**：是哲学的哲吗？

**刘**：哲学的哲，东西南北的东。我们跟他们开玩笑，说把你们跟爸爸写到一块儿呀，都有一个东字：哲东、少东、小东、再东，都用一个东字。他们的父亲呢，好像是黄埔四期的，在国民党当到师长。淮海战役被俘。他们是一起打到台湾，从台湾又回来。

**陈**：您等会儿，什么叫从台湾又回来？

**刘**：他一直跟着国民党，国民党过去占领台湾，那时“一·二八”事变台湾闹起义嘛。“一·二八”事变以后，他就又回到国内打仗。

**陈**：抗日战争这一段您怎么从来没提过？

**刘**：抗战呢，他还是一直跟着国民党，他好像是白崇禧的部队，桂系。

**陈**：他抗战的故事您不太了解？

**刘**：不太了解……我知道他就是在抗战那个部队里头当的师长。

**陈**：参加抗战的事，您了解不太多是吧？

**刘**：不太多。过去讲到他的名字，还是很有名的。淮海战役时被共产党俘虏了，我这都记得清楚，俘虏了十七个月，在俘虏营。这个当初我家乡的人都知道的，他当俘虏当了十七个月，在淮海战役十七个月之后，共产党把他释放了，他就回到长沙。这时候大姐已经病故了。

**陈**：您大姐病故了？

**刘**：病故了。骨癌啊还是什么癌，肚子里面涨水。当时叫癌症的，肚脐眼儿往外头放水。就在1947年，大姐夫回来之前，姐姐已经病死了。所以他从俘虏营回来，大姐已经不在了。但是他回来，他儿子还在呀，他的少东、小东、再东都在呀，都是我父亲母亲带着他们呢。我姐夫回到长沙盖了一栋房子，他们就住在这个房子里头。当初不知道，后来从他的活动现象来看呢，我感觉他们大概是在做什么工作。

**陈**：什么工作？

**刘**：哎，不让我们知道的。那个时候，1947年我还只有15岁呀，还是小孩啊，他一点儿都不让我知道的。知道他回来了，知道他经常晚上出去，跟谁联络不知道。后来，他就去学习了。

**陈**：1949年8月5日？

**刘**：8月5日以后，或者8月6日、8月7日什么时候。不久，他就讲我要去学习了。在哪儿学习不知道。后来隔了很久来了一封信，大概那个地方不让往家里通信，说是在南岳，知道湖南有一个南岳吗？

**陈**：知道，衡山。

**刘**：很有名的，他就在南岳那儿受训。对，衡阳的衡山那个山里。大概他着急工作，我也说不清了，因为后来我就走了。当时有“革大”（革命大学）、有“军大”（军政大学）。我姐夫是在“军大”，就在南岳受训。受训以后共产党又将他放出来了。放回来不久，他返回安乡老家。在安乡县他当了县“人民代表”，住在农村，做了一个典型的农民。他的家就住在“驿码头”。我一个舅舅住在那儿，他跟我舅舅没有关系，他的老家就在驿码头。住了不太长的时间，选县人民代表，他当了一届或者是两届县人民代表……他是个有困难的人民代表，没有粮，没有房，当然一般人民代表是不享受待遇的，政协委员也不享受待遇呀，但他这个人民代表，好像给了他一点待遇，就是因为太困难，就一个人在农村呐。

**陈：**他三个儿子都在您父母这儿？

**刘：**开始在父母这儿，后来参加工作先后都走了。在安乡他们待不下去呀。大概是因为他们的家庭情况，他们的父亲被俘过嘛。鉴于姐夫有一定的功绩，给了他一定的待遇和照顾。他的家庭大概就是这么一个情况。

**陈：**你大姐夫后来又再娶了吗？

**刘：**他回来后有一个家乡的老辛，辛苦的辛，先后的先，英雄的英，辛先英，两个又结合到一起，就成亲了吧，也没有什么婚礼呀……他们那时候好像都五六十岁那么个年纪，老夫老妻两个人在一块儿过日子呗。

**陈：**您大姐夫是什么时候去世的呢？

**刘：**六七十年代病死的。去世前还享受着政府的照顾。

## 第四节　名字的由来

**陈：**您这个名字是按辈分来起的吗？刘国典？

**刘：**从整个家族来讲，我的爸爸是第 21 代，族谱里面记载的。那我就是第 22 代。我们这一批人，都是国字辈。

**陈：**这个名字从上学就开始叫起？

**刘：**就叫这个，没有叫过别的名字。但是，我曾经有过一本书，就没有写刘国典，写的“刘杰东”，是我的笔名，就用了一次，用在这本书上了。

**陈：**署刘杰东笔名的这本书叫什么？

**刘：**叫《怎样使用曝光表》[①]。这是我出的第一本书。

**陈：**为什么第一本书要用这个名字？

**刘：**哦，当时是这样的……三个人准备写这本书，我一个，任杰一个，还有金驾东一个，开始商量是一起写的，结果是他俩谁也不肯写，最后就变成我一个人写，但署名还是叫刘杰东，就那么叫下来了，没有改动，印了两次。

**陈：**为什么不直接署刘国典呢？

**刘：**因为想到了三个人要写在一起，别就写我一个人，写大家呀，表

①《怎样使用曝光表》1959年由上海人民美术出版社出版。

示谦虚嘛。那个年代你知道吧，写东西啊，干什么的，都要特别注意谦虚的，你不能一个人独揽大家的成果，大家都给你提过意见，干过什么……

**陈：** 但这是您一个人做的。

**刘：** 都我一个人做的，他们都没有参与，所以不署名呀。后来刘杰东就成了我的笔名了，不过以后再也没有用这个笔名。可是你注意，挺有意思，这本书，第一次没给稿费，那是1959年。

**陈：** 1961年。

**刘：** 出版在1961年，写是1959年写的。后来"文革"开始了，书的第二版又出来了，这次印了21万册，这就多了。

**陈：** 那要拿版税过来……

**刘：** 版税就多得不得了。哎，结果上海"人民美术出版社"啊……

**陈：** 给了稿费？

**刘：** 一分钱不给，实在太不讲究了，书出版了，"文革"期间书没有拿出去卖，隔了那么多年不能卖书啊，不让卖呀，之前这本书是要给稿费的，尽管稿费不一定太多，但按规定是要给的。我后来出的别的书都给稿费了，《曝光控制》，正儿八经都是给了稿费呀。

**陈：** 但是这本书没给？

**刘：** 至今还没给呢。当然，"文革"以后谁还找这个茬呀。所以我那本书啊，等于从头到尾一分稿费没拿到，很有意思。

## 第五节　正统的家庭教育

**陈：** 后面还要谈到那本书，再谈谈您的父母亲受教育的情况吧，舫之是一个非常文雅的名字。

**刘：** 名字很文雅，书大概就读了很少的私塾，洋书没有读过……或者认几个字，而且字写得相当得好。

**陈：** 从小就练毛笔字。

**刘：** 对。妈妈不会，三个妈妈都不会。

**陈：** 都不识字？

**刘：** 都不识字。

**陈：** 家教的方式和传统是什么？

**刘：** 从家庭教育这个角度来看，按现代的观点，应该说还是很正统的。

**陈：** 正统指的是什么？

**刘：** 正统是指孩子的待人接物啊，各种事情啊，都要落落大方。绝对是懂礼貌，讲规范。

**陈：** 传统包括两面，棍棒底下出孝子。

**刘：** 那些一点……都没有。

**陈：** 没挨过打？

**刘：** 没有，从来没有过。所以后来我对我的儿女也同样没有……

**陈：** 您是教授，教授不打孩子。

**刘：**（笑）都是这样。

**陈：** 您小时候犯错误，家里是怎么批评教育的呢？

**刘：** 好像说两句就行了，肯定一次打都没有挨过。家庭当中……不管是父亲，母亲……母亲大概就更没有过，父亲也没有过。

**陈：** 在当年这算是非常文明、开化的。

**刘：** 我是很开化很文明的。我再说点题外话，我有一次在说话当中批评了儿子，他在清华上学，我说话说得重了一点。

**陈：** 刘嵩屹是吧？

**刘：** 刘嵩屹呀，我还专门从家里跑到清华去跟他道歉了，爸爸跑到清华跟他道歉。还搞过那么一回啊。

**陈：** 为什么要去道歉呢？

**刘：** 小事儿，家里没有任何大事，就是一点家庭琐事：哪儿没有听话啊，没有干什么，我当时很生气，就说了他，或是动手打了他。

**陈：** 到底打了没有？

**刘：** 可能最后没有打，或者就做个样子，就那么比划了一下，他就生气上学校去了。当天下午我就坐公共汽车到学校去了，跟他说："对不起，爸爸刚才不应该那样。"

**陈：** 去向儿子道歉，他……

**刘：** 当然没事，就在宿舍里面玩儿嘛，做作业嘛。

**陈：** 这是个好例子。

**刘：** 家庭当中，我这一代人，包括我姐姐在内，从来没有过……

**陈：** 没有家庭暴力这一说。

**刘：** 没有，从来没有。我有这么一次都还去道歉了嘛，你想想看。

**陈：** 下一个问题，您是家里唯一的男孩子？

**刘：** 对。

**陈：** 是不是格外受宠爱，比如说相较于两个姐姐，就是父母亲对您的那个态度，会比两个姐姐好？

**刘：** 很有意思。

**陈：** 啊……是什么？

**刘：** 我在家庭当中，理应说是受到特殊的宠爱，但是你看我家庭里边，宠爱的表现看不出来。大家处处都很照顾我，给我很多的方便。但多吃多占多拿呀，这些都没有发生过。因为我懂事儿的时候我大姐就出去了，二姐也跟着走了，跟她们在一起或不在一起的时候，看不到家庭里面偏爱我这个弟弟。反正对我咧，是挺照顾的。

**陈：** 那倒是，姐姐肯定也会照顾，因为差那么多岁数……

**刘：** 都会很照顾，对不对？二姐对我也很照顾。所以后来我二姐的孩子啊，她的孙子呀，上学，我像照顾自个儿家里的孩子一样，大笔地给我二姐的孙子钱。前些年呐，一年都差不多是八千块啊，他们上学都是自费啊，八千块。每年都是我这儿寄钱，年初就把这一年的学费全部寄给他，而且是寄到他学校的财务科，学费交给他们，再由他们去做处理。

**陈：** 我想问的是，当时您的父母有“重男轻女”的思想吗？

**刘：** 没有。看不出来呀！他很看重我呀。非常非常看重我。

**陈：** 那对两个姐姐也不轻……

**刘：** 他对两个姐姐有区别。父亲对大姐特别好，毕竟她是师长的夫人呐，是不是这个意思？所以对大姐格外地偏爱一些，爱护得多一点。对二姐呢，就比较冷落一些。

**陈：** 二姐是嫁了一个一般的人？

**刘：** 好像也是国民党的一个军官。好像是一个尉官之类的，到不了校官，尉官这么一个级别的官。

# 第二章　小学至初中

## 第一节　人生最初的记忆

**陈：**您最早记事是几岁？

**刘：**好像比较晚，印象比较深的是在初中。

**陈：**不会吧？怎么可能？您刚才还说什么从文新桥走到县城。

**刘：**是啊，我能够有印象的还是在初中。告诉你，我的感觉啊，就是在学英语的过程中开始记事的，原来纯粹是个小孩。

**陈：**不会吧？

**刘：**就是 10 岁左右，好像家里的事儿多多少少能够记起来一点……

**陈：**比如说，您去文新小学第一天报名的情况？

**刘：**记不得了。你看我这个材料里都写着有一条，我开始还上过私塾，就在我老家的后边，走路大概一公里吧。到那个地方都报了名，后来不读了。

**陈：**为什么呢？

**刘：**觉得它不好啊，就坐在那儿背书啊，这时文新小学办了，就马上到文新小学去报名了……

**陈：**您还记得去见私塾老师的情景吗？

**刘：**不记得，一点都不记得。

**陈：**那您怎么知道您曾经上过私塾……

**刘：**我到私塾那儿，坐过那儿的凳子啊。私塾里面给你发课本啊，国文课本。就一个班，就在这一个班里读书，不像个学校的样子。文新小学就办在私塾的对面，路又不远，那干吗不到那个地方去读呢？所以我是报名未读，就是这个意思。一天两天，三天都有可能，一点都不记得了。而且读的是国文课本啊，不是那个……

**陈：**不是《三字经》《百家姓》《千字文》？

**刘：**不不不……那个时候不知道，哈哈哈（笑）。都没有打过交道，所以说你问我读过私塾没有，我说读了，讲经历的话，有过那么一段经历。文新小学也没有很明确的经历，记得几个老师在那上课啊，人比较多啊，农村里的小学，家庭里头办，就是四五间房慢慢那么办起来的。

**陈：**文新小学有几个老师？

**刘：**有十来个老师，不是很多。

**陈：**有多少个学生？

**刘：**创办的时候……办了五个左右的小学的班。初小三个年级左右，也就二十来个人嘛。当初附近好多地方的人家都把孩子往这儿送。包括我报名的那个私塾小学因为被它这么一搞就散了。文新小学就越办越大啊，办了几年就迁到县城了，我也就跟着到了县城。

**陈：**文新小学的名称，就是由文新桥得名的吗？

**刘：**对，就这么得名的。

**陈：**它最初是一个公立学校还是一个私立学校？

**刘：**应该是私立。后来进县城，不知道什么时间改成公立小学了，在农村那边绝对是私立。到县城里办得还比较好。城里头办的地点，我现在都还知道。在安乡县，说得不准确，在县城，有个叫杨四街的地方，当时有个慈善堂——教会办的，慈善堂的旁边，就是我们这个小学。后来慢慢就盖起来一大组房子。

**陈：**就四合院了？

**刘：**对，而且是 U 字型的，后面就是大河，通着大河边。U 字型的房子就是我们办学的地方。校长办公室有没有，现在都不知道，办公室啊什么的都在这一边，这样一、二、三、四、五、六年级就慢慢都有了。到底它是怎么发展过来的，反正我从三年级起就在这个地方，三四年级在这儿，五六年级又到乡下来了。

**陈：**学校怎么搬迁的，您还有印象吗？

**刘：**没有。为什么没有呢？家就在这个地方的附近。凭两条腿走路，就凭腿啊，咱们那时候没有别的，走到我们学校顶多一里地，还到不了一里地，就找了一个叫曾甄的，我们叫曾伯伯，找了他的房，我和另外一个哥哥，也是刘家的一个哥哥，两个人在那个地方开了个小房间。一间房，摆两个床。好像有两顿饭……

**陈：**是在学校吗？

**刘：**在学校吃，吃饭地点很简陋。不像我们现在搞食堂啊。好像有一顿饭呢，就在家里这么吃点东西。

**陈：**父母还是在乡下？

**刘：**乡下，还在文新桥。就我跟那个哥哥两个人住在这儿。礼拜六家里派人把我从县城接回老家去，县城离我老家大概五六里地、六七里地的样子。很近，但是当初对我们来说还是很远的。礼拜天的晚上，把我们送回来，送我们的那个老伯伯呢，现在还能想着他的名，叫华伯伯，把我们送到了，他再回家。

**陈：**他也是刘家的伯伯？

**刘：**不是，张家的，是跟张妈妈到我们家里来的，一直帮我们家打点打点杂务啊什么的，所以我家里没有长工的，就那张伯伯在……我家从来没有雇过长工。

**陈：**您刚才提到家里有一个佣人房，没佣人吗？

**刘：**就他，张伯伯就住在里面。张伯伯就是我张妈妈的亲戚，来照顾我们家庭里面的事情。

**陈：**您到城里上学的时候家里给零用钱吗？

**刘：**给钱。哎呀，那太少了。按现在的比值要……好像那时候是法币。法币……比的话……顶多就相当于买几个饼啊，买点零食，好像还不够一个礼拜开销的。

**陈：**每个礼拜给？

**刘：**每个礼拜给，回去跟家里要一点钱，家里就拿一点点法币给你嘛。

**陈：**但多少数目您记不得了？

**刘：**很少，少极了，像现在这个钱的话，顶多有个三块两块就了不得了。七八岁、八九岁，有三块两块钱了不得了。没有什么花销的地方，周末有人接你回去啊，有人送你回来，两三块钱在手上，就这么一个情况，而且好像还没有形成一个非跟家里要点钱那么一种概念。

**陈：**有特别喜欢的老师吗？有哪些课程？现在还记得吗？

**刘：**正儿八经的语文课呗，正儿八经的语文、数学课本，都是从县城里面搬到陆家渡笃睦乡中心小学，它有六个年级。

**陈：**呃，您等会儿，那个笃睦乡中心小学，是文新小学又迁回来的吗？

**刘：**不是，不是。

**陈：**是另外一个小学呀？

**刘：**另外一个学校。

**陈：**乡里重新办的学校？

**刘：**因为县里……怕日本在县城里头丢炸弹，已发展到这一步了，所以搬到文新小学去，听懂意思吧？在县城里丢炸弹不就是要炸城市炸县城嘛。

**陈：**我知道，文新小学还是在县城里吗？

**刘：**我们小学在县城没动。它还得照样办。

**陈：**您自己回到老家来？

**刘：**回到老家来。

**陈：**到陆家渡中心小学去上学？

**刘：**上学，嗯，住在我姨妈的家里。六姨妈家，住在她家里。

**陈：**那时候张老师① 她……她多大，她上学了吗？

**刘：**她的年纪跟我一样大。她也在那儿上学，我也在那儿上学，她比我低一个年级。后来咧，读了一年以后，我跟她就同一个班了。那个时候办学，没有一个学期办到头的。办一半啊，日本鬼子要来了。哦，下学期开学，你们都升哪一个年级，都这么办的。我五年级读了一次，六年级读了两次，跨在三学期上头，都没有读完，日本人来了，我就申请休学，下学期开学要升年级呀。就这么回事儿啊，所以我后来到“正远”补习班啊，我到那儿都读初中了（预科），看到没有啊？我小学就都没有读完，小学五年级、六年级读了三学期都没有读完，因为日本人来了。

日本人来了，我们就搬家了，学校就停了。下学期开学还到那儿读，它在乡下呀。日本人不炸乡下啊，老炸县城，对不对？所以我们有六个年级啊，以后又有六年级第二学期，我没有报名。后来干脆读“正远”补习班了，就是这么一个发展的过程。

**陈：**您在读小学的时候喜欢的课程是什么？

**刘：**还是语文。语文最喜欢。那个时候还有英语，又侧重数学呢，那个时候它不叫数学，叫算术。印象当中好像没人来讲常识课，常识课就那么本书，谁都可以讲，没有人来讲。这时候老师就少了。不像安中，还有几十位老师。安中的老师比较多。

**陈：**文新小学的老师比较多？

**刘：**安中的老师多，到文新桥的时候老师就少，到县城里老师就多。所以印象当中，常识课没人开啊，就是算术跟语文。

**陈：**那时有公民课吗？

**刘：**没有开。那个时候好多课程是没有人讲的。那个时候是有什么人开什么课啊。那个时候农村的教育是这个样子的。

**陈：**小学时候作业多吗？

**刘：**多，在陆家渡的时候，小学作业还特别地多。

---

① 张老师，即张修焕，是口述人的妻子，两人是姨表兄妹。

**陈：** 多到什么程度呢？

**刘：** 晚上我跟张修焕两个人，我告诉你，这个桌子很像我们当时晚上学习的那个小桌子。一个小煤油灯，点亮了，她那边看得见，我这边看得见。大概是桐油灯，点在这儿，她坐在桌子那边，我坐在这边……就这么大个桌子啊，一边坐一个，就做作业，多半好像都是算术作业。所以总要做半个小时啊，或者半个小时以上。点的那个小油灯很暗的，但当时那个条件，这房间里头给你点了个灯就已经是很不错了。（大笑）

**陈：** 坐在一个漂亮姑娘面前，做作业能安心吗？

**刘：** 没有那个概念。小时候哪有那个概念啊？根本没有那个，没有，就是她做她的，我做我的，两个小孩，哪儿有什么男孩女孩？没有概念，一点概念都没有，两人都做作业。包括平常，下了课，她很爱踢毽子，我不会，她就在那个堂屋里面，跟对面的小女孩一起踢毽子。

**陈：** 您参加过哪些文体活动呢？

**刘：** 不参加，都不爱参加。我到北京来上学的时候，开始打排球，在这之前都不参加，跑步有，在明德中学的时候啊……在长沙的时候，有很多机会跑步。因为学校里开运动会，每个人都得报项目。跑步不就最简单嘛，呜呜呜……跑就完了，也不要什么步法……就练练跑步了。

**陈：** 平常也不训练跑步？

**刘：** 不训练。有军训课，军训就是童子军。

**陈：** 童子军课，从什么时候开始？

**刘：** 上明德中学以后。

## 第二节　第一次看电影

**陈：** 您第一次看电影是什么时候？在安乡，还是到长沙之后？

**刘：** 长沙。安乡没有电影院。

**陈：** 安乡没有电影院？

**刘：** 安乡有临时的电影，没有看到过电影院。临时放映时演了一个什么战争片，没有一个正儿八经的电影院。

**陈：** 我知道。您还记得演的是抗战新闻片吗？还是什么？

**刘：** 不是。

**陈：** 是一个故事片？

**刘：** 故事片，打仗，反正是一个跟故事片一样的电影。

**陈**：是一个国产片还是外国片？

**刘**：哦，当然是外头来的，咱们中国没片子啊，中国哪有片子。

**陈**：中国40年代已经有片子了，应该是有片子。

**刘**：咱们那儿没有啊。安乡没有，没有。

**陈**：演的是外国片？

**刘**：演的外国片子。

**陈**：那次安乡演电影，是您第一次看电影吗？

**刘**：在安乡看是第一次放电影。

**陈**：您这第一次看电影是在哪儿？

**刘**：在长沙，在国货陈列馆看电影。

**陈**：但您怎么会安乡在前，长沙在后。

**刘**：对，在安乡就没有看过电影。

**陈**：您刚才说安乡放映过外国电影，怎么讲……

**刘**：我们没有去看呐，也不懂得什么电影不电影，哪有那个概念啊，对不对？后来到了长沙了，长沙在演片子，而且是在国货陈列馆那儿演片子，我们去看……

**陈**：国货陈列馆？

**刘**：对，国货陈列馆，演的时候我还记得有名字。

**陈**：是什么？

**刘**：名字我现在也忘了，是一部外国片，还挺……一直演到现在的。

**陈**：《音乐之声》？是一个童话片吗，还是？

**刘**：小孩儿的。

**陈**：《白雪公主》？

**刘**：不是，比那个还早那么一点。叫什么影片呢……唉，挺有名的。还是跟张修焕一块去看的。

**陈**：张老师也在长沙吗？

**刘**：后来她也到长沙来了，那就很晚了，那会儿在长沙……我等会儿再想一想。唉，也不是《睡美人》，到不了这个档次。反正是这样啦，那时候看到……

**陈**：儿童片？

**刘**：儿童片。

**陈**：是自己买票还是学校给买？

**刘**：自己买票。

**陈**：那时候电影票多少钱一张，还记得吗？

**刘**：法币，两块那样……

**陈：**那时候法币已经开始贬值了是吧？

**刘：**贬值了。

**陈：**可是那个时候学生承受得起买电影票吗？

**刘：**承受得起。不是什么困难的事情。

**陈：**看电影的频率高吗？

**刘：**不高，绝对是极少的，爱好，很难看一次电影的。

**陈：**比如说一个学期看几次电影？

**刘：**看一次了不得了。一个学期看次电影就了不得了。

**陈：**半年就看一次电影？

**刘：**看一次电影了不得了，那个时候的学生都这个样，谁也不愿意花钱去看电影呀，没有那个嗜好的。

## 第三节　对日本人和抗日战争的概念

**陈：**您对日本人和抗日战争的概念是从什么时候开始的？

**刘：**1945 年，到长沙来之前……就在陆家渡，日本从我们安乡的南线那边打过来，要到陆家渡，这个时候我对日本人才有比较强烈的概念。为什么呢？他们打过来了，我们在陆家渡的小学，打得我们白天到处躲，而且就在学校的附近，到处躲日本人。

**陈：**躲日本人的飞机？

**刘：**躲飞机炸弹啊。怕被扫到，也怕他们过来呀，就到附近躲日本人。那个时候，就感到日本人真是……还有，家乡的人，包括我们家里的人，都从乡下跑到陆家渡，准备找一条船，离开陆家渡，往洞庭湖方向避难。那个时候对日本人的概念啊，是极为的讨厌，残酷、很坏。

**陈：**害怕吗？

**刘：**害怕，很害怕。尽管见不到日本人……还从来没……从来没有见过日本人，但是恐惧感是极为强烈的。他们都是烧杀抢掠那一套。我们那个地方附近有一个姓汤的女孩子被日本人强奸了，虽然离得还比较远，但是都知道这个事情。所以那个时候已经开始逃离了，从我们那个地方逃到益阳去了，逃到了长沙的附近……

**陈：**益阳。

**刘：**躲在益阳。益阳是个好地名，桃花江，躲到那个地方去了，几次都是躲在外头。经历过逃难，三次啊，逃过三次难。

**陈**：都是因为日本人要打过来了？

**刘**：刚才讲小学不就三次，读五年级和六年级读了三回，三回都没有给它读完嘛。

**陈**：啊……就是因为逃难？

**刘**：就是因为逃难的问题。

**陈**：逃难的情形就是家人在一块儿，雇一条小船或几家人雇一条小船？

**刘**：就是我们自个儿家里找条筏子。这么一家人走啊，不能找多的人呐，人多不就张扬了吗？目标就大了。你自个儿一家子，就这么用筏子划到哪儿就算哪儿呗，对不对？而且不能让人家知道你是逃难的，当初就是这么个概念，就这么个情况。

**陈**：您小学时除了上课以外，有阅读其他书籍吗？

**刘**：忙都忙不过来，没有课外读物这个概念。有时候找一本书翻一翻就算是很了不得了，不像现在孩子，课外读物多得不得了啊。

**陈**：没有是吧？那时候陆家渡小学和文新小学，有没有阅览室、图书馆？

**刘**：都没有。那小学很小啦，搬到城里面的文新小学都算相当大的小学，所谓相当大就是六个年级都有，而且是一个单班。一个年级一个班，基本都是这个样。也没有那么多小学生。老师也不是特别多，文新小学人还比较多一点，它六个年级全都开啊，各门课程都开。

**陈**：您小时候的志向是什么？

**刘**：没有，就是读书。

**陈**：不想将来要做什么？

**刘**：不想，你上什么课我就读什么，将来干什么，我不知道。就这么个概念。后来一直到了“正远”初中补习班那个时候，我给你讲，发展到这步才开始有志向了，小时候没有志向的。教什么学什么，就这个意思。

**陈**：学费、杂费应该是多少？

**刘**：嗯，我的印象当中，第一，学费杂费不高；第二，完全交得起。所有这些人当中，读书上头，交费上头，没有太多的人，读书有困难的。那个时候整个社会，我们知道的这个范围，家里头有年轻人的，是不是还有一大批人没有上学的，也会有啊。

**陈**：在文新桥上学的比例肯定不会占多数吧？

**刘**：不多，读书的人不是太多。读书的人，好像给我们的印象，谁家里的孩子去上学了，这就很是一回事儿。没有上学的，也没事儿，那是多数。不上学不认为是个大事儿，就放牛去了，或者下地干活了。当初就是这么一种社会状况。

**陈：**凡是上学的交学费都没有问题？

**刘：**这一批人啊，都没有困难。上学有困难的，压根儿不往学校大门口迈，肯定也有一大批这样的人，他们也不走这个路子。

## 第四节　对日本投降的记忆

**陈：**下一个是“常规题”，1945 年 8 月 15 日日本投降，您有印象吗？

**刘：**也许就是 8 月 15 日那一天，我那时候是在“正远小学”，快要放假了，我家里派个人到驿码头来接我回家，大概有两个半小时的路程。是走路，不坐船，都凭两条腿，走路回家。走路走到一半，有一个什么人，他说了一句话，说日本投降了，就是在回家的路途当中。别忘了这是农村啊，就讲到日本投降了，在回老家途中听说日本投降了，在我老家，就这样知道的。

**陈：**听到这个消息都会很高兴，是吧？

**刘：**当然很高兴。不用再逃难了。

**陈：**没什么庆祝活动？

**刘：**农村里头没有啊，而且也不知道县城里面有没有大的庆祝。对，后来还回学校去了，大概在家里待一两天就回学校里去了。

## 第五节　从正远补习班到安乡县中学

**陈：**说说“正远”学校……

**刘：**“正远小学”。很有意思啊，1945 年年底，听说我大舅舅周衡子——大概这个名字吧，在家乡办了一个学校，而且还有初中补习班。

**陈：**您刚才提到 1945 年年底？

**刘：**1945 年年底或 1944 年年底，就听说了这个消息。所以当初我父亲就出面跟他联系，说要把我送到那儿去念“正远补习班”。他的小学不是完小，办了几个小学班，又有初中补习班，大概就有六七个人、七八个人，他从别的地方带回来他的学生，加上他的女儿，一起在这儿办学。

**陈：**他带来的学生是当学校的老师？

**刘：**不知道，可能后来当了学校的老师。他在原来的地方没法维持……

所以回到老家办学。

以办学来谋事，能够挣一点钱。听说他那儿不错，人也很好，还有初中补习班，我爸爸就动心了，要我到那儿去上初中补习班，就不读六年级了。三年都没有读完呐，干脆就迈到初中吧，一下就迈到了初中，注意，完全学了初中的课程，有语文、英语、代数三大门。

**陈：**就语文、代数、英语？

**刘：**英语跟代数引起了我极大的兴趣。我上次不是讲嘛，这个时候开始我就学的是“开明”的英语，开明中学，你知道这个吗？不是我们当地的英语，是更高档次的英语……

**陈：**我看您这英语应该是“开明”书店出的全国学生标准教材。

**刘：**对。我们用的是“开明”英语[①]，不是一般学校发的那个英语教材，学得还挺好。

**陈：**老师是谁？是你舅舅带回来的学生，还是舅舅？

**刘：**学生，学校带过来的学生，这两门课都是他们教的。教语文的我知道，是我一个舅舅的儿子，当时对语文还没感兴趣，对“开明”英语和代数反而感兴趣。

**陈：**是因为老师是表哥不感兴趣，还是教得不太好？

**刘：**教得不太好。教外语的呢，挺好的。所以我在这儿学了一年多的外语啊，不到两年，后来就进城来了。有这一年多的外语基础，后来我考进县城，我的英语和代数在班里头一直都是最好的。我们到了长沙以后，很有意思，我不是念了“正远补习班”了嘛，等于念完了一年级多了，该进入二年级了，就在这个时候呢，我考学了，我爸爸挺有意思，还考啊，一年级第一学期。我读了一年了，还考县班。

**陈：**就考安乡县县中学？

**刘：**县是安乡县，县中，对，我又读了，在这儿又读了。

**陈：**又从初一上学期开始？

**刘：**初一上学期开始。你看我都学了那么多了，还从这儿开始。所以我一年级和二年级在安中啊，县中里头啊，我的成绩应该说是最佳的，就这么一个情况。

**陈：**当时考安乡县中学，入学考试难不难？

**刘：**不难，不难。不算太难，但是有不被录取的。

**陈：**张老师呢？您未来太太，当时是六年级直接考县中？

---

① 具体是指安乡县立中学。

**刘：**她考后一个年级，考安中。

**陈：**她进中学又比您低一个年级？

**刘：**低一个年级。

**陈：**她小学一开始比您低一个年级，后来变成同一个年级。

**刘：**现在到这儿又低了一个年级。我在安中第四班，她在第六班。因为第五班是重复班。她是六班的，我是四班的。后来我就上长沙了。

**陈：**考几门课啊？

**刘：**就考语文、代数。

**陈：**安乡中学的规模有多大？

**刘：**安中的话……200人有吧？只有两个年级，一年级跟二年级，没有三年级。到后来就有三年级了，二年级升三年级了，一年级升二年级。我进安中的第一个学期，那儿出了一个大事儿。

**陈：**是什么？

**刘：**时间记不清了。9月份开学，大概在11月份，我住在上铺，我对面是教室。一大圈都是教室，在文庙的后头，知道吧？一大片房子，我对面那个房子，离我这个房间中间大概隔一个只有十一二米宽的天井，里面就修了另外一排房，那就是教室，宿舍教室都在这边，上下铺。睡到半夜，大概两点钟，我对面那个房子的房顶儿，忽然之间起火了。我睡在上铺，那时候都是小孩，睡得都很熟的。忽然之间，噼里啪啦响，房顶有稻草啊，一烧不就响嘛。哦，起火了，那个时候连下楼梯的概念都没有。

**陈：**啊，就直接从床上下来了？

**刘：**从床上"砰"就跳到地上啊，脚就摔坏了。房子还是继续在烧，结果愣是把那么两三排房烧了个精光。我们在文庙的旁边，一般都有水坑，我们就站在水里头，那是11月份，南方的11月份啊，冻得不得了。烧到第二天天亮，什么东西也没有了，就赶快从县城跑到离城里头大概有三里地远的地方……找我一个姑妈，叫慈姑妈。

**陈：**慈姑妈是什么意思？

**刘：**就是我姑妈啊，我的姑妈住在城里头。我家不在县城，还在乡下啊……就躲到她家，慈姑妈呢就照顾我，熬过了一个冬天。后来呢，把我爸爸也从乡下接到城里来了，他又把我接回乡下去。

**陈：**着火以后就不上学了？

**刘：**听我讲啊，烧光了，赶快又修房子，房子修在哪儿呢，又修在县城里头。在文新小学的那个位置又接着盖房，盖的是茅草房。在那个地方又盖了一个小学……

**陈：**又盖了一个县中？

**刘：**搬到这儿，还是叫作安中。我就这么一步一步跨越到二年级，成绩仍然是最好的……二年级，张修焕……我爱人她就考进了这个学校。她一个班，我一个班，都在县城里头，后来我就去长沙了。

**陈：**安中的学生住校，吃饭是怎么个吃法儿？

**刘：**在食堂吃。八个人一桌，纯粹是蔬菜，八个人一桌开饭。它还是一种军训的管理方式。要吹哨子的，大家都站好了，站齐了，端好饭了，一吹哨子，大家赶快就开始吃饭。

**陈：**童子军式的管理。

**刘：**典型的童子军式的吃饭。菜都是有限的，那么多的小年轻，始终是不够吃的。当然了，小孩吃饭嘛，也没有什么打架啊吵啊闹啊，反正不够吃嘛，吃光了算呗。

**陈：**菜不够吃，饭应该够吃吧？

**刘：**饭还是够吃的。都是自个儿交费嘛，伙食费都得自理呀，学费好像是不要交钱，学费交得很少，吃饭是要自己交钱的。

**陈：**交多少钱，您也不记得了？

**刘：**不记得了。当时就那么一个情况，安中这个时候就搬家了，在文庙附近又办了个学校，就在慈善堂附近。

**陈：**关于童子军你有哪些特别的记忆？

**刘：**参加过童子军课。

**陈：**童子军课是怎么上？

**刘：**就是操练操练呗。不像我们现在的军训，不是那样的。就是小孩，发了那么一套服装，有帽子，有衣服，都要交钱的。上童子军课时要穿着这身衣裳，走走步就了事儿了。既没有什么练枪啊，也没有炮，童子军，小孩嘛，棍棒都没有玩过，就是下下操啊，走走步啊……有一两次活动就了不得了。因为上级有这个要求，所以你就得照办，这么个意思。

**陈：**在中学，男女同学之间交往多吗？

**刘：**明德中学是男中，没有女生。安中男生女生都有，没有任何交往。告诉你啊，小孩似的一点来往……我的感觉。中学时代，男女同学都没有任何交往。包括到长沙，长沙的学校里面，男女生是分开的。好多学校，我都能说出名字来，比如明德、周南、福湘、雅礼。雅礼是男生，福湘是女生。含光和民宪，男女生都是分开的。也有个别中学男女生是不分开的，我们上的是男女生分开的。

**陈：**张修焕师母，她比你低一个年级，你们俩在中学时说话吗？

**刘：**根本不交往，她住在友姐家，我是住校。对呀，后来我就到北京了，她还在友姐家。她在那儿毕业，我没有在那儿毕业呀。跟她同校一个学期，后来我们就不在一个地点了。

**陈：** 您在安中有哪些印象深的老师吗？

**刘：** 没有，没有印象太深的老师。

**陈：** 您在安中的时候，做过学生干部吗？

**刘：** 没有做过。但是我们学生要做礼拜一活动的——礼拜一叫什么名堂呢？

**陈：** 早课？

**刘：** 早课，礼拜一的早晨要集合，相当于集训一样，集中起来讲讲话啊什么的，每周一有那么个活动，就是集中一下，讲讲事儿，有那个活动。讲的都是学校的一些事儿，因为那时很穷的，不像现在，学校球类啊都没有，还是后来搞了一个排球啊什么的。

**陈：** 音乐教育呢？

**刘：** 因为学校没有活动，我也没有参加什么活动。

## 第六节　考入长沙明德中学

**陈：** 去长沙，考明德中学的机缘是什么？

**刘：** 我都已经初中二年级了嘛，到长沙，在几个学校报了二年级，在明德中学，我爸爸让我还报二年级第一学期，就是让我学习得扎实一点。我又是重复地读了，还是代数、英语啊。你想我过去上安中就是最好的，我在我舅舅那儿学过啊，到这儿来我又是重复地读。班里头，我的英语、代数啊，仍然是最佳的，因为读过呀。

**陈：** 到省城里仍然是最好的？

**刘：** 还是最佳的呀。所以这个时候我感觉到，我们的英语老师太棒了。明德的英语老师太棒了。二年级第一学期，老师进教室，不说中文的，让学生也都说英语呀。你要用中文问他问题，他不答应你，老望着你，傻乎乎地望着你，你为什么不跟我说英语啊？不包括别的课程。他就用这种方法来憋你啊。比如他讲“蜡烛”，讲了半天，实在搞不清，他给你画个蜡烛在黑板上头，用这种方法来启发你。所以这样呢，就使得我在英语口语上就很好。后来在北京，包括后来在师范大学学外语，出国当访问学者，英语对我来说，可以说是终身受益的。

**陈：** 为什么要从安乡搬迁到长沙去呢？

**刘：** 因为是我们家庭里头商量的。1946 年家里人就感觉到了，家应该是安在长沙这个地方，我们在安乡没有房子啊，从安乡挪到县城后，我觉得以后应该在长沙安居。长沙当然比安乡好啊，长沙是省城。

**陈：**城市消费要比安乡消费高多了吧？

**刘：**就是因为它的消费高，所以家里要搬到省城里头去。就是有钱啊，家里收租收得多，长沙地方比安乡县城要大，什么都比安乡县要大。来到长沙又自盖房嘛，不是我们，姐夫盖房，大姐夫，他的房子是在城里盖的。我们家就跟他一起搬到长沙来了。

**陈：**大姐夫在长沙盖房是在什么时候？

**刘：**1946 年就开始筹备。

**陈：**是在“淮海战役”之前？

**刘：**就在“淮海战役”的时候，他在“淮海战役”打仗。那个时候姐姐的身体已经相当不好了，所以在长沙街边要盖一座房子，就在北大马路，是姐姐经手，邀我父亲来操作，给他们家里盖房。我父亲投靠到姐姐这个地方，当然比住在安乡要好得多啊。

**陈：**您父亲、雷妈妈和您就一起搬到长沙来了？

**刘：**对，开始来没有地方住啊，就住在刘步元的家里，他家里腾了一间房给我们住。我想也是要给钱，不会不给钱。好像租了两三年啊，就同时盖房。

**陈：**盖房子盖了两三年？

**刘：**商量呀，找地方呀，找了好多地点。

**陈：**大姐夫的房子盖好是什么时候？

**刘：**1948 年。一年多时间。

**陈：**是一个楼房吗？

**刘：**平房。盖了一半，一个会客厅，正屋，厨房，一个大卧房，我姐姐住的房，一个我爸爸妈妈住的房，后头是杂屋，厨房啊……大概就这么多房了。院子啊，杂屋在后头。旁边还留了这么一块，还要再起这么一栋跟它对称。大堂屋有了，客厅有了，卧房有了，四个小卧房，饭厅也有了，这是正屋啊。那边还有这么一块地，准备将来再盖的，还没等到盖就解放了。还有几个摆七零八碎东西的房子，都在后面。我们也从刘步元家里搬迁到了这个地方。罗哲东回来，就直接回到这个地方，他没有到那边住。

**陈：**为什么选择明德呢？

**刘：**明德好啊。明德、周南都好啊，周南没有明德这么有名气，南有明德，北有南开。那个时候就很出名的，所以在学校里头呢，楼也很大。

**陈：**明德有校训吗？

**刘：**应该是有，不记得了，一点印象都没有。说起校训，我想起当时学校里面还跳舞，一些现在还经常跳的舞蹈……

**陈：**集体舞是吧？

**刘：**对对对，那个时候学校都有了。还有外国人到明德中学里面用英语讲课、演讲。外籍老师，不是学校的固定老师……而是经过这个地方，请他们来讲。那个时候学校到这个程度了。中学啊，听这个讲座的时候我是初中二三年级。

**陈：**听得懂吗？如果全外语讲座的话？

**刘：**不见得全懂，但是它会引起你的兴趣。我记得都在大礼堂里头，都是讲外语。所谓大礼堂，我们那个时候没有真正的礼堂，就在大餐厅里面，很多人，餐厅里架着喇叭，就在那个地方来做报告，做讲座。不像现在有教室啊，礼堂啊，报告厅啊，那不是中学嘛，明德当初就算一流的，所以就引起了我对外语的兴趣。

**陈：**您在明德读书时喜欢的功课是什么？

**刘：**就是代数、外语，别的课程学得不好。本身成绩就不太好，马马虎虎能及格。没有花精力学。

**陈：**花精力学的就是外语和代数？

**刘：**就这两样。直到进入明德中学的高中部，还是学外语。

**陈：**您刚才提到，到明德才开始有比较明确的一个志向，志向是什么？

**刘：**当初的志向，还是要走工科这个方面。

**陈：**以后要做就做工程师？

**刘：**哪个方面的工程师，没有具体设想。但要走工科这个方向是很明确的。

**陈：**您在中学的时候，经历过青春期、逆反阶段吗？

**刘：**没有。

**陈：**始终都没有吗？

**刘：**始终都没有。一点这个感觉都没有。一直到什么时候——相当的晚了。

**陈：**嗯，到什么时候？

**刘：**我感觉是抗美援朝回来。

**陈：**才开始有逆反心理？（笑）您都二十一二岁了。

**刘：**是啊，才有这个，呃……开始有自我意识，而且对张修焕也就很有好感。甚至在学期末，专门跑到南昌去看她。

## 第七节 初涉毛泽东思想

**陈：**下面一个大的问题就是，您在明德读书中间，据您的材料所写，学校有人传播毛泽东的著作，是《论联合政府》《新民主主义论》《目前的形势和我们的任务》《中国革命与中国共产党》，具体的传播情况是什么样的？

**刘：**是这样的，我现在也搞不清。记得是二年级靠后一个阶段，班里头有同学组织我们这些人到一起开会，到他家里吃饭。他跟我们要好，十来个人，经常请我们到他家里去吃饭，没有任何活动。在明德中学开展各种各样的活动的时候，这些人自然会都参加，正如我书里面所讲到的，比如北京哪个学校闹学运啊，类似那些活动，我们都参加到他们的活动里头去。

**陈：**您刚才提到的学生运动，指的是？

**刘：**"反饥饿、反迫害、反内战"，就指的这个活动。那是有北京的事情，还有明德中学对克强学院[①]声援的活动。克强学院里面的学生，好像是学生，这个……被美国兵给糟蹋了。女学生被糟蹋了，还是欺负她了，类似这样的问题。克强学院的学生事件，北京的学生运动，我们就被请去参加游行。当初参加的活动慢慢发展为示威，那个时候口号也体现得很明确，反对国民党，"反饥饿、反迫害、反内战"，"三反"。当然没有提"三反"这个词儿。就这么三项活动。学校罢课；工厂罢工；市民罢市，也是三项活动。游行我们也都去了，去商店里罢市。长沙市面的街道分成多路，在街上那么往前推进，你在这边一条街，我在那边一条街，从这儿走到那儿。我还记得我们是湘春街，一直往前走，就组织在湘春街这条街上罢市，市面上要罢市。工厂呀，咱们搞这些活动，就有人来组织他们参加这些活动。（击掌）就在这个同时啊，不知道是谁，也真是不知道是谁啊，现在如果我能找到这个人就好了，很有意义的。就自己的革命经历来讲，能够写出很光辉的历史。不知道是谁给我们发了书，或许是我们这些人当中有人给了我们……但肯定是有来源的，肯定里头是有党的外围组织。不让知道，没让我们这些人知道。那意思是说我们

---

① 湖南克强学院建立于1947年2月1日，是一所以农科为主的学校。湖南省政府以"集中人力物力和纪念黄兴（克强）先生的革命功勋"的名义，决定将省立农、工、商三所专科学校合并组建湖南克强学院。曾约农为首任院长，先后继任者有廖训栄、程潜（兼）、汪士楷等。早于1941年3月便勘定南岳祝圣庙三元宫为农、工专校校址，建校后，校址曾经两次迁易，直到1949年8月5日长沙和平解放后并入湖南大学，增设农学院。

还是外围的外围，很相信我们，组织我们参加活动，但是没有到他的核心成员里头去，你要知道当初就是这么一个状况啊，都参加了，书都有了，什么出版社出的我都能知道。

**陈：**是什么出版社出的？

**刘：**铁牛出版社，钢铁的铁，牛马的牛。书不知道是谁给印刷的，发到我们手里头，就这样。所以我们很多的活动啊（我们去游行，我们去干什么）都有人组织我们。

**陈：**（笑）具体召集人也不知道？

**刘：**不知道。反正就我们这一帮人。

**陈：**比如您刚才说被谁请到家吃饭，那请吃饭的人是谁？

**刘：**那个人我知道……姓潘的一位先生，到他的家里。他请我们到家里吃过一两次饭。吃饭就是吃饭，没有别的呀。随便就到他家里去吃饭。那个时候，一个中学生家里头也没什么权啊，也没有什么实力的啊。你们到我家里吃，我爸爸妈妈多做一点来吃就完了呗，就这么一种状况。

**陈：**他跟政治召集人不见得有关系？

**刘：**不见得。我现在记不起他的名字来了。肯定那个时候是班上的同学，他把我们召集来的。当然也不是每次活动都是他召集。我们都组织了、参加了这些活动。当然，我们这些活动学校里头有校禁。学校不让出去，很勉强才能出去。有时我们这些人呢，还挺有意思，要说到街上去发动一个事儿啊，干个什么事儿，一嚷嚷就到了大门口了，哗，就……就出去了，破坏禁止出去的那个规定。

**陈：**学校平时……

**刘：**不让出去的。上课期间不让出去，就是搞活动，要罢课……我们就出去了。什么处分都没有。所以那个时候，我们学校里头的外围组织的实力啊，好像是比较明显。

**陈：**学校也都不管吗？

**刘：**不管，没有人管，很自由。现在来看，好像这些活动跟湖南大学的活动啊……有点关系。外面的消息是从那边过来的，我们只是外围里头的外围，但它有一定的实力，能够把大家调动起来，书也能够散发开。我们这些人都有书，书是谁给的还不知道，知道吧？就这么一个情况。

**陈：**参与那些政治活动，您当时有心理顾虑吗？跟您的工程师理想不是有矛盾吗？

**刘：**没有，不会想得那么远。有一条，“反饥饿、反迫害、反内战”，当初在学校这个层面上头，对国民党的腐败，长沙的老百姓人尽皆知，大家都反对。就在这个时候，罗哲东也回到长沙了，大姐夫回到长沙了。他在家庭当中说话有点权威，对于学校里面这样的活动，他觉得你可以去嘛，我那个时候也是中学生那么个年纪啊。他是要我去参加活动。

**陈：**他是鼓励您去参加？父母呢？

**刘：**不知道，他们回老家了。但是呢，我并不知道罗哲东他的态度是什么。要知道那就好了，说不定还有什么联系。他在家里头，有的时候晚上出去。

**陈：**第二个小问题，那时读毛泽东的书是公开读吗？

**刘：**校园内公开读。教室里头就可以读，就可以翻，没有人管。校园内不犯忌，我们那儿不犯忌，书公开看，没有人揭发你，就可以打开来看。在教室里面你想拿着翻你就翻，没有人管，绝对没有人管。那个时期啊，我们长沙当时有一句话，后来和老朋友们见面的时候，我说那个时候我们的明德中学就好像是个解放区一样。

**陈：**真正的学校就应该是那样的。

**刘：**对，当时就这么个状况。长沙的这种情况，很快在好多地方就都传播开了。

**陈：**读毛泽东的书，能读懂多少？兴趣有多大？

**刘：**不太懂。第一是不懂，第二呢，感觉国民党很坏，书里一般都有这样的问题。欺负老百姓啊这样一些语词都有。里面提到共产党，中国革命与中国共产党，那么高的纲领来认识中国共产党、党的性质，读不到那里面去，对新民主主义不了解。联合政府，知道是联合，不知道怎么个联合，那都不知道。就知道是要推翻现在这个状态，这个状态不行，要改变。

**陈：**您当时对国民党反感是明确的？

**刘：**对。

**陈：**对共产党呢？

**刘：**不了解。应该说不太明确。

**陈：**共产党跟您出身的家庭和阶级是……

**刘：**不明确。反正对当时政权的腐败……

**陈：**失望和反感，对吧？

**刘：**绝对。告诉你啊，经历过那个年代的人，对那个时代感觉是绝对不行的。但是不是就靠共产党，这个不知道，反正国民党是彻底不行的。什么烧杀掳掠啊，到处都是的，是吧？满街都是卖美国的牛肉罐头的。

**陈：**谁在卖美国的牛肉罐头？

**刘：**很多店里都卖啊。市面都是很混乱的。

**陈：**您在上明德中学期间，长沙有美国驻军吗？

**刘：**应该是有，应该是有美国兵。不然那东西都哪儿来的呢？肯定是有美国兵在长沙。

**陈：**当年长沙市民对美国人的印象是什么？

**刘：**真实的印象就是，美国人就是很坏。飞扬跋扈，肯定是。因为当初他们强奸学生这个事儿，已经被很多人都知道了。

**陈：**就是沈崇事件？[①]

**刘：**对。沈崇那个事情，包括克强学院事件，影响到很多人，反正美国人是很坏的嘛。国民党很坏，所以当初人们的心态，无所依靠，无所投靠啊。怎么美国东西到处都是啊，而且卖得还那么贵，是吧？成了个什么样的情况呢？你刚刚讲的那些问题，应该有人管，可是没人管呐，这就是历史情况。联系当时的社会环境，人们有那么个愿望，但是并不知道依靠谁。

**陈：**您对毛泽东这个湖南老乡，是一个什么样的印象？

**刘：**感觉到的是依靠。中国革命靠他们，这个印象应该是有的。因为那个时候书里面都有流露，很明确地讲到了这些问题啊。依靠他们，中国才能取得好的结果，才能够取得书里讲的这些啊。

**陈：**当时知道毛泽东是湖南人吗？

**刘：**不知道。

**陈：**只知道他是共产党？

**刘：**是共产党，告诉你啊，书里没有写毛泽东几个字啊！

**陈：**没有？

**刘：**没有。

**陈：**没有？《论联合政府》《新民主主义论》……

**刘：**当时都没有的，《中国革命与中国共产党》都没有，都没有写名字的。铁牛出版社出版的这个书是地下组织用这个名义发给群众。它没有（署名）。我再讲这个情况，当初啊，大家就是靠他们，中国能够好，这个概念有。《新民主主义论》《中国革命与中国共产党》，当时我们流传的这几本书，感觉将来是有希望的。因为，你要知道啊，国民党那一面，没有什么东西让你感觉是你将来的依靠啊，只有烧杀掠夺这些事情。这块儿只有烧杀抢夺，那块儿是要把中国引向那么一个状态，当然大家都觉得这个方向是很可靠的。但是共产党是个啥机构，大家都不是很清楚。所以我就觉得，在这个时期，中国革命要向着一个什么方向走，……尽管我家庭出

---

① 沈崇是北京大学先修班女生，1946 年 12 月 24 日夜，去看电影途经东单时，被美国海军陆战队伍长皮尔逊等 2 人绑架至东单操场施行强奸。有路人经过此地，听闻呼救声即赴军警机关报案。警员当场抓获美兵一人。“北大”女生被强奸的消息在全国激起强烈反响。北京、天津、上海乃至全国各地爆发了共有 50 万学生相继参加的抗暴活动，并得到社会舆论的广泛支持。

身不好，但那个时候依靠这个方面，是有前途的。明确地讲，靠那一大摊子，是没有出路的，彻底失望了。这个不单是我啊，老百姓都有这样的想法，主流倾向都是这样。

**陈：**背离国民党，倾向共产党。

**刘：**对对，都是这样。都是觉得这才是个依靠。对我们来讲，要说我当初倾向革命了，我意识中没有敢讲这句话啊，你看，我的文字中没有敢讲这句话……就这个意思。那个时期，还没有到长沙解放，但这个时期的这个概念就有了。

**陈：**在长沙解放之前，您和您的家人谈政治吗？

**刘：**不谈。我父亲母亲在安乡，我在长沙。父亲母亲从长沙又迁回安乡找房子住去了，就我跟我大姐夫两个人在长沙。

**陈：**您跟大姐夫之间也不交流政治观点？

**刘：**不交流。他也不敢跟我交流。

**陈：**他觉得您是小孩？

**刘：**当然了，就是小孩嘛，15岁左右。他哪敢跟我说这些？长沙解放时，他家里有两把枪。一把勃朗宁手枪，很小，锃亮锃亮的。还有一把国民党的左轮枪，知道左轮吧？就那个时候，他家里就有了这两把枪，作为家庭里头用的。正儿八经的枪啊。我记得那把左轮，只有三颗子弹。勃朗宁大概是两颗子弹，等于没有子弹一样，能打得响的枪。长沙一解放，大概10号还是7号，满街就贴了布告。民间有私藏枪支的要赶快送到什么地方。枪在他的手里头啊，就放在我姐姐他们的抽屉里头呢。一解放，他不敢去啊，他拿个东西给我包着，让我把这个枪赶快送到那个地方去。

**陈：**让您去送？

**刘：**让我去送，我就把他家里这两把枪送到小午门（解放军）接管的地方，送到那个地方去交给他们。我也跟他们讲，这是谁留在家里的枪，一把是“左轮”，一把是勃朗宁，均系防身武器。临到解放，家里有这么一个背景。长沙一解放，在我们那个地区，我感觉好像老百姓自然地就心向了解放军。心呐，就向了解放区，当然还没有像我们后来在影视剧里看到的解放军睡到街上这样一些画面，还没有见到这个现象。

**陈：**因为是和平进城？

**刘：**和平进城，和平解放，大家就已经心向着解放区了，9月1号还照常开学了，我不又到那个一中去了嘛——第一职业中学。长沙市市民，包括我们普通老百姓，就自然地心向解放，完全接受了。市场混乱的状态也都在那时开始明显地改变。

**陈：**您上第一职业学校，是在长沙解放以后？

**刘：**长沙解放后。

**陈：**为什么不上高中呢？

**刘：**不上高中了。为什么呢？道理很简单，家庭出身不太好，地主。

**陈：**那时候还没土改呢，您怎么知道？

**刘：**没有土改，你听我讲，家庭出身不好，大概受到我姐夫的影响。家庭出身不好，以后的发展、进步、提高……要完全靠自己。自己理解的，领会的。因为爸爸已经躲到安乡去了，爸爸已不在长沙了。他不在，就自动的看哪个地方在招生。没有人商量，就自己决定。觉得纺织专业呀，好考；机械专业呢，不好考。

**陈：**为什么会有这样的想法？

**刘：**纺织不是容易学一点嘛，机械不是困难一点嘛。哪个好考就考哪个呀，并不是我不想学机械专业呀，不是我想学哪个就去考……考不取怎么办？

**陈：**并不是因为热爱纺织才去考的？

**刘：**不是。就这么个原因，很简单。另外一个不好考，而且因为我的成绩一直都挺好啊，在明德高中部读了二年级，我以这么一个身份去考它。当然我这水平又比较高一点，考的是纺织专业。一下就录取了。

**陈：**您在明德高中读了几年？

**刘：**读了一年。去考一职纺织专业，是为了容易录取，不能再指望家里了。而且考的成绩还很好，名列前茅，所以很快就进去了。一个夏天，一个秋天给它读完。寒假以后，到了冬天，长沙办“寒假青年学园”，这是个很重要的地方。我把这个题目叫作“青年学园”。[①] 注意它的背景啊，是那一年的夏天，新民主主义青年团开了“团代会”。紧接着那年的冬天，就是 1949 年的冬天吧，共青团长沙工委——不是共青团，新民主主义青年团工委办的“寒假青年学园”，学一样课程：从猿进化到人。学历史唯物主义，寒假去学习了。我在班里头，一直是非常积极的青年呐。学习也是很积极的，在那个地方学习了一个寒假，学了这些东西。学了“劳动创造世界”这个大题目。

---

① “青年学园”是指长沙市200～300名学生集中学习。

## 第八节　长沙和平解放和对新中国成立的印象

**陈：**1949 年 8 月 4 日长沙和平解放那一天，您有哪些记忆？

**刘：**当天没有经历，不过知道这个事情。当天好像学校就没有上课，都放假了，没有活动，很平淡地就过去了，因为那个时候大家关注的是军队即将进城这一条。已经感觉非常明确了，我从家人那里也听说过，部队很快就要进城了。隔了大概是两天的时间，群众很自发地在我们长沙市政府门口聚集在一起，实际上是一个庆祝大会的仪式，说的更多是欢迎解放军、庆祝长沙和平解放。而当天知道这个信息，我还有一个特殊的渠道，我有一个照相机，那个照相机早就借给湖南大学的一个同学。他那天给了我一个消息：今天我们去看欢迎仪式吧？就是他个人的这么一个意思，当时我们就聚集到了政府大门口。

**陈：**你去了聚会的现场？

**刘：**去了聚会的现场，当然不是事先有组织有安排的，或者有什么形式，就是很多群众围在一起，一个很短的聚会。不是很多的人员、很多的队伍，不是那样的一种情形。就是自发地到那里去了。

**陈：**1949 年 10 月 1 日，在北京举行开国大典，长沙民众的反应是什么？

**刘：**长沙的一些普通的学校没有搞群众性的活动，都没有，我那个时候大概已经进入第一职业学校。记得当时没有聚会，没有安排，当初的具体情况就是这样。知道有重大活动，但不知道开国大典这样一些情况。

**陈：**您在寒假青年学园学习和生活的状况具体是什么样的？

**刘：**当初的活动是正常的寒假活动，而且是报告会的形式。那个时候的活动不像学校里头的讲课，更不是很大的群众性的大会。同学们都集中在一个地点，我记得好像就是一个很普通的场地，人员也就是二三百人，在青年学员里边还集中了很多学生，好像集中在一个学校里头。

**陈：**哪个学校？

**刘：**不记得了。集中在一个学校里边，不住校，每天都去。(中午)也在那里吃饭，是很普通、很正常的一种进餐的方式。还是大会的形式，举手宣誓这个活动是有的。不是青年学员，因为那个活动本身也是个组织，我们新民主主义青年团在那个地方宣誓嘛。我们这些人好像基本都被吸纳进来了，学员就是正常听报告。

**陈：**有多长时间？听了哪些报告？报告对您的影响是什么？

**刘：**印象最深的还是讲“劳动创造世界”，主题好像极为明确。讲课当然还是讲猿怎么进化成为人类，进一步发展到人们能够独立活动等这样一些人类进化的知识，更多讲到自己劳动、自己创造。好像两个多礼拜，寒假期间每天都要去的。因为寒假期间不长，三个礼拜左右，大家能够被吸收进来，感觉还是很光荣的事情。不叫选拔，就是在教室里头宣布哪些人去。

**陈：**不是一个班全都去，选一部分人去？

**刘：**是一部分人去，还有一点点极少的讨论会，那个时候年轻学生谈一些重大问题，大家也谈不出来什么。

**陈：**要交学费、伙食费吗？

**刘：**好像交点伙食费，当然伙食费都很低。

**陈：**一共听了多少场报告？

**刘：**记不太清了。

**陈：**有哪些有名的人？

**刘：**都不太有名，都是普通的人，是部队里那些同志在讲。

**陈：**不是知名首长？

**刘：**没有，我们当初那些学生就是高中生，高中一年级的学生，听一听就行了，也没有很深入地研讨某一个问题。

## 第九节　加入新民主主义青年团

**陈：**下一个问题，您入团的经历，一开始怎么申请、怎么批准？

**刘：**入团就在学习的那个地方。青年学员开始学习不久的时候，我有一个姓袁的同学袁淑安，刘琳华的表妹也在那个地方学习，还有张修焕，均提出入团，她就提出入团的意思，有没有表我不记得了。

**陈：**填表不记得？

**刘：**不记得，但是宣誓的活动是有的。

**陈：**书面申请没有吗？肯定没有还是不记得？

**刘：**一点都不记得，但类似填表这样的形式好像还是有过。因为不是所有人都作为共青团的发展对象，还是积极参加学习、要求进步的这样一些同志，而且还要跟当初的学习情况联系起来。起码要积极参与学习活动，要积极主动。有了这样的经历，以后在学校、特别在班级活动当中，自然成为各方面都很得力的一个参与者。

新民主主义青年团那年刚刚成立，成立不久我们就能够加入进来，所以第二个学期的时候，我们作为青年团里边宣过誓的这些人，自然会是非常积极的骨干，任何学习活动自然都会选到这些人。所以发展到后来，文化方面需要人的时候，自然就找到我们头上，而且都带有征求意见的性质，邀请青年参加工作。而且讲到文化厅，是文教厅——可能就叫文教厅。当时我们就报名，自然就去了，这个印象很深，而且要求尽量早一点。6月初通知来了不久，就填了表交上去了。

**陈：**这个有表是吗？

**刘：**是有表的，但是这个表现在找不到了，为什么说找不到？我们这一次为了要改变身份、成分的时候，文化队就找不出表来，他们说没有什么表，都是我们自己办的。我们自己经办的这些人，大家都是6月底报到的，这是没有问题的。

**陈：**6月20日？

**刘：**6月20日。当初主办我们这件事的，后来的文化厅厅长叫铁可[①]，“这都是经我手办的”，后来他在上边写证明，这边都是6月20日以前来报到，到7月报到齐，7月初就走人了。6月底7月初就到南京去了。7月21日开学，我们在6月份已经报完到了。很有意思，我当初还非常自豪地填了表到文教厅报了到，再返回班级里头，我的身份就不一样了。我是参加工作的人了，再回到教室里头参加活动，你想那个时候年纪很轻，17岁还是十几岁，多少懂一点事，也多少知道点事，在班级里头活动感觉很得意。都参加工作了，还要整天在教室里头坐着干吗呢。

**陈：**你到文教厅报到完了还回到学校上了几天课？

**刘：**还回到学校，各种活动当中身份好像跟别的学员就有点不一样了，一段时期以后就回家做准备了。

---

① 铁可，当年的湖南文教厅副厅长。

# 第三章 立志学电影

## 第一节 参加南京集训班

**陈：**湖南一共抽了 45 个人，您那个学校抽取多少人上集训班？

**刘：**就我一个。那个时候对我们好像非常优先，拿到通知以后就问我们这些人，理所当然我就去了，我说我去。我并不是不愿意学习的人，我想学机械，可学的不是机械，当时来的时候就到那个地方去了。

**陈：**当时知道到文教厅干什么吗？

**刘：**知道。学电影，这个很明确，概念也很清楚。昨天你问到我当初的志向，我觉得这个时候学电影的志向很明确，第一我会照相。你还问我那个时候怎么会的？自学，因为我姐夫他们有照相机，一个很一般的照相机，用现在的话说，就是皮老虎相机，一拉就弹开，就装胶卷，完了压缩进去。我会照相，不是我懂得照相。就是会，我能把照片拍下来，反正就那几个光圈、速度，就是这么一个水平。

**陈：**是姐夫送给你的，还是你借过来？

**刘：**借他的，就在家里头用呗。

**陈：**你刚才说解放军进长沙的时候，把照相机借给别人了？

**刘：**对啊，借给别人了，湖南解放的很多照片，我这个照相机还立功了，当然他怎么照我不知道，因为他是湖南大学的学生。临到 8 月份的时候，他就把我的相机借走了。可能他参与了迎接解放军的事情，他拍了不少照片，但是是否洗印出来我并不知道。

**陈：**这个照相机一直在你手里？

**刘：**一直在我手里头，到什么时候？我带着相机到南京，离开南京回到长沙，相机还在我手里头。回到长沙不久，总队正式宣布成立了，我这个相机当然拿不出手了，都不好意思拿出来，后来就把它卖掉了。我卖的。

**陈：**您说是借的？

**刘：**我姐夫走了，他已经不在这个地方了。他把相机给了我，那我卖了很正常，他交什么东西都是我给他交，相机自然等于给我了。无所谓送不送了，自家人拿去照去，他又不用这个东西。当然对我来讲，掌握这门业务，对我今后的工作起了一定的作用。学习了照相技术，后来到文化厅要学电影，当时还不知道电影是干什么。

**陈：**当时不知道电影干什么？

**刘：**电影看过了，学电影是干什么的不知道。到了南京我们还不完全知道，从南京回来是 1950 年冬天，快到 1951 年了，这个时候看电影稍微多一些了。而且这个时候相机的档次也提高了，还是那种皮老虎的相机，但是德国的相机，是比较好的相机、档次高的相机（玛密雅一六）。

**陈：**莱卡吗？

**刘：**不是莱卡，到不了莱卡。公家买了这个相机。那个时候有什么活动，我就理所当然地参加，因为在我们这个小队伍当中，我又成为了解相机比较多的人。也不像现在的学生，现在电影学院的学生就完全不一样了，设备齐全。当初就是在这样一种状况下进入电影圈的，甚至于自己都会去买一点不太像样的图书在手上，翻一翻，这个时候有点印象。照相机的书开始有了。如果说懂得电影，这个时候开始搞电影，而且又有了新的相机。单位里头懂得照相的人不是很多。

**陈：**您报名之后，跟家人通过信吗？

**刘：**没有任何联络，跟张修焕都没有联络。那个时候我们虽然交朋友，但是还并不懂得类似恋爱这些事情。

**陈：**所以当时也没有急于告诉她？

**刘：**没有急于告诉她，是在朝鲜告诉她的，从朝鲜写信给她，说这个的时候我在朝鲜。

**陈：**您参加集训班之前，在文教厅经过培训吗？

**刘：**有集中，没有培训活动，就是让大家集中。集中大家是在 7 月底，而且是晚上集中，也许有的人从不同的地方来到了长沙，但是我们在长沙的人，我知道 7 月底的时候，二十几号晚上就要上车走人。集中连同出发，而且通知完了晚上就拿东西走人。太简单了，不是大背包、小背包，还有什么小提箱，我的东西还比大家稍微多点。

**陈：**您的行李是什么？

**刘：**一个包，一个小箱子，箱子是我姐姐的，看样子还挺神气，类似我们现在小公文包一样，是一个小小箱子，就放了那么一点点东西在里头。

**陈：**当年您大姐放贵重物品用的？

**刘：**到不了那个档次，反正那个箱子比较小。衣服什么的都不用带，因为那个时间是6月份，穿单衣的时候，就一两条裤子。衣服是南京发的，后来我们穿的男军装是南京的学校给我们发的。

**陈：**学校还发衣服？

**刘：**南京发，我们那个时候都是调干，没有经济待遇的。

**陈：**是供给制。

**刘：**全都是供给制。我参加革命工作是调干的，最后我退休的时候是按照正局级、院长这么一个级别退的休。

**陈：**要带被子吗？

**刘：**不带，没有，带几件衣服就完了。去的时候还很有意思，从长沙坐车到武汉，武汉坐船到南京，不是走公路，坐船去的。

**陈：**您到南京学习，姐姐给您钱了吗？

**刘：**没有。就我和哥哥两个人，大姐死了。

**陈：**姐夫给您钱吗？

**刘：**没有，他也没有钱。我们当初一走，一个人吃饱全家不饿，都是这样的情况，干什么事一个人走了了事。

**陈：**到另一个城市不带点钱？

**刘：**那是按照现在的观念和现在的水平，那个时候没有这个，都没有，太简单了。人家都是小包包，我那个小包包就这么一点，还有一个小箱子，比别人还稍微好些。我的照相机就放箱子里头，小包包和箱子连在一起提着走的，除此以外就没有任何其他的东西了。是这么一个状况。

**陈：**您从武汉到南京，船上有什么故事？

**刘：**没有什么故事，人们都不太熟悉。

**陈：**这45个人是湖南省全省各地调过来的？

**刘：**哪个地方调过来的都有，所以我们现在填表都要填这段经历的。像我们是从长沙一中过去的，这个时候青年团还给你写了小纸条，你拿着这个纸条（当时咱们还不能说是介绍信）到文教厅报到去，还有个东西拿过去，相当于现在的介绍信吧。好像有的人什么也没拿就来了。

**陈：**连介绍信都没有？

**刘：**介绍信都不会有的，所以后来我们这些人开始外调的时候，省政府拿不出来材料，按理说我们参加工作，省里边应该保留我们的材料，但是没有。

**陈：**解放初期，全国有一个向党交心运动？

**刘：**也许有这个运动，但对我们这些人从来没有提过这个事情。

**陈：**没有讲自己的经历、讲自己家庭出身？

**刘：**谈话这种事情可能有，交心活动嘛，我们好像没有搞，人集中起来，随后就到南京去了。

## 第二节　对集训班老师的印象

**陈：**南京培训班，能记起来多少？

**刘：**我记得是这样的，到了南京以后，已经有了成规模的活动了，为什么呢？在我们之前已经有了培训班，给我们这些人训练的一批导师，所谓的辅导员比我们年龄稍大一点，来得早一点，是来引导我们学习的。我们去了以后，他们就理所当然组织我们开展各种活动，我们这些年轻人来自全国各地，集中到了南京，自然就是组织我们参观各个地方。大量参观。我们住的地方很有意思，是国民党的财政部一个很大的大楼。我们上训练课也很有意思，大课这些名字我还都能说得出来。

**陈：**大课是1800人都在一起？

**刘：**1800多人都在这里听课，坐在一个大教室，我们学员的家当就是每个人发一个马扎，记东西给你一个本，坐在马扎上就这么记。老师站得远远地讲课，啥也看不见，都是上大课。

**陈：**大课课堂在哪儿？哪个地方能容纳1800人？

**刘：**等于是一个大操场一样，就是在露天草棚子里边，草棚子是不是竹帘子搭起来的记不清楚，大家坐在草棚里头听课，老师在上头讲。当初我们最有名的老师王式梦现在人还在，后来在电影学院当老师，从电影学院退休后又到科研所，从科研所到现在他一直住在北京。王式梦，他有名啊，我这个年龄的人不管听没听过他的课，都知道他是南京训练班里边的，现在还活着，少说九十多岁。

**陈：**您还肯定他活着吗？

**刘：**肯定活着，当然活着。

**陈：**我们赶紧要找他。

**刘：**他跟我还挺有来往，因为我对他极为尊敬，包括到现在。我这次在三亚，打电话找不到他，我打电话给他在科研所工作的儿子，我问他爸爸在哪儿？他告诉我他爸爸住在医院里，刚刚出院。我说电话找不到他，几天没有打通，我委托他儿子一定代我向他爸爸问好。因为我们之间是很默契的，平时总要相互通信的。他总是把我看成院长——电影学院院长，过年过节他都要给我寄贺卡，我理所当然地或主动或者间接地回寄贺卡给他。

还有一个老师叫高金平，后来到科研所工作。高金平是讲《基本电学》，严格讲叫《电工原理》，王式梦是讲《放映机》，还有一个于正中也是在科研所工作的，这个同志可能去世了，他是讲《发动发电机》的，第四个人张先德，他在训练班中主讲《扩大机》，是湖南电影队总队长，是湖南人。

**陈：**他是老师？

**刘：**老师，他是这里边的老师。至今我们都非常尊敬他们。张先德受到了不少的委屈，在“反右”的时候说他是“贪污”。

**陈：**“反右”的时候？说他“贪污”？

**刘：**“三反”“五反”的时候，说他贪污，在群众高压下，他还主动地乱七八糟交代。我是他的学生。

**陈：**您当时是打虎队长？

**刘：**打虎队长，我还管他。但是他幸好落在我们群众手里头，调查他的材料，没有调查出任何有关贪污的问题。

**陈：**后边再说“三反”的事，接着讲四大老师。

**刘：**都是他们讲课。还有其他辅导老师，那就是上辅导课了。

**陈：**当时白大方和郑伯璋在吗？

**刘：**不太露面的，校长白大方只露面一次，是在开学典礼的大会上他做的报告，那个时候我们都叫做报告。很有意思，做完报告不太长的时间，我们就正常上课了。有一天，教务长郑伯璋，这个人你也应该知道的，他后来在科研所工作，他在会上宣布：“我告诉大家一件事情，我们的校长到内蒙古‘当王爷’去了。一部电影看中了他，他去演王爷了。”

**陈：**到摄制组去了？

**刘：**到摄制组去了，到内蒙古去了，地点是不是呼和浩特就说不清楚了，反正“当王爷”去了。他后来在戏里头出现的场次不是太多，因为王爷出现的场次不是太多。那部戏之后他就再也没有回来，后来他在中央党校当老师，而且时间很长。

**陈：**您指的是谁？

**刘：**就是白大方。

**陈：**不是后来电影学校校长吗？

**刘：**没有，再也没有露面，只是挂了他的名。

**陈：**没有在电影学校履职？

**刘：** 没有履职。虽然他演王爷以后还是宣布他当电影学校的校长，但是他没有来过。

**陈：** 他跟王阑西当电影学院院长一样？

**刘：** 对，王阑西还参加过几次会，王阑西作为电影局的局长还到电影学院做过报告什么的，有那么几次露过面。

**陈：** 白大方连面都没有露过吗？

**刘：** 我没看见过。当然前面的活动我不在。现在我们挂名第一个是陈波儿，后面就是他，但我不知道具体挂第几。

**陈：** 您是第七任？

**刘：** 反正靠后了，我是沈嵩生以后，第六位。

**陈：** 白大方只见过一次？

**刘：** 对，只见了那么一次，再没有见过。当初在南京训练班，白大方的确训练了太多的人，200 多人当老师，学员 2000 多人。

**陈：** 连着早期训练班？

**刘：** 早期是 2000 人，来自四个大系统，从头到尾我们是很清楚的。白大方负责文化厅，培养出来 216 个队近 1800 多人。工会算一个系统。工会培养 150 个队，还有中苏友协是 54 个队，剩下 180 个队是解放军，这样 2000 人分配在这么多队伍之中，所以都是大活动，组织得都蛮好的。底下是按系统分队，这个系统编个队，那个系统编个队。湖南电影系统 15 个电影队，后来分成电影和发电机两大块在这里学习。

**陈：** 不上公开课，都是实习的时候再做辅导？

**刘：** 因为他们也是刚刚训练下来的，他们来给我们上辅导课。所以下午活动经常是老师讲的我们不太清楚的地方，那些辅导员再进一步给我们辅导，没有书。后来一般训练完都有教材。

**陈：** 你们这一届没有教材？

**刘：** 没有教材，后来开始有教材了。我们都到街上买一些大学课本当作辅导材料。后来教材开始印出来了。就是这么一个大队伍，7 月份开学，8 月 1 日举行大型的开学典礼。不知道是不是在南京的大剧院，在一个很大的电影院里边举行开学典礼。是不是还有大人物给我们做过报告，我记得不太清楚了。

**陈：** 这个能查到，是大事。

**刘：** 有些大人物都参加我们的典礼。记不得了。来了白大方以上的一些大人物，袁牧之[①]没有到场，听说他生病了，但筹备活动都是袁牧之点头的。后边的具体活动那就太多了，在我想象里边，当时电影局的大人物会不会到我们这个会，不是很清楚，南京市政府有哪些人到场也不太清楚，反正有大人物讲话。我们就坐在后头听嘛，我记得我还坐在楼上。1800人的大礼堂，里头也够大的。

**陈：**再加上老师和辅导员差不多2000人？

**刘：**2000人，可能还有人坐在旁边听报告。南京训练班当初强调的问题很明确，就是人民电影，要勇敢地去开拓人民电影的新天地。这体现在我们唱歌的歌词里边。这是校歌里边的一句话，人民电影的新天地，靠我们勇敢去开拓。引导我们大家唱这首歌，会前会后都要唱的。当初也还强调电影队的学员要努力学习，要紧密团结，要互相掌握好这方面的技术，还特别提到改造思想。

**陈：**您记不记得改造思想的具体活动？

**刘：**那倒没有。

**陈：**是没有，还是您不记得？

**刘：**知道这些人都要改造思想，需要改造思想，要好好学习工农兵意志。南京训练班搞的这些活动在我们这些年轻的学生当中印象很深，可以说非常地深。而且还有丰功伟绩、英雄形象啊，把这些宣传到群众里边去，为工农兵传播毛泽东思想。"传播毛泽东思想"在这个时期就提出来了，而且已经在我们的校歌里体现出来了，对我们这些青年人就有所交代了，一般的倡导哪能记得住啊，放在歌词里边反复地唱，当然脑子里头就完全记住了。

我们回去以后要编队，然后到工人里边去、到部队去、到农村去。我们是地方的队伍，也要到部队里头去啊，因为湖南省队我们45个人都是文教厅的。

**陈：**湖南省队还要给部队放电影？

**刘：**就这个意思。我到湖南"军大"去过，那里是部队办的学校，我

---

① 袁牧之（1909.3.3—1978.1.30），原名袁家莱。浙江宁波人。20世纪二三十年代曾活跃于话剧和电影舞台，出演话剧《五奎桥》《回春之曲》《怒吼吧！中国》，主演影片《桃李劫》《风云儿女》《八百壮士》等，编导音乐喜剧《都市风光》《马路天使》《延安与八路军》，出版《戏剧化装术》《演剧漫谈》等书籍。1940年加入中国共产党，1946年参加组建东北电影制片厂，任厂长，后任中央电影局局长。新中国成立后历任文化部电影局局长，中国文联第一届常务委员、第二届主席团委员、第三届委员，中国电影家协会第一届副主席，第二、三届常务理事。第一届全国人大代表，第三届全国政协委员。1952年因病离职。

们可以去。

**陈：**“军大”是指南京二野军大？

**刘：**不是，湖南的军政大学。放电影，我就讲这个队伍，我们要服务的对象这么多，但我们主要到农村、部队，中苏友协我们不用去管，他们的人不多，放电影也不多。所以那个时期，对于我们这个训练班来说，通过搞这样一些活动，对这支队伍是一种培养、一种造就。后来不是有很多的学习班、训练队嘛，并没有看到他们很突出。但是我们这个训练班……

**陈：**南京训练班，每一个人都很突出？

**刘：**我觉得是这样。

**陈：**像种子一样全国开花。

**刘：**所以湖南省不是叫开拓新天地嘛，就是歌词里的一段话。这段话深深地印在了我们脑子里头，这么多年以前的事情，还能够深入人心。

## 第三节　第一次放映电影

**陈：**我们谈具体一点，您学的是什么技术？

**刘：**放映。

**陈：**您第一次上放映机的时候是什么感觉？

**刘：**我们刚刚开始放电影，应该说都放得很好，因为在南京训练班期间，调了大批各式各样的放映机供实习用，国家买的分在各个省。我们是带着放映机回来的，是国家统一买来的，湖南交钱，你们把它带走。当初也不知道哪个是你的，因为有相当多的放映机。具体数字不知道。

**陈：**216 套。

**刘：**反正有相当多的放映机，我们实习有机器，老上机。

**陈：**您第一次上机是什么样的心情？

**刘：**我上机是湖南自己买的一台美国旧机器，叫什么名字记不清了，到湖南以后就老练这台机器，我是第五小队。

**陈：**训练班第一次上机器感觉什么样？

**刘：**很有意思，不管哪里来的什么片子，每个人都有片子放。片子要直接装到机器上边，然后开机放映，为的是在放映电影全过程中各种毛病都能及时体现出来。尽管我当初在那里学的机器不是我后来用的机器，但这个事情的过程是全都知道的。怎么知道？就那么多零件、那么多小部件，不管环音系统、扩大系统、放映系统还是机器停转，就这些东西。

**陈：**您第一次摸机器的感觉还记得吗？

**刘：**那时都是在外边场地放映的，没有什么室内。平时实习就放在墙上，放得很好。电影放出来了，声音效果都能够出得来，是我在那里操作的，当然非常高兴。每个人通过反复实习，具体放映体验是很深刻的，但道理不是很清楚。技术操作绝对是到家的，道理不一定清楚。

**陈：**训练班还有哪些体验和感受？

**刘：**当初训练体会是很深的，而且训练跟讲课是相互不配套的，预计讲的这一块儿，早就把机器交给你了，你怎么装呢？每个人都有具体的实践，就在这里做了。有一个问题我们就搞不清楚，很多器械里头的东西只是说一说，不让你打开的。不能拆开机器，咱们那群人拆不了，我们的老师拆机器也不行。

**陈：**那维修怎么办？学放映不学维修？

**刘：**不学维修，湖南队成立的时候，有些人专门就是搞整备的，我们叫整备师。

**陈：**所以里边机械都不知道？

**刘：**道理理解得很清楚，但是原理不太清楚，都不让动的，那是电影机械原理。

**陈：**您提到老师讲课听不清楚，是声音太小听不清楚？

**刘：**声音太小也是，理论也听不太清楚。两个都不太清楚，讲的也不是太清楚。那么大的课，1800 人听机械原理的课，在电影院底下怎么能够听得真呢？听不清楚的。现在我们摄影系上课只有 12 个人听课，12 个人都多，当然不好这么比。听不太清楚，所以靠下边的辅导课。

**陈：**干嘛不分成 50 个人一个班？

**刘：**不可能，上课都是有日程的，哪天开学哪天结束，都得赶在那个时间把它搞完的。我们 7 月 21 日开学，8 月 1 日举行开学典礼，12 月底课程要结束的，还有实习呢，到后来就拿着影片在南京附近的工农兵当中放电影啊。

**陈：**您独立放完一部电影是在什么时候？

**刘：**回到湖南。好几个人放一部电影。

**陈：**一人放几本？

**刘：**对，就是这样的。我们一个队出去总是十来个人带一部片子。

**陈：**一个人分到一本？

**刘：**也不一定，大家就放呗，谁上机不一定。

**陈：**放过什么片子有印象吗？

**刘：**没有印象。

**陈：**在实习放映过程中出过什么毛病或者有什么解决不了的问题吗？

**刘：**这都没有，都很顺畅，因为整个放映期限也就半个多月的时间。

**陈：**放十来场电影？

**刘：**有，差不多每天都有。

**陈：**交通工具呢？

**刘：**基本上都会有车子接，因为都不在市区里头。

**陈：**郊区、工厂、农村、部队？

**刘：**车子接、车子送都会有的，当然就是很普通、很一般的车子，你看登报的照片，大家出去放映电影都坐一辆大汽车。都是卡车，当时条件还是很差的。放完电影以后不是像现在这样，好像也有小小的考试，但是不知道自己的成绩，大家随便考一考。笔试，考原理，都是很简单的原理。操作就是放电影，不会再搞单独的操作考试，不像现在有单独的操作考试。

**陈：**会不会比赛？

**刘：**都没有，能够把这个东西弄出去、能够放映好就很不错了。讲考试就是回到湖南以后在省政府大礼堂放电影，那真是算正经的考试。有放得好的、有放得不好的，放电影出毛病的也有。

**陈：**新中国电影的第一期培训班，都成了全国各地电影公司的骨干？

**刘：**基本都是这一个班出来的。

## 第四节　衣食住行

**陈：**我访谈的好多人都是一期的。衣食住行方面有哪些？

**刘：**我给你讲，吃是统一开餐啊，不需要你交多少费用，不存在这个问题。到时候开饭、到时候吃饭，这是第一个。第二个伙食量是足够的，大馒头青菜，青菜就是白菜，我印象当中白菜炒菜特别好吃，好像半个月或一个月能吃上一次肉。或者一个礼拜吃一次肉，类似于这种情况。

**陈：**吃饭形式是什么？

**刘：**一个人一份饭蹲在地上吃就完了，哪有桌子？当然蹲在地上吃。上课是一个马扎，吃饭马扎都不带，大家排着队一份一份地打，反正分成碗的，很普通。

**陈：**住是什么情况？

**刘：**像我们那个班，男孩子大概十一二个人，分到两个房间里头。

**陈：**一个班是什么概念？怎么分？

**刘：**打乱分，我那个班十来个人是学电影的，还有学发动机的另外一个组，分成两组人。那边好像五个队还是几个队，五个队 45 个人，一个队八九个人。

**陈：**六七个人一间屋子吗？

**刘：**六七个人一间屋。都是地铺，没有床。被子统一发。服装统一发，冬天了就给我们发棉衣。蓝颜色的服装，做得就像部队蓝大衣，也是挺好的。到底谁来掏这个钱，或者从哪里领来的不知道，反正到时候给你服装。可能湖南把湖南人服装发了，哪里把哪里人的发了，所以把蓝大衣穿回湖南去，而且穿了好长时间。后来到北京拍电影，我还是穿蓝衣服来的，正儿八经穿着蓝衣服上北京来的，住在新内大街，新街口对面马相胡同。湖南发的服装我一直穿着上这里来。

**陈：**当时供给制发零用钱吗？

**刘：**不发，从来都不发。

**陈：**那您自己要买牙膏、买牙粉？

**刘：**那不知道是哪里给的。从来不曾给你个人发过钱。肯定没有。

**陈：**有的人可能抽烟吗？

**刘：**那不知道，不管这个。

**陈：**在南京半年期间您不花钱？

**刘：**自己带点钱，公家没给你开过钱、没有开过工资的。

**陈：**供给制的时候，有时候也会发几块钱？

**刘：**这个东西也许有，但是真是不知道了。不记得，是不是给一点工资啊，没有那个概念了。一点印象也没有。

**陈：**在南京半年不可能不上街买点东西吧？

**刘：**不知道，也许给过一点点钱，不知道自己有钱。我跟你说得难听点，都没有进商店的概念，进商店买商品的概念都没有。

**陈：**南京比当时的长沙还是繁华多了，因为是民国首都。

**刘：**不存在，没有这个印象。当初那个情况你可能不太了解，回到湖南以后，低薪资待遇有一丁点儿了，有拿到钱的印象。

**陈：**回到湖南以后供给制之下还有零用钱的？

**刘：**还有零用钱，但是这之前没有过，去南京的时候真的啥都没有。

## 第五节　集训班中的女性和集训班的意义

**陈：**南京参观的哪些地方，给您留下深刻印象？

**刘：**还就是紫金山和中山陵。中山陵印象最深，其他的那些地方都没有太深的印象。总统府去过，我后来看到国旗降下来的旗杆，中间那道门，总统府这个印象有，我现在还记得很清楚，蒋介石桌子上摆着4月22日的台历，22日的概念现在还有。

**陈：**4月23日解放军过江了。

**刘：**看着他桌上的台历，22日这个概念有。总统来了要开中间大门，中间小门这个印象也有。人家讲总统府这个门别人都不让走了，这个概念也都有。房间概念也有，但很多小会议室记不太清了。

**陈：**中山陵印象为什么特别深呢？

**刘：**首先是建筑，中山陵的印象还是很突出。从底下一直走上去，包括走上去门口怎么分开成两路上去，这个印象有，台阶怎么上，到进去以后前厅、后厅，前面有孙中山的坐像、后边是个厅，这个概念都有，震撼力也有。站在中山陵上边展望周围的环境，其震撼力是很大的。而且相比之下，对孙中山这个人，共产党还是极为认可的。所以当年参观中山陵的情景还一直留在脑海里头。

**陈：**南京其他地方呢？

**刘：**玄武湖是去过，印象一般般。就是中山陵，包括周围环境、人物，都给我留下深刻的印象。

**陈：**南京训练班女同学有多少？

**刘：**记不太清楚了。

**陈：**湖南有45个人，有几个女同学？

**刘：**女同学有十五六个，不到一半。将近三分之一。我们队里就有两个女同学。

**陈：**女同学学放映的多？

**刘：**学放映的多，学发电的少，所以我那个小组里边就感觉女同学多嘛，我们跟女同学打交道还是比较多的。

**陈：**男生女生在一起学习有隔阂吗？

**刘：**没有隔阂，很正常。

**陈：**也没有男女之间恋爱？

**刘：**没有哪一队哪两个人特别要好。我跟我太太那时多多少少有一点联系。

**陈：**心里有底了？

**刘**：有底了。和女同学是一种很正常的交往，而且一直保持到现在。现在一些女同志到北京，包括她们的爱人上北京来，很多都在我家里头住的，我夫人都很好地接待她们。都是过去曾经在一块儿摸爬滚打、60 年前的同学，很不容易的。

**陈**：您对南京训练班还有什么要补充的？

**刘**：我就觉得南京训练班的学习组织得好，不管用任何方式，把大家该学到的东西尽量弄懂、弄好一些。另外设备也都配置好了，机器都给你准备了，而且都运到这里来了，你把它带回去。回来以后，尽管机器有用到的、有用不到的，总归给你准备好了。配了机器，而且后来了解到，这些机器各省还交了款的。所以这个事情，好像上头跟底下是紧密联系在一起的。感觉很周到，共产党办事情都配备得很好，有老师、有辅导员。那么多的人，先培训了辅导员。我是生活组长，我们学习组长就是先学的，从广西调到那里受训的。

**陈**：生活组长管生活？

**刘**：要发一个东西、要干什么都是我来办理，来领这些东西或解决这些问题。我跟学习组长的关系很好，后来跟他一直还保持联系。

**陈**：广西辅导员？

**刘**：相当于我们老师、小组组长。

**陈**：严格来讲就是助教。

**刘**：严格来讲就是老师，包括我后来到南京去看学生啊，在电影局当总工的时候，我还看我们老组长，到他家里做客。

**陈**：到 80 年代末期他还在广西？

**刘**：在广西。也许当过广西电影制片厂的副厂长，但是我去的时候已经不是了。我到那里，去他家里看他，他叫陈镜开，他的名字好记。我们的关系一直很好，但后来我在学校里头工作，没有跟他打过交道。总之，南京培训班从组织工作到开始办班，到配备各种机械，到一直把我们送到基层放映电影，包括影片的分配安排，应该说有一套严密的组织领导系统。全国各地的人都来到了这里，体会到了电影的重要性。

**陈**：在训练班期间的政治活动，还记得吗？

**刘**：我们那个时候每天都学业务，集中精力学业务，没有明显的政治学习，活动还是有的。对 1950 年 10 月 25 日抗美援朝的印象都很清楚。那个时候就捐东西，但是我们这些人没有东西可以捐的。也曾经听到过常香玉捐飞机的事情。

**陈**：您怎么知道抗美援朝的消息呢？

**刘**：看报纸。通过报纸、通过开大会。对于我们来说，就是集中精力学习，因为是2000人的班，搞不了那么多的活动，没有政治报告。后来觉得在党的领导下会有政治学习，这都是以后的事情，当初没有的。

**陈：**从南京回湖南，这一路行程怎么样？

**刘：**还是坐船到武汉，从武汉再坐车。带着机器，有车来接的。安排在长沙郊区很普通的民房里头，不像现在有大宾馆，或者在哪个学校里头集中，都是各部门临时找的房子。在小午门外找了好多民房，我们那时候就住在那个地方。以后慢慢才开始分开，搬到洋货局那个地方。

**陈：**城乡接合部？

**刘：**对，条件不够，不像到南京，南京安排得挺好，到那里没有安排，就好像临时安排大家住下来。

**陈：**您刚才提到省政府放片子是什么情况？

**刘：**我们那个时候有电影机、有话筒，话筒是个很新鲜的玩意。当时不是谁都有话筒的，要开大会、要做报告由话筒讲出来，那声音就很响亮。放映队让我们去装话筒，就用我们放映机的喇叭、放映机的扩大器，就接到放映机音响上头。我们的喇叭、我们的音响、我们的话筒，省长们做报告或者是省里边有什么活动，用我们放映队的设备。很多次活动都是找我们给装这些东西。

**陈：**不是放电影，是拿扩音设备？

**刘：**拿扩音设备。这个时候我们有片子，有的时候给他们放个电影，在省政府的大礼堂里有我们放电影人的身影。

**陈：**那时候放电影还是十几个人同时去吗？

**刘：**基本上是各个队去。我们第五队干过这个事。

**陈：**您单独放完一场电影，是什么时候开始的？

**刘：**就在这个时候，不是我一个人，是我们一个队去放电影，五六个人去干这个事。

**陈：**怎样分工呢？

**刘：**没有发电机，都用当初的电。

**陈：**都是管放映的？

**刘：**都是管放映的，人员就分开了。

**陈：**怎么分工？

**刘：**放电影、装喇叭，各干各的活。

**陈：**哪有五六个人的活呢？放电影机器、扩音设备、银幕，不就三种事？

**刘：**有事大家一起做嘛。这个放映不像我们到农村放电影，要出动发电机。在城里头放，省政府礼堂是有电源的，也需要人管，我们叫电唱机或是什么名称。还有人专门管这件事情，你就专门管放映机，他就专门管放映之前给大家放声音，不会用我们的喇叭来放，是用像唱片一样，叫什么名字？电唱机，电唱机都得有一个人专门管。

**陈：**电唱机干吗？

**刘：**放电影之前放点音乐给大家听听，得有人分点活儿干。没有活儿就坐旁边，不是大家一起上一个机器弄，很正常嘛。比如放电影中突然机器不响了，谁都可能出现声音放不出来了这种状况，片子也不是很好，扩大器也不是很好，这种毛病经常会有一点。

**陈：**您在南京学习期间，给家人写过信吗？

**刘：**没有写过信，他们在老家。都不通信。

**陈：**回长沙以后，马上看父母吗？

**刘：**没有。不见面了，没有来往了。

**陈：**那年春节没有回家吗？

**刘：**没有回家，不存在这个问题，没有回家这个概念的。

**陈：**您是独子啊？！

**刘：**独子也一样。参加工作了以后，没有到年底放假回家过年的概念。到了六几年才有春节放假过年回家那是以后的事情。

**陈：**所有人都一样？

**刘：**都一样。可能单位组织点活动，大家玩一玩，但是不会给你放假回家了，假期里边探亲都没有的。所以探亲是后来的新鲜词，当时没有探亲概念。

**陈：**会想念家人吗？

**刘：**没有家乡这个概念，也没有家人这个概念，就是跟着队伍走。很长时间以来，政府机关里边的工作人员都是这么一种状态过来的，没有探亲的概念、没有回家的概念，这种情况持续了好多年。

## 第六节　在长沙市区郊区放电影

**陈：**1950 年 12 月组成五个放映小组在长沙市郊区放映 120 场电影，您在第五组吗？

**刘：**第五组。什么时候？

**陈：**1950 年 12 月，从南京回到长沙以后，湖南省“电影志”写的。

**刘：**可能我没有参加，也许我到别的地方去了。你们有这个材料？

**陈：** 1950 年 12 月底，就是年底放映 120 场片子，没有这个印象吗？

**刘：** 没有这个印象。

**陈：** 试验放映还不是正式。

**刘：** 没有这个放映，当初的确是有放映活动的，但没有叫这么一个名称，没有搞这么大的活动，而且是试验放映。从我们的经历当中没有这个名称的印象，也许这个活动存在，或者文字记载上它存在，实际活动当中并不突出。

**陈：** 所以您印象不太深？

**刘：** 尤其是 1950 年，千万要注意，1950 年新中国刚成立不久，也许是湖南搞了这个活动，不等于放映队参加了这个活动，说不定没有放映队的事——也许放映活动有，但是我们那个时候没有参加这个活动，别忘了那个时候，1 月份才回到长沙，南京培训班 12 月份才结束，住的地方还没有安顿好，所以即便长沙市有这个活动，并不等于我们电影队参加了这个活动，肯定是这么个情况。所以我琢磨这个活动好像没有参加，或者某一个队参加一项活动也有可能。扩大器我有印象。

**陈：** 张先德老师为什么到湖南当电影队的队长？

**刘：** 他本来就是湖南人，从湖南参加的。我有这个材料，成立湖南放映队是张先德签的字，谭良庚是陪同他的。后来他又到南京当老师。知道吧？他先我们而去，先教《扩大器》，最后又迎接我们去。我们跟他不是一道去的，他作为老师在那里教我们这些人，带队的不是他，是这么一个情况。

**陈：** 张先德原来是干吗的？为什么那么熟悉？

**刘：** 不清楚，有种感觉，是不是他家人当中有人跟演剧六队或者演剧几队之间有些什么联系，使他比较早地懂得电影、知道电影才过来的，自然当了我们的总队队长，我找他签字的材料都能找出来。你们这里就有他的材料，他签字成立放映队的材料从你们这里调阅走的，不是从电影局，电影局要从你们这里取阅材料，你们这儿反而有。张先德在上边签的字，要成立放映队。所以他后来先去南京，而我们先去组织这个活动。

**陈：** 湖南省电影总队成立时下设 15 个分队。

**刘：** 过程不知道，但是我当了第五队队长，不是 15 个队的队长。

**陈：** 当队长的时候，没有 15 个队？

**刘：** 没有 15 个队，就 5 个队。我就领着队伍下乡干了好多活动。

**陈：** 下乡干了活动，具体是什么？

**刘：** 就是放映队下农村放电影。

**陈：** 哪些地方？

**刘**：我印象当中最突出的是衡阳地区，衡阳是个大区。从衡阳开始，首先衡阳、衡山、还包括南岳，我们在这几个大的地区活动，这个时候我还是第五队队长。就在这个时期把这个队改成15个队，我还当过队长。

**陈**：还叫第五队吗？

**刘**：还叫第五队，可是我不干活了，为什么？我开始拍电影搞别的东西了。

**陈**：咱们说具体一点，第五队在衡阳放电影的时候多少人？

**刘**：我印象当中就是九个人。

**陈**：还有人干什么？

**刘**：干别的，搞剪辑的、搞修理的、搞维护的，还有一些人干别的去了。

**陈**：并没有都在放映队里？

**刘**：并没有都在放映队里，我的周围就是六个人，也许好好记还能记起他们的名字来。连我在内一共就六个人，而且我还不经常到队，经常干点别的活儿。衡山地区的活动差不多就是这样的，一个地方原则上放映一场，一场在这，下一场可能在10里地以外，不会在5里地左右给你安个点儿，那个时候放一场电影很难得的。

**陈**：这个点儿指的是？

**刘**：当初按照地区安排，这场在你这里放、下场就在那里放。跟县政府商量，先到哪后到哪。

**陈**：深入到乡镇，不会只在县城放？

**刘**：当然到乡镇，在衡阳地区各个乡镇，好像在衡阳一般总要在20天左右。巡回若干个点儿，说是各地，不可能到各地。按照路线若干个点儿，衡山完了就到另外一个地方，巡回若干的点儿，就到了南岳了。

**陈**：每个点儿至少10公里还是10华里？

**刘**：10华里，五六公里地。我在你这里放电影，我去下一个点儿，你这里要负责把我的设备送到另一个点儿去。我印象当中起码派6～10个人，放映机、发电机，还有其他设备，甚至包括音响。但是有一条，要自己背行李。

**陈**：当时放电影伙食怎么解决的？

**刘**：吃派饭，到你那里吃饭，我交费。

**陈**：这个费怎么算？

**刘**：个人拿钱直接交给他们。至于具体怎么算的不清楚，反正直接给他们交钱。

**陈**：交到吃派饭的那家？

**刘：**对。

**陈：**由当地领导派，今天该谁家？

**刘：**到他们家吃了饭就把钱交给他们。

**陈：**有粮票吗？

**刘：**没有粮票，那个时候还没有粮票。

**陈：**钱还是老式的？

**刘：**当初的钱。

**陈：**在农村巡回放映的时候，住宿、卫生条件怎样？

**刘：**当然不好了，哪有什么卫生条件，放完片子，北方还有一个大炕，咱就随便找个地儿睡了就完了。乡政府办公室哪有什么地方啊，没有招待所的，更没有什么宾馆。

**陈：**地铺吗？还是有床？

**刘：**不一定有床，但多数是有床的，简单的床。席子是你自己带的，盖在他们被子上头，或者他们给点被子都有可能。

**陈：**下雨下雪怎么办？

**刘：**的确遇到过这样的情况，在湖南那个地方雨天的确是有的，雨天咱们就不放电影，就住在那里。

**陈：**湖南是不是经常下雨？

**刘：**雨水不太多，有的时候要是下雨就不放了，或者雨过以后再接着放，这样的情况都有的。

**陈：**老百姓第一次看电影是什么表情？

**刘：**老百姓看电影都感觉是很新鲜的，人物都在银幕上头活动，还有声音。有坐在银幕前边看的，还有在银幕后头看的，喇叭从这边响，那边照样能听得见啊，幕布是两边透着光。我们放电影时两面看的太多了，人来得太多了，正面坐不下，自然坐到背面。我们放的是一个苏联影片，孩子、大人都挺高兴，总归第一次看电影，能出声音，还有那么多的活动，感觉电影新鲜，但是看电影要加强宣传，宣传靠什么？靠幻灯，放幻灯。刚才讲我们人员分工，有的人放幻灯，编幻灯片放到银幕上头。当时幻灯片相当多，不能说全部，结合当地的一点点情况，在放幻灯片的过程中，写到地主在当地的不法活动，现编现画，就这么放出来，画画水平当然不是太高，我们这些人哪能画得好，就是靠幻灯宣传这些事情。

抗美援朝的一些事情，当初也都在幻灯片里头有反映。幻灯片都结合具体材料，而且这些材料是靠我们这些人来完成的，所以有的队宣传工作做得好，队里头有高手，画画像样一点，他的幻灯就画得特别好玩。

**陈：**您这个第五队画画谁管？

**刘：**我还是管总体，好像有两个同志画得不太像样子，稍微画一画勾一勾，讲出那个人的事情就完了。自己可以买点画带着，同时也画一点，再带一些幻灯片随着你走，是这么一个情况。

## 第七节　做总队采购和专职摄影

**陈：**你提到除了当第五队队长之外，还为总队做采购？

**刘：**开始的时候。

**陈：**具体做什么事情？

**刘：**采购一些电影设备，很短的一段时间。

**陈：**在衡阳之前？

**刘：**在这个过程当中，队伍还没有开始铺开的时候，那个时候我们就在干这件事情，就是添置一些设备，因为刚刚才成立，而且就五个队。所以放映队给我配了一辆自行车，因为我要买东西，一买东西就骑着自行车出去，自行车在当时是相当高级的，等于是专车了。

**陈：**土改过程当中，宣传土改？

**刘：**就是这些。

**陈：**做幻灯片？

**刘：**对。

**陈：**你在宣传过程当中，担心自己家里划成什么成分吗？

**刘：**没有担心，他们在湖南安乡，我在这里，家里有什么土改问题跟我没有任何关系。不联系，一点都不联系。因为组织知道，我在家的那个时候就是十五六岁，与家庭当中的事情没有任何关系。

**陈：**土改的时候父母亲在哪里？

**刘：**他们在四川，湖南搞土改的人不会去四川找他们。

**陈：**安乡没有派人到四川找他们？

**刘：**没有去。倒是我在放映队的时候，这又讲到后来，我从朝鲜回来，队长问到过我，你有什么亲戚在四川，我就告诉队长王水，说我有一个姐姐在四川。我的事情没有人问过我，他们不在安乡土改了。所以我讲在长沙搞土改宣传这样一些活动，跟家乡土改没有任何关系。

**陈：**您父母没有经历土改？

**刘：**没有经历土改，我就告诉他们在那个地方待着就行了。

**陈：**但是地主成分还是县里划了？

**刘：** 划了，人不在也划。现在填表里头没有家庭出身这一栏，有成分这一栏，我都填的是地主，我入党材料一直填的地主。

**陈：** 打虎队在前边，还是李德全访问在前边？

**刘：** 李德全访问在前边。

**陈：** 你从第五队出来，怎么成了专职的摄影？

**刘：** 我现在不清楚了，大概是 1951 年，从南京刚刚回来，在建队的过程之中，我记不太准，好像就是 5 月份，李德全当时是总团的团长，他到了武汉，那个时候大概是叫汉口，到了汉口还要到湖南。我去的时候是个姓宋的人，还有上头来的一个人当我们这个团的团长。李德全没有来，李德全先在武汉，后来才到我们湖南省来，那个时期我们团长是个女同志。

**陈：** 中央慰问团湖南分团？

**刘：** 对。湖南分团团长是位女士。还有一个副团长是湖南派的，加上我们两个人带的队，主要是到湘西南瑶族那个地方慰问，叫湖南电影队派个摄影记者。我当时正忙活建队呢，而且又有另外的任务，团里要个会摄影的，队里边理所当然派我去，而且配备了张先德买回来的最好机器——照相机。

**陈：** 您被选为随团记者？

**刘：** 我现在记不太清楚了，在团里拍了不少照片，随时地交给我们团里边一个副领队，他怎么处理的我不知道。那个时候条件很差的，走到哪就在那个地方冲洗，冲洗完了就交给他，他就去做处理，怎么处理的我不知道。但是我知道报上发表了不少我们湖南分团各种各样的照片，记者就是我一个人。

**陈：** 这些照片显然是您拍的？

**刘：** 肯定是我的，因为我们分团没有别的人，我是第一个。后来把照片拿出来展示给大家看的时候，有相当多是我拍的照片。

**陈：** 展示是在什么地方？

**刘：** 就在我们摄影队慰问团里头展示出来，给大家看，有些照片都登载出来过，其中有不少是我拍的。所以当时也小有名气，一个是有照片展出为证、有报上的发表为证，在我们电影队刘国典会照相这一条，大家就都知道了。后来有些重要的活动，他们自然就找我了。

**陈：** 照片不给稿费？

**刘：** 还有什么稿费，我到现在都没有拿到过稿费。没有这个概念，不署名的。

**陈：** 所以查找您照片的版权，您无法证实？

**刘：** 都无法证实的，当然知道是我照的，这是肯定的。

**陈：**口述能够留下来本人的说明。

**刘：**从我写第一本书开始署名，还署的是假名，到第二次开始署真名，这个大家知道。

# 第四章　奉命进京

## 第一节　北京电影制片厂摄影队

**刘：**1952 年 10 月份，我带着人下乡帮他们搞辅导，其间忽然来了个电话。说你赶快回来。那天正好下雨，电话打到乡政府，说找刘国典先生。

**陈：**怎么会叫先生？

**刘：**农村那么叫，我不是指导他们嘛，而且看我跟他们不一样，是先生。刘国典先生，要你去接电话，我就接电话，告诉我要赶快回长沙，当时就收拾行李。第二天就从衡山的郊区回来了。从那里回来以后，让我准备上北京去，也没有说北京学习完了以后一定回到湖南来搞电影。当时还不叫电影学院，只知道到电影学校学习，到哪里报到？到文化部去报到，什么时候？尽量赶快去。很简单地收拾了一下，因为没有太多的行李，也没有太多的东西要交代，自己的照相机早就留在家里头了，而且我们放映队还有一个人也是搞照相的，公用照相机早就交到他手里头。我收拾东西就走了，也不知道干什么。虽然到电影学校学习，但是也不知道学习的是电影的事情还是照相的事情。

大概两天就到了文化部，按照指定地点报到。

**陈：**当时带了介绍信吗？

**刘：**都带上了。到北京以后情况就变了，不到电影学校，是到北京电影制片厂报到，就在豁口里头。在文化部签的到，到北京电影制片厂报的名，在这里给我照了半身像，说你在这里待一段时间，就在我们“北影”学习，学习完以后就到北京电影制片厂参加工作。北京电影制片厂摄影队当时等于新闻片组一样。到那个地方的情景我都记得清清楚楚，当初我们的负责人是北京电影制片厂摄影队摄影师韩建文，他也很年轻。上课啊干什么的，都归韩建文来管理。

**陈：**当时新闻处的领导认识吗？

**刘：**龚涟[①] 当时是新闻摄影队的负责人，当时交往不多。后来接触较多。

**陈：**什么时候？

**刘：**在干校，干校时她是副队长，还有一个女同志是队长，我是组织委员，我们三个人来负责我们这个队。那个时候跟龚涟打交道，她是头儿，我是一般成员。学习期间我们在一起，那是后来的事情。

**陈：**你来到北京电影制片厂摄影队学习什么？

**刘：**学习摄影，开始到这里来教我们的是孙明经[②]、吕锦瑷[③]，他们两个人负责给我们摄影队讲课，大概二十几个人。

**陈：**摄影队一共二十几个人，来自哪里？

**刘：**全国各地调来的，好像有广西、四川的，我们现在都还有联系。我印象当中孙明经、吕锦瑷、戴公亮都是电影界的大人物，在给我们教ABC，所以这一段的学习对我们来讲相当有收获。因为他们这些大人物在这里教我们这个摄影队，我们的牌子也大，北京电影制片厂的摄影队。就在现在的马相胡同那个地方学习，每天上课，时间也不是特别长，一两个月的时间。通过学习，我们懂得了电影，懂得了简要的操作。老一辈最有名的同志都用的是苏联的KC-50B，和美国埃姆（EYEMO）是同一个类型，苏联是学习美国人的机型。

**陈：**摄影机的品牌？

**刘：**电影摄影机，很好的机器。中国大量的新闻纪录片都是用它们拍的，包括后来到朝鲜去也带着这个机器。他们在这里教我们，后来到国内许多地方拍新闻片。

---

① 龚涟，女，曾任中央新闻纪录电影制片厂党委副书记，后调中国电影资料馆任副馆长、馆长。

② 孙明经（1911.10.31—1992.11.16），电影教育家。原籍山东掖县，生于江苏南京。1934年毕业于南京金陵大学物理系，后留校任助教、讲师、副教授、教授，教育电影部主任。《电影与播音》主编。1940年曾赴美国考察电影教育一年，为美国电影工程师学会（SMPTE）委员。1946年曾任联合国教科文组织中国委员会委员。1952年任北京电影学院摄影系教授。中国电影家协会第四届理事。1935年起拍摄教育电影《自贡井盐》《西康》《淮北海盐》《故都北平》《滦州皮影戏》等49部。著有《抗战前夕万里猎影记》《教学电影的摄制》《磁带电影的发展》等；编有《使用录像磁带》，译著《彩色学》《电影摄影机》《摄影照明》《光全息》《高清晰度电视》《电影制作者的教育》《电影摄影工作》等。

③ 吕锦瑷，电影教育家。

**陈：**实习全国各地跑？

**刘：**很快就结束了，然后安排我们到组里，到摄影队，比如学习两三个月，本来就是摄影队的编制，回到摄影队之后，跟着摄影队全国各地拍，包括到内蒙古。

## 第二节　拍摄四项球类运动会

**陈：**第一次拍的是什么？

**刘：**最有名的现在印象还很深的，是中国的四项球类运动大会，在天津举办。四项球类有篮球、排球、羽毛球、网球。没有足球，我们就拍摄这个。这个摄制实际是纪录片，不是新闻片。

**陈：**分几个组？

**刘：**四个组在里头拍。我跟的摄影师是韩浩然，他拍摄的技术比较好。韩浩然是我们这个组的摄影师，他领队拍摄这部片子，以后也跟着他。

**陈：**您是做助理？

**刘：**很长时间都是担任助理。

**陈：**助理工作包括哪些？

**刘：**摄影师管创作，助理管设备，管设备还得学会才能管。我们刚刚学完不久，马上就拿了这项任务，两个同志跟他一起拍摄，我还有一个姓方的人，给韩浩然当助理，两个人跟一个摄影师。说明我们当初的本领还不够，需要好好跟着摄影师工作。尽管当时拍摄了许多地方，印象最突出的就是拍这场活动。运动大会在天津开的，我们这个组好像拍摄了羽毛球、排球。后来贺龙又专门接见了我们。他在大会讲完话，把我们摄制组单独留下来见面，这个印象很深的。

**陈：**贺老总讲话有口音吗？

**刘：**太重了。

**陈：**您听了感觉挺亲切吧？

**刘：**当然亲切了！

## 第三节　拍摄《光荣的一票》

**刘：**在这个时期之前一点，我们还拍了《光荣的一票》。导演是从外头调进来的，一个专门搞创作的人调到我们摄制组当《光荣的一票》导演。选人民代表，“新影”一声令下，我们是到处拍投票，喊到哪就到哪，拿着摄影机就去。当时真的跑了好多地方。大同煤矿是最有名的地方，而且给我们的任务是到井下。

**陈：**投票干吗到井下？

**刘：**就要拍井口投票的场景，电影画面好看。拿着票箱，那个时候方法也比较笨，还正儿八经就在“掌子面”投票，挖煤具体的地点在这里写出来，叫掌子面上投票，把票箱拿到矿井下，端着票箱到那个地方把票写好，然后投到票箱里边。一个叫马六孩的在掌子面上投票，搁在电影里面很有宣传效果。

**陈：**这是安排的？

**刘：**安排的。马六孩在那个地方投，票箱拿进去，摄影机拿下去，还拉了 500W 和 300W 灯光下去。

**陈：**没有灯光没法拍？

**刘：**拉了灯光下去，尽管一两个灯，不是我们现在的这种灯，大灯，相当大的灯泡，拿到底下去，拉上电线，我们真爬进去，办法真笨啊！非在那个地方拍，导演要求的。还有更多的矿工和职员是在矿区投票站投票。

**陈：**你拍《光荣的一票》，还去过哪些地方？

**刘：**好多地方，在北京城区，到这个站上、那个站上，指定你到哪个站拿着机器就到哪里去拍。

**陈：**北京电影制片厂很多组出去都拍？

**刘：**都拍。

**陈：**然后回来剪辑？

**刘：**剪辑，那都是集体动员，因为马六孩是定了那个时间拍，所以那个时间我们就得赶到大同去，外地有不同的安排，特地赶到那里去。地方人民代表，一个地方一个地方地选，说到哪里拍就到哪里拍，都比较简单。

**陈：**拍《光荣的一票》时，您仍然是助理？

**刘：**摄影助理。负责机器，机器归我们管、装片子归我们管。照明归摄影师指挥，摄影师在拍摄过程当中照明给他很多帮助。这是很好的合作。

**陈：**1952 年 8 月，湖南省总队有第二期放映训练班，学员 80 人，这个训练班您做过辅导老师吗？

**刘：**没有印象，肯定地讲，有一个班我是绝对没有参加的，干别的工作了，不是带队下乡了嘛。办了两期训练班。湖南的放映队发展很快的，但那个时期我兼管别的事情。

**陈：**有一个班参加了？

**刘：**有一个班参加了。好像是后来那个班，学习完就到北京来了，给第二个班做了辅导，第一个班没参加。

**陈：**衣食住行还是供给制，到北京也是供给制？

**刘：**供给制。都是厂里供给的，自己从湖南来带了些东西，我不是讲蓝服装还是湖南带来的嘛。

# 第五章　进入北京电影制片厂

## 第一节　对北京的第一印象

**陈：**当年来北京，第一印象是什么？

**刘：**我是从长沙，当初名称还没有改过来，就是所谓的粤汉路，广州一直过来到汉口，然后连着接起来，就一直到了北京。

**陈：**火车站在哪里？

**刘：**到了前门火车站以后，拿着当初的行李，也很简单，一个小包包，包着在南京发的蓝大衣和一些零碎用品，两个手提走了，还是没有铺盖。到了文化部，当初一报到就明确讲去学习，这次的学习地点没改变，直接到北京电影制片厂。到北京电影制片厂报了到以后，发了“北影厂”的工作证。在那里待了不太长的时间，一个很简短的过程，让我们来自异地的同志们去了解一下北京的概况。类似在南京学习一样的参观。这期间看了较多的新闻片，当初没有太多的纪录片这样的东西。

我还记得很清楚，讲新闻片就是各地的新闻，《中国人民的胜利》这样的片子也搁在里头了。相当多的时间是看电影、学习。住呢就住在现在的马相胡同，住在那个地方看电影，再加上一些参观。我们这些人由南京的环境、长沙的环境再到这里来，好像没有感觉到不适应，没有特别明显的感觉。当然比较冷这一条是很清楚的，很快就过去了。经过这样一段学习以后，参观了颐和园、天安门、故宫……还包括天坛、北海，而且好像不止一次地参观这些地方，明显感觉好像是为了今后的工作要更多地了解这些地方，似乎有这样的概念。经过参观、学习，很快就在马相胡同我们房子里头的一个小厅，进入具体学习了，记得当时请了戴公亮、孙明经这样一些老同志们来给我们讲课。

**陈：**在南京都认识？

**刘：**不认识。我现在好像还很清楚地记得当初讲的还是比较简明的脚本概要，当初好像也没有特别明确的课本给我们讲，应该说他们有过去金陵大学的教学基础，再带到北京新的电影学校来，他们讲课主要是讲一定的道理，规矩，都比较明了。

**陈：**那是理论课？

**刘：**理论课。

**陈：**实习呢？

**刘：**没有摸到摄影机，摸到摄影机就更加简单了，就是我们当初使用的那个，用我们的名称 KC-50B，或者讲得更加普通一点就是苏联的埃姆，这个机器的基础、结构就是美国埃姆。

**陈：**仿制的？

**刘：**基本完全仿制。就操作这个机器，而且也没有照相之类的设备。对于我们来说，有那么长的阶段大家天天用这个机器装片子、卸片子，在黑口袋里边装片，来回摸它，用起来还是比较熟练。那段时间学习的照相技术、拍摄电影、如何抓新闻等奠定了一定的基础，这样一次下来，很快就进入到实际工作里头去了。

**陈：**来北京的时候，有皇城、首都的概念吗？

**刘：**没有特别明确的概念。好像就是参观了这些地方。

**陈：**都是过去的皇家建筑？

**刘：**过去的皇家建筑，走到哪儿看到哪儿。

**陈：**但是没有皇城的概念？

**刘：**没有这些概念。

## 第二节　拍摄旧北京

**陈：**北京是中华人民共和国首都。

**刘：**这个概念还是很清楚的，而且参观了这些地方，很快就接到一个任务，进入到拍摄旧北京的工作。拍了相当多的材料，比如当初的天安门广场、有轨铁路、有轨电车，还拍摄了很多很多地方。我们那里的学习结束了，很快就进入实际工作了，而且好像我比别人工作得稍微早一点，为什么？摄制组也是比较快地挑选工作对象，可能就挑中了我。拍北京的很多活动都让我跟着他们走。甚至包括后来人民大会堂的修建，我们拍摄了许多。

**陈：**1952 年拍老北京的市容？

**刘：**市容。旧北京，哪个地方比较旧一点，能够反映旧特点，都记录在我们的材料里边。

**陈：**那个节目片名是什么？

**刘：**《北京建筑》吧？我当初参与拍摄仍然是以一个助理的身份。

**陈：**我知道。

**刘：**这个拍摄，我的确参加了较长的时间，天安门广场、有轨电车等，在我们拍摄的片子里边都有反映和记录。

**陈：**当时住房几个人一间，吃饭怎么吃？

**刘：**我印象当中是老北京的一个小四合院，我刚才讲我们学习是在一个大厅，大厅的周围都是小单间，我们的好多房间都是睡四个人，床头床尾摆一个圈，都是相连接的，中间有一块儿不太大的地方就是摆个炉子，冬天取暖用。我就特别喜欢挨着窗户边，尽管有点冷，但晚上即便不开窗户，空气也挺好。

**陈：**为什么？

**刘：**我喜欢空气流通好一点，不喜欢屋子里装上炉子，搞得煤烟味很重。尽管我是对着窗户底下，可是我觉得睡得特别好。

**陈：**因为窗户多少漏点气？

**刘：**特别特别好，当时四个人一个房间。我记不太清了，好像我们就是四个人左右。我们学习队四十个人左右，我们那个组好像十个人还是八个人，就编成一个学习的小组，一共编四个组还是五个组，大家在一个组里边学习。我还是担任生活组长，管生活也管学习，当时一个学习组长一个生活组长，两个人管这个小组。吃饭是我们四十个人再加上几位老师，大概四五十个人，单独开的灶火，单独的厨房。一份饭、一份菜。桌子很多，打完饭坐在桌子边上吃就完了，也没有太多的规矩，并不是八个人一桌，反正就那么多的菜。不在这里吃，就到厂里边吃。我们住的马相胡同跟新街口豁口是对着的，我们食堂也在这里。

**陈：**湖南人喜欢吃辣，北京的菜肯定不够辣，怎么办？

**刘：**没有感觉，都可以。我们这些人，当初在那样的环境，包括像南京，没有就不吃，也不要求再做辣椒，还没准有人不爱吃这个，几乎做什么就吃什么。我们这些人不管是在南京还是在北京，都是服从组织上的具体安排。

**陈：**自觉性？

**刘：**我们后来转到厂部食堂吃饭，偶尔有个辣椒炒菜，我们也许会选一个带辣味的菜，可能有这个情况，但是不太突出。

**陈：** 如果供给制的话，生活补贴就是自己零用钱？

**刘：** 厂里发给我们，很有意思。没有明确地感到是供给制这个待遇，给我们多少钱就拿多少钱。后来一直到 1959 年的时候，才开始拿 69 元钱的工资。以前发什么钱我拿什么钱，没有说我这个是供给制。

**陈：** 也是直接发钱？

**刘：** 直接发钱。

**陈：** 不会发小米吗？

**刘：** 不会，发钱买菜、买吃饭的券就完了。

**陈：** 吃饭券是自己买的？

**刘：** 自己买，买了再排队买饭。

**陈：** 大概多少钱？

**刘：** 真记不得，好像就是四十来块钱，够用的。我记得抗美援朝的时候，我们曾经一度发过三份补助，在打仗时有战地补贴。

**陈：** 战地补贴是多少？

**刘：** 这期间我们是排级待遇，按照排级待遇发给我们，差不多 20 元，战地补贴 20 元，工资 20 元、厂里边发战地补贴 20 元，拿五六十元钱，所以那个时候……

**陈：** 花不完？

**刘：** 说起那个时候，当时我有一个姐姐的孩子、同事的孩子，只要他们说有什么困难，在朝鲜也好、回到北京也好，给人家一点儿钱都很大方，自己花销不大，来源又这么多，他这里有点儿需要就寄点儿钱给他。很随意就把钱都寄给人家，所以我从工作以来从来没有感到经济上边有太大的拮据，或者难以支撑的事情，因为我没有太多的困难，也没有谁需要我太多的补贴。到后来改成供给制，发的钱就相当的多了，很快成了 69 元钱，那就更多了。

# 第六章　奔赴朝鲜抗美援朝

## 第一节　被选派参加抗美援朝

**陈：** 现在就说抗美援朝，希望您讲细一点，当时怎么选的？

**刘：** 我们这些人在这个大熔炉里边这么多年，尽管那个时候还不是党员，就是一般的学员，是个团员。在一次大会中讲，要选派一些优秀的同志去参加抗美援朝，要去朝鲜。我们搞新闻纪录片的从摄影队学习完了，经历了四项球类运动大会等各种各样活动嘛，经过这些活动再过渡到这样的工作当中来。当志愿军去抗美援朝，除了感到很光荣以外，没有感到害怕战争环境，一点儿没有。

即然选派我，我就很光荣地担任这项工作，并没有觉得危险、害怕什么的。我们的会议室里头挂有照片，战争当中牺牲同志的照片就挂在我们的会议室。

**陈：** 包括杨序忠。

**刘：** 对，他们五个人的照片就挂在里头的（张绍柯、杨荫萱、王静安、关志俭、杨序忠）。开会什么的，一抬头就看到他们这些人——战争当中牺牲的一些同志。所以抗美援朝选我们，我们就很光荣地去，没有什么东西要清点，收拾收拾东西就走了。

**陈：** 从开会到选拔通知有多长时间？

**刘：** 十来天吧，很快就走了。很快就给我们发了服装。

**陈：** 发军装吗？

**刘：** 军装。

**陈：** 中国人民志愿军军装吗？

**刘：** 不是的，中国人民志愿军军装后来才发，过去没有胸牌，军装是一样的，有帽子。给你的感觉，就像现在所谓学生装一样，有帽子，形式有点不同，是军装的帽子，其实就是学生装。具体发一套还是两套，我记不清了，好像就是一套服装，很快我们就穿上了。那个时候厂里宣布，这些同志要参加抗美援朝，大家见面打个招呼就完了，搞新闻片的人被选调去抗美援朝前线，大家很欣赏你的。

**陈：**给家人写了信吗？

**刘：**没有人写，写给谁啊。

**陈：**父母亲、姐姐？

**刘：**没有联系，她（母亲）到四川去了，没有联系。

**陈：**您在北京学习不跟家里人联系？

**刘：**跟家庭成员当中没有任何联系，跟姐姐也没有任何联系。我去抗美援朝了，她都不知道我去，完全不知道。张修焕还是后来在抗美援朝的前线我给她写了一封信，说我现在在朝鲜。那时是同学，还没有那种交朋友的感觉，只是很好的同学，很多事愿意跟她沟通。

**陈：**怎么可能不跟家人通信？

**刘：**他们在四川，走了以后没有跟他们联系。

**陈：**跟二姐也没有联系？

**刘：**也没有联系，都没有联系，他们待在一起，我跟他们没有任何联系。

**陈：**您知道他们生死存亡？

**刘：**不知道，后来知道。那是到后来，抗美援朝摄影队到长沙去，我知道姐姐的地址是在武胜县一个生产大队里边。二姐，她家住在那里。这时候我给二姐写信，后来知道父亲母亲也在那个地方。父母亲跟着姐姐在一起，但不住在一个地方，在附近的一个公社里头。

**陈：**发了服装就走？

**刘：**也做了比较多的准备。这个准备不是一个人的准备，是抗美援朝的这一个摄影队的一部分人，我现在说不清了，大概至少有二十个人，因为在那个地方已经有十几个人，又去一二十个人，将近三十个人的摄影队在朝鲜，队伍很大的。我们去的时候上甘岭还在紧张地打仗，大概上头有个计划什么的，咱们不太清楚，要狠狠打一下，最激烈的是上甘岭战役。

**陈：**为谈判准备筹码？

**刘：**嗯，我们的人准备的多，新华社去的人也多。我们摄影队上面有一条线就是咱们新闻摄影队，记者们都在那个地方。我们这个摄影队既归厂里管，又归前线摄影总指挥管，我们这里总队队长是徐肖冰[1]，他后来到中国摄影家协会去了。

**陈：**后来经常到中南海。

**刘：**徐肖冰一直拍中南海，侯波[2]也一直拍中南海，徐肖冰拍的不多，侯波拍的最多。

**陈：**您刚才说赴朝前做哪些准备？

**刘：**我告诉你，新闻摄影队的记者、摄影师、摄影助理三个人在一起，有的时候两个人，我们基本是三个人，在一起要准备的东西都是极为简单的。第一个摄影机要准备好，一个摄影师有一个摄影机，我们既然编在一起，就得把摄影机准备出来，准备胶片，而且准备胶片还成了个大活儿，因为胶片都是 300 多米。

**陈：**一本胶片 300 多米。

**刘：**要倒成 30 米小卷。

**陈：**一本换十本。

**刘：**倒成小卷，一本可能换成十个小卷或者七个小卷搁在一起，拧好胶片，曝光表。我们那个摄影师比较讲究，他自己手头掌握一点儿滤光片，他用滤光片。

**陈：**拍战场也要？

**刘：**也要用，他是运用效果最好的，该加上加上，该拿掉拿掉。摄影机、曝光表、胶片、滤光片搁在一个箱子里头，再准备一个小包包，包包可能大一点儿，多装一点儿胶片，家当就齐了，战地摄影家当就这么多。

**陈：**个人用品呢？

**刘：**太少了。

**陈：**到朝鲜发还是从北京带？

---

① 徐肖冰（1916.8.16—2009.10.27），纪录片摄影师，编导、事业家。浙江桐乡人。1932 年入天一影片公司当学徒。后任电通公司摄影助理。1937 年入西北电影公司，同年参加八路军，赴延安抗日军政大学学习。1938 年入延安八路军总政治部电影团，拍摄大型纪录片《延安与八路军》，1942 年加入中国共产党。1946 年任东北电影制片厂摄影师。1949 年拍摄的纪录片《东北三年解放战争》于 1950 年获卡罗维·发利国际电影节纪录片荣誉奖。1949 年任北京电影制片厂摄影队总队长。1950 年参与编导中苏合拍大型纪录片《解放了的中国》获苏联斯大林奖金，1957 年获文化部 1949—1955 年优秀长纪录片一等奖。1951 年抗美援朝期间拍摄的大型纪录片《抗美援朝》（第一部），于 1952 年获第七届卡罗维·发利国际电影节劳动人民争取和平斗争奖，本人获朝鲜政府授予的二级国旗勋章。1953 年起任中央新闻纪录电影制片厂副总编辑、副厂长。第一至第三届全国人大代表，第五至第七届全国政协委员，全国文联第一至第四届委员，中国电影家协会第一至第四届理事，中国摄影家协会第三届主席。

② 徐肖冰的爱人也是从事摄影工作，曾举办过《徐肖冰、侯波夫妇摄影作品展》。

**刘：**从北京带一点，要带一点。

**陈：**带什么？

**刘：**无外乎牙膏这样的东西。

**陈：**朝鲜比北京更冷？

**刘：**更冷，是的，我自己这点旧军装还带走了。

**陈：**旧军装指的是南京发的蓝工装？

**刘：**蓝工装，但是后来到临走的时候带没带好像记不清了，为什么？因为走的时候已经是 4 月份，东西慢慢就开始减少了，反正一个人打这么一个小背包，东西全都齐了，而且还得找一个大口袋把摄影机放里边，摄影机不是放在机器箱子里头，怕汽车一颠把摄影机颠坏了，而是把摄影机拿出来挂在胸口，人就坐下来，一颠簸机器随着人在这里颠簸。我们的机器是这样带走的。要是搁在箱子里头，乘着运输车走，那是在比较好的路面的时候，朝鲜的路面都是不好的。

**陈：**都炸了。

**刘：**咱们没有制空权，经常遭轰炸。

**陈：**从北京出发厂里有人去送行吗？

**刘：**有车子送。送到火车站，火车把我们拉到安东。

**陈：**这个火车是客车，不是闷罐车吧？

**刘：**是客车，很普通的，类似我们过去三等车车厢。

**陈：**硬座车？

**刘：**绝对是硬座车。

**陈：**到安东以后呢？

**刘：**坐汽车。大清早天不亮就坐汽车，机器就放在车子里，我那个时候年纪比较轻。20 岁，也还缺乏经验，我就坐在汽车最后头，坐在敞篷汽车的最后头是最糟糕的，你知道吧。

**陈：**最颠簸，风也大？

**刘：**不是，泥沙啊都从地下卷到上边，汽车开出去没多远，尾气卷着泥沙全上来了。到了那个地方以后只能看到两个眼珠在动，都是一身的土，马上要洗澡、换衣服，没地方找水只好擦一擦就睡觉了。

**陈：**第一站到哪儿？

**刘：**第一天早上开车，当天晚上车子就到了志愿军政治部。差不多一天到目的地。

**陈：**就到志愿军总部？

**刘：**志愿军政治部。政治部山底下有个摄影队，一个队部在底下，小小一块地方。到这里，这就是摄影队，没有房子的。

**陈：**摄影队没有房子？

**刘：**就我们自己盖的小草棚子，极为简单的。东西就放在那个地方，棚子里边有好几间很普通的房子，比草棚子稍微高级一点，别忘了战争环境，在朝鲜我的总体概念是没有房子的。我们在那个地方安顿下来以后，晚上在哪里睡？山洞啊，晚上去山洞安全啊。

**陈：**炸不到？

**刘：**安全啊，炸不到。住在这个地方，靠边上把东西藏在棚子里头，晚上人就睡山洞。第二天早上爬起来不迁移、不转动的话，就晒东西。

**陈：**山洞里潮湿？

**刘：**潮湿得厉害。我比较庆幸，带的东西比别人稍微轻一点，我现在还记得很清楚，按照当时人民币换算，好像花20块钱买了一个筒子鸭绒，暖和，钻进去有一个拉锁，拉到这里（比划），脑袋在外头活动。

**陈：**那是鸭绒睡袋。

**刘：**睡袋，我买了一个鸭绒睡袋，还有几件破棉衣服，加上我带的行装。我就睡在鸭绒睡袋里边，而且盖上这些衣服，把这些东西搁在小木头板上边，我睡山洞就睡这个东西，后来我落下一个毛病。

**陈：**是什么？

**刘：**关节炎。山洞我睡了大概有两三个月，到碧潼[①]以后才开始睡到普通的床铺上。睡在山洞里，鸭绒睡袋里边也是很潮湿，第二天就得晒被子，天一亮拿到外边晒。山洞里头有一个特点，会滴水，同志之间隔得很近，没有说给你分配什么床铺，铺板都不知道哪里找来的，也不是正儿八经的铺板。睡鸭绒袋里头上面还滴水，为了保证水滴不要滴在我的鸭绒被上，我总结出一个经验，找了一根绳，那边钉个钉子、这边钉个钉子，这边拉到那边，那边拉到这边，把志愿军毛雨衣盖下来，相当于雨衣一样，就等于在我鸭绒被上边架了一个小棚子，我就睡到里头。

**陈：**防水滴？

**刘：**防水滴，都睡得很香，睡得很熟，晚上也不起夜，到第二天早上把东西拿出去晒一晒，开始新一天的活动。这是住的情况。吃就是打饭来吃，把饭打来。

**陈：**厨房在哪儿？

**刘：**不知道，有人去打饭，把饭打来搁在那里，一人盛一点儿，很简单的。就在附近，有个山坡，是做饭的地方。一点儿青菜、一点儿饭，那

① 碧潼位于朝鲜北部崇山峻岭中，朝鲜战争期间，志愿军战俘营总部就设于此。

是战地，有饭有青菜，这伙食不就足够了吗，对不对？东西晒在那里，白天去采访搞活动，晚上把东西拿进去，再睡山洞，躺下就睡着了。实际状况就是这样。为什么不在外头找个地方睡啊？害怕，害怕炸人头上。

**陈：**您一开始是做什么工作？

**刘：**摄影助理，拍摄啊。

**陈：**您一开始拍什么？

**刘：**拍了一点儿志愿军的一些练习性、战备性活动，志愿军也有战备活动，到处去转啊、去看啊，这样一些活动。

**陈：**志愿军政治部跟司令部是同一个地方吗？

**刘：**同一个山洞，两个侧面，政治部在一侧，司令部在另一侧，钻过一段山洞之后就进入司令部的地方，得从山洞里头钻过去。

**陈：**全部都在山洞里边？

**刘：**都在山洞里头。司令部还有小礼堂。

**陈：**山洞里头还有小礼堂？

**刘：**小礼堂，自己盖的，志愿军战士们打的山洞，有个小舞台，上面可以坐人，底下就是大批坐人的地方，坐个五六十人，顶多一百人，后边还伸出一小块儿，像个小舞台一样，礼堂不就这个样吗？有小主席台，人坐在底下，后边半拉还伸出一小块儿，能够坐百十来个人。志愿军授勋就在司令部里，不在政治部。当初在这里拍了一些志愿军训练活动的画面，这些画面都是很有限的，不是说像带一个小新闻主题去拍摄什么东西，就是简单的军事训练活动。在这个地方也没有报纸，收音机什么的都没有。

**陈：**什么新闻都不知道？

**刘：**我那个时候不还有一点点时间嘛，起床以后简单吃点饭，今天也许有一段时间就没有任务，咱们也不能到处走、到处参观啊，只能坐在后头看看书，我带了两本书，还真有意思。

**陈：**书是什么？

**刘：**艾思奇的《大众哲学》，还有一本薄薄的苏联的《政治经济学》，是翻译了的。人家说我，你怎么还带这个东西来？《大众哲学》是我从湖南带到北京来的，《政治经济学》是在北京买的。他们不清楚，为什么我要看《政治经济学》。我们应该懂得这个道理、应该学习这个，那时候没有哲学书，也没有历史唯物主义方面的书，那个时候流行的也就是《大众哲学》，所以我有空的时候，就坐在我们掩体上面的土堆上看一看，也不能叫作读书，反正没有事翻一翻、坐着看一看。在战地环境下也没有什么可以谈、可以议论、可以交流的事情。平时翻看这两本书，也不见得就弄懂了，或者讲什么内容也不一定清楚，反正我带了书去的，而且我还把书带回来了。后来慢慢地，我不看这个了，后来知道有历史唯物主义的书了，于是就开始看那些书，当时就是这么一个情况。

我们当初在那个战争环境当中，得到一个什么任务，就忙活那一件具体的事情，也就是为了简单的机器操作做准备。

**陈：** 你所在的小团队的摄影师是谁？

**刘：** 陶学谦[①]，在抗美援朝期间我和一个叫秦汉的人，跟着陶学谦，我们三个人就是一个小组，所以什么活动都三个人，干什么活动要点头的就是陶学谦。

## 第二节　拍摄重要的授勋仪式

**陈：** 您说大型的拍摄任务，是朝鲜最高人民会议领导给志愿军颁奖？

**刘：** 那是最大的活动，这在个人生活经历当中是非常重要的一页。自然觉得自己跟战争、跟环境、跟社会联系就比较紧密。那天早晨好像还是八点来钟，吃完早点。

**陈：** 是 1952 年 4 月份？

**刘：** 1952 年 5 月份，或者讲具体日期是 5 月 25 日。25 号那天，我照常吃饭、活动，完了我还坐在那里翻翻书，这个时候忽然来通知，陶学谦同志和我们两个人，今天有重要的拍摄活动，具体是什么活动不知道。就把东西收拾好、准备好，还要准备得更加细致一点、更加周到一点。所谓更加周到一点，无外乎把机器搞得更干净一点、镜头这些东西更加干净一点，收拾好。大概到 11 点，我忘了吃没吃午饭，就通知我们到司令部去。去到司令部，我记着当初好像也有别的摄影队过去，聚集了好多人，四五个队的样子。

**陈：** 至少十多个人？

**刘：** 十来个人，相当于这个情况。本来采访谈问题历来都是摄影师他们忙活，摄影助理并不一定参与这些重要的活动。那天他们去谈，我们也一起听了，也没有什么保密不保密。说今天下午不知道什么时候，朝鲜最高人民会议在这里要向志愿军颁奖授勋。而且在谈话当中就谈到安排，我们这边当然也是早就做了准备，但我们这些人不一定知道，没有事先通知，到那天上午才知道颁奖授勋。要授勋的人有些都已经去世了，比如黄继

① 陶学谦，曾担任《民主东北·第七辑》摄影师。

光[①]、罗盛教[②]都牺牲了。我们那个时候也不知道要做记录什么的，不像现在干点事都特别注意做记录，没有这个意识。叫我们做准备，我们就准备好摄影机，是摄影师在那里操作摄影机。

准备完之后说你们下午开会，就在司令部的大礼堂。大礼堂实际是一个小地方，不是很大的礼堂，充其量百十来人，底下能够坐五六十人，加上后头加一点，主席台加一点，百十来人的大礼堂，说要在这里举行授勋典礼。我们当时去看了看，同时安排带了一点灯光，不多的人。就只有这样的地方有灯光，别的地方不太用灯光。那个时候也没有碘钨灯，就是用摄影光源大功率的灯泡，把几个大灯都架起来，调好方位。就等于是看了看现场。摄影师也简单，根据分工，谁去拍底下的群众、谁拍授勋的，上台谁拍，安排一两个队在台上，其他人在底下，反正四五个队，就拍现场，很小的一块地方，但是人多啊。你要拍那么多的东西，也不知道晚上几点开会。山洞里白天晚上都是一个光线，没有区别。司令部的大型活动都是在晚上，晚上不知道几点钟开始，就坐在那地方等，等到晚一点就开始拍摄，因为机器都有角度的，为什么？就那么一两台机器，要把握好地方，要能够把镜头抢下来，要分配好地点的。

**陈：**您继续说您的经历就好。

**刘：**当时的授勋仪式，首先很明确宣布代表“朝鲜人民会议最高常任会”来向志愿军的首长和志愿军的英雄颁发勋章，这是当初来的领导讲的大概意思，这个我记得很清楚，后来报上也是这样发表的。我记着当初来的人有崔庸健，还有其他几位，在会议当中来宣布。而我们授勋的对象

---

① 黄继光，原名黄积广，革命烈士，中国人民志愿军特级英雄。1931 年生于四川省中江县，中国人民志愿军第 45 师 135 团 2 营通讯员。1952 年 10 月 20 日在朝鲜上甘岭地区 597.9 高地英勇牺牲，被中国人民志愿军追记特等功，追授“特级英雄”称号；所在部队党委追认他为中国共产党党员；朝鲜民主主义人民共和国追授他“朝鲜民主主义人民共和国英雄”称号和金星奖章、一级国旗勋章。2009 年 9 月 10 日，黄继光被评为“100 位新中国成立以来感动中国人物”。

② 罗盛教，原名罗雨成，1931 年出生于湖南省新化县，1951 年 4 月参加中国人民志愿军入朝作战，担任中国人民志愿军第 47 军第 141 师侦察队文书。1952 年 1 月 2 日，罗盛教在平安南道成川郡石田里为抢救朝鲜落水儿童崔莹而壮烈牺牲。罗盛教牺牲后，朝鲜政府为他修建了纪念碑，并授予罗盛教一级国旗勋章和一级战士荣誉勋章，中国人民志愿军政治部授予罗盛教“一级爱民模范”称号，朝鲜国家主席金日成为罗盛教烈士纪念碑题词“罗盛教烈士的国际主义精神与朝鲜人民永远共存”。

第一个当然是我们的首长彭德怀，[①] 我现在记不很清楚，包括副司令邓华、杨得志，[②] 政治部主任杜平，[③] 还有其他一些首长，主要是这几位，向他们颁发勋章。

**陈：**后勤司令呢？

**刘：**我记不太清楚，这个可以查得着。而且讲到颁发勋章的内容，当初，是朝鲜人民共和国最高的勋章——共和国英雄，授予他们共和国英雄勋章。

**陈：**最高级别的？

**刘：**最高级别的勋章，名称我要看资料。第二个最重大的项目，要给他们颁发金星奖章，这也是最高的奖章，以表彰他们对朝鲜所做出的重大贡献。当初他们颁发奖章的时候，就讲了这样一些话。但是那天晚上司令员没有到场。

**陈：**授勋没有到场？

**刘：**没在，第二天到彭总住的地方给他颁发、授勋的。

**陈：**第二天给彭总授勋的时候有摄影队拍吗？

**刘：**估计有。

**陈：**授勋仪式作为纪录片也好、新闻片也好，“新影厂”肯定有吧？

**刘：**肯定有，而且到彭总驻地去的那个活动，当然是最大的一个活动。在这个活动当中，别看三台机器，当时也拍不过来，忙得一塌糊涂的时候，陶学谦就叫我赶快去把这些勋章奖章都拍下来。许多英雄的奖状、奖章在旁边架了一个台子，用适当的东西垫上，把它们一个一个整整齐齐摆好，便于近距离拍摄。

**陈：**拍特写？

**刘：**只是拍特写，因为这是重大的历史材料啊，摄影师就这么一次机会，你这里没有拍上，就不易看到了。

---

① 彭德怀，湖南省湘潭人，中华人民共和国开国元帅。抗日战争中发动百团大战，是中国共产党领导下的八路军在正面战场取得的最重大的胜利。抗美援朝中，作为中国人民志愿军司令员，同朝鲜人民军一起，把“联合国军”赶回到“三八”线。中华人民共和国成立后，任中央人民政府革命军事委员会副主席。

② 杨得志，出生于湖南省醴陵县南阳桥（今属湖南株洲市株洲县南阳桥乡）的一个小山村。1928 年 1 月加入中国工农红军，并于同年 10 月加入中国共产党。曾参加湘南起义。之后参加了国内革命、抗日战争、解放战争、抗美援朝战争等。1955 年被授予上将军衔。

③ 杜平，江西省万载县人。中国共产党党员、无产阶级革命家、中国人民解放军军事指挥员和政治工作领导者、中国人民解放军高级将领。1950 年 10 月参加抗美援朝，任中国人民志愿军政治部主任，参与领导第一至第五次战役的政治工作。曾获朝鲜民主主义人民共和国一级自由独立勋章、一级国旗勋章。1955 年被授予中将军衔，荣获二级八一勋章，一级独立自由勋章，一级解放勋章，1988 年被授予中国人民解放军一级红星功勋荣誉章。

**陈：**勋章就摆在那里让您拍，是授勋之前还是之后？

**刘：**授勋以后还搁在那里，还没有拿走，因为有些英雄牺牲了，东西放在那个地方，我把它都拿过来，摆在桌子上再拍。就在现场，我用了灯光。要抓紧时间把它们拍下来，要不然都拿走了。

**陈：**其他参加授勋仪式的人还在现场？

**刘：**都在，有些勋章拿走了，有些没有，比如当初将军里头，像邓华①、杨得志、李志民②、彭德怀这几个我是记得清清楚楚的。

**陈：**他们的勋章？

**刘：**都在那个地方，都没拿走。

**陈：**受过勋章不戴在他们身上吗？

**刘：**拿下来拍一下，还没有拿走。作为记者这个机会总归有，他戴的时候当场也要拍下来。包括牺牲的英雄邱少云③、杨根思④、罗盛教、黄继光的最高勋章都在这里。个人称号不完全相同，颁的奖章是相同的。当初就是这么一个情况。对于我们来讲，参与拍摄本身就是最大的光荣。

---

① 邓华，湖南省郴县人。1927 年加入中国共产党。1928 年参加湘南起义。土地革命时期，历任工农革命军第七师政治部组织干事，中国工农红军第四军十一师三十三团宣传中队长、连党代表，第三纵队政治部组织科科长，红十二军教导队政治委员，三十六师政治委员，红一军团第一师三团政治委员，第二师政治部主任，红一师、红二师政治委员。参加了长征。抗日战争时期，历任八路军一一五师六八五团政治处主任，晋察冀军区第一军分区司令员，八路军第四纵队政治委员，晋察冀军区第五军分区司令员兼政治委员，陕甘宁晋绥联防军教导第二旅政治委员。解放战争时期，历任东北保安副司令兼沈阳市卫戍司令，辽西军区、辽吉军区司令员，东北野战军第七纵队司令员，第四野战军第十五兵团司令员。

② 李志民，湖南省浏阳县高坪区西坑村人。中华人民共和国成立后，历任陕西军区政委、中国人民志愿军第十九兵团政委、志愿军政治部主任、志愿军副政委、志愿军政委、解放军高等军事学院政治委员、福州军区政委、军委顾问、中共中央顾问委员会委员等职，组织领导部队剿匪和参加修建宝（鸡）天（水）铁路及屯田垦荒，参加了抗美援朝战争第五次战役和秋季防御战，参与组织指挥 1953 年夏季反击战役和金城战役，参与领导志愿军部队积极支援朝鲜人民重建家园，致力于军队院校教育事业。1955 年被授予上将军衔。

③ 邱少云，中国人民志愿军一级英雄，出生于四川省铜梁县（今重庆铜梁）。1949 年 12 月参加中国人民解放军，1951 年赴朝作战。1952 年 10 月，为打击敌人，被选派参加潜伏部队，并担任了发起冲击后扫除障碍的爆破任务。12 日 12 时左右，敌机向其所在的潜伏区进行低空扫射，并投掷燃烧弹。飞迸的火星燃遍他全身。为了不暴露潜伏目标，邱少云任凭烈火烧焦身体一动不动。他双手深深地插进泥土里，身体紧紧地贴着地面，直至壮烈牺牲。邱少云牺牲后，被部队党委追认为中国共产党党员，中国人民志愿军总部追记特等功，授予“中国人民志愿军一级英雄”称号，朝鲜民主主义人民共和国最高人民议会常务委员会授予“朝鲜民主主义人民共和国英雄”称号，同时授予金星勋章、一级国旗勋章。

④ 杨根思，中国人民解放军全国战斗英雄和中国人民志愿军特级战斗英雄，革命烈士，江苏省泰兴县人。出身贫苦农民家庭。1944 年参加新四军。1945 年 11 月加入中国共产党。1950 年 10 月参加中国人民志愿军赴朝作战。1950 年 11 月在战斗中牺牲。我军有一支连队，就以他的名字来命名。

**陈：** 授勋过程还是陶学谦等拍的？

**刘：** 对。

**陈：** 授勋仪式结束不久？

**刘：** 过程当中有一大段是让我来拍的。

**陈：** 那些勋章特写是您拍的？

**刘：** 对。

**陈：** 接着呢？

**刘：** 后来该拿走的都拿走了，颁发完了不容易补拍了。

**陈：** 工作就结束了？

**刘：** 这个活动就结束了。把这些拍下来作为记录放在我们影片里头，当时来讲应该说是最大的光荣。

**陈：** 那天拍完勋章以后这个活动基本结束了？

**刘：** 基本结束了。最高勋章，一级国旗勋章，还有金星奖章，这个奖章既有奖状也有章程，都有的，写着共和国英雄。这么一场重大的战争，对于我们这个摄影队，不是讲哪个人，能够把它记录下来，记录下历史，而且保留的就是这些章程，保留的就是印象，所以我们能够把它记录下来是一件很有意义的事情。对我来讲也是重大的锻炼。

**陈：** 这是你第一次独立掌机？

**刘：** 这是第一次掌机，后来又有第二次掌机，我是指拍摄影片《人民的内蒙古》的时候有那么一段。

## 第三节　拍摄俘虏营和交换战俘

**陈：** 这个活动结束以后，您在朝鲜还参与了什么工作？

**刘：** 在此之前的一大段，更多的时候是跟着志愿军俘虏营。我拍了大量的俘虏的活动，我们这个摄影队就住在我军俘虏营。

**陈：** 是吗？

**刘：** 中央新闻纪录电影制片厂导演晨峰领着我们摄影队陶学谦、我还有姓秦的同志。

**陈：** 就这一个队还是几个队？

**刘：** 两个队，一个是我们这个队，还有另外一个队，驻扎在俘虏营，俘虏营在什么地方？我告诉你，两个典型的地点，一个叫满浦[1]，一个是碧

① 满浦，地名，现在是朝鲜第六大城市。

潼，两个地方拍了大量俘虏的活动。他们之后就去开城，到开城交换战俘。在满浦拍谁呢？细菌战犯奎恩、伊拉克。两个人单独关在那里，所谓关在那里是把他们隔离在那里。

**陈：**为什么隔离他们？

**刘：**他们是细菌战犯，单独关他们就这么个意思，那不就等于隔离啊。他们吃的比谁都好，专门给他们做面包、烧烤这些东西，他们住在满浦，细菌战犯都住在那边。

**陈：**这两个人是细菌战的专家，还是打细菌战的军人？

**刘：**扔炸弹的。军人，两个扔细菌炸弹的，后来被我们俘虏了，把他们两个关在那个地方，他们在那个地方享受很好的待遇。

**陈：**拍什么呢？

**刘：**拍他们讲话，他们向全世界讲，是他们进行了细菌战，而且"新影厂"第一次，你注意，第一次把最高级的摄影机拉到了满浦。

**陈：**也是陶学谦拍？

**刘：**不是，是去了别的人，我们都在那个地方拍，又要搞同期录音，"新影厂"用最好的摄影机，叫做 Newall，英国的摄影机，这台机器原本是不出北京的，这个机器只能在厂里头拍，不能拿到北京以外拍摄，但是居然拉到朝鲜拍，上头一道命令，你们要搞同期录音，那个时候不像现在同期录音这么简单。

**陈：**当时别的机器拍不了同期录音？

**刘：**拍不了同期录音，搞不了这个活动，更大型的又笨又大又不好，就是拉了这个 Newall 摄影机到满浦，就拍他们两个人在那里讲话，讲什么？让他们向全世界宣布是他们进行了细菌战，他们配合我们拍了很多片子。我们那时候就用此机拍摄，同期录音得靠它。满浦靠近鸭绿江，往后走几步就到了鸭绿江，然后再走过来，二十多里地，就是碧潼。

**陈：**俘虏营都是靠近中国这边？

**刘：**靠近中国这边，碧潼关了大量的美国俘虏，共计 17 个国家中只少了韩国。

**陈：**联合国军队的俘虏？

**刘：**17 个国家的，韩国的不在这个地方，其他的都关在这个地方，所以这里住了一大堆俘虏，朝鲜那么大地盘没有建造房子，唯独就是碧潼、满浦有房子，美国也不去炸它，因为关的都是美国等国的俘虏兵，尽管那里是普通的平房、普通的房子，但是正规的房子。其他地方的房子都炸光了，你想象不到。

**陈：**您在朝鲜就没有见过完好的房子？

**刘：**还有一个地方，开城，非军事区，开城和俘虏营以外，别的地方基本上没有完好的房子，甚至可以说完全没有。美国到了什么程度，你住在山洞里头，山伸出一块，这个里头有个房子，飞机侧着翅膀拿机枪扫射把这个房子给你扫掉、轰炸掉。人人都知道朝鲜三千里江山让美国这一炸，没有房子了，都炸掉了。我们车子开着开着往前边转移的时候，说现在到了平壤了，平壤没有东西，一片废墟，全都是废墟。

**陈：**整个平壤都是废墟？

**刘：**都是废墟，看不到一个房子。你想朝鲜到这个地步，打仗打到这种程度。逼着我们盖了一个草房，晨峰、我们，还有另外一个摄影队，我们三个摄影队找了一间大房子，这边住的是几个摄影师，那边住我们摄影助理。

**陈：**咱们俘虏营管理员也有一间？

**刘：**都跟俘虏一起，跟管理的俘虏在一起啊。那个时候朝鲜的小孩找我们这些人，让我们给他买点纸，雪莲纸，一大张一大张的，16 开大白纸，我们就到中国军人合作社买，军人合作社可以买烟等几样东西，大张大张的雪莲纸，买来自己拿刀子裁，给他两三张纸，这就是给朝鲜小孩最好的礼物了。

**陈：**我们小时候也用过，我们叫竹纸。

**刘：**还有一个，军人合作社能够买到香烟，我是不抽烟的，那里的香烟都是好香烟，运到那里去的都是中华烟，相当高级的烟。我不会抽烟，不知道有第二个牌子。当时能够买到香烟、能够买到雪莲纸，什么糖果啊这些都买不到。

**陈：**牙膏、肥皂应该能够买到？

**刘：**好像也没有，总部那个地方有。

**陈：**拍了多长时间？拍了哪些人？

**刘：**俘虏名字记不清了。我们至少待了 15 天以上。我们讲拍俘虏营的一些活动，哪些活动呢？细菌战是在满浦，我们就是找他们开小型的座谈会，所谓座谈会就是大家坐在一块儿谈啊，没有桌子也没有板凳。这些人被俘以后，在俘虏营受到了非常优厚的人道宽待。他们吃得很好，也有青菜，过得挺好。我们的同志也给他们用的东西。

**陈：**肯定比咱们志愿军好？

**刘：**比志愿军好多了。还有一个，这些人绝大部分都会游泳，都在碧潼那个地方。敌人不会跑的，俘虏一个不会跑，要跑出俘虏营地，朝鲜老百姓见到他们要打、要杀他们啊。再说我们有远距离放哨的。没有围墙，远远有站岗放哨的。

**陈：**没有其他隔离设施？

**刘：**看不出来。你问他们没有搞什么铁栅栏把他们围起来吗？有东西围的，就是俘虏们自己种的水果和西红柿，他们要插几个东西把它们围起来，有这样围的。的确，他们出去周围没有任何阻拦，要阻拦也是暗中，看不到有志愿军监视他们。他们在这里一天到晚打牌。最大的活动是游泳，跳水，因为我们是5月份去的，山坡底下就是大水坑，最好的天然跳水场。

**陈：**这些活动你们拍吗？

**刘：**拍，因为我们很随便，跟他们开座谈会，他们都是感谢志愿军对他们宽大处理、良好待遇。他们也有学习活动啊，咱们搞点材料给他们学、给他们看，就这样一些活动。拍这个活动将近有半个月的时间。

**陈：**两个组？

**刘：**两个组，材料都收集在里头。后来这些人很快地被遣返，交换。开始是交换病伤战俘，交换病伤战俘不从我们这里走，有些病伤战俘在另外的地方。后来这批俘虏一批一批坐车从碧潼到开城，我们就随着记录他们。

**陈：**跟他们一起走？

**刘：**一起到开城。

**陈：**坐车从北到南？

**刘：**很快到了开城。我们对俘虏实行的是宽大政策，拍摄处理俘虏的这些事情的过程中，我还真没有遇到过不配合的被俘的人员，对我们中方人员包括对我们这些记者没有任何粗暴的行为，没有看到不礼貌的行为。至于到了板门店桥以后会不会有什么不好的举动，那倒有可能。为了表示他们对我们的不满，过了板门桥，可能给他们的衣服都脱掉、扔掉了。

**陈：**2011年电视台播过一个朝鲜志愿军俘虏营的纪录片，其中肯定有您拍的素材？

**刘：**肯定会有多人拍，拍了大量的素材。

**陈：**中方对俘虏确实很好？

**刘：**确实很好，而且我们亲耳听到他们讲志愿军对他们好，而且列举了很多事情，包括说我们进门都要敲门的，没有推门就进去的。还有他们礼拜天做祷告或其他什么活动，我们不去管他们。美国人是很讲究做祷告的，宗教信仰嘛。还有，他们中有一个人很善于拍照片，我们还把他拍的照片拿到国内发表了，拿到美国发表了，稿费的钱寄来了，我们把稿费交给他，告诉他这是哪儿给你的稿费，这都是在座谈会上他们讲的一些事情。所以，我们的确没有看到有什么很不礼貌、很不配合的举动。在交换俘虏的过程中，从开始坐上车，到中途休息从车上下来聊天，接着再往前开，都是很正常的运转。

**陈：**您个人跟俘虏有接触吗？

**刘：**一般接触有，我语言也不通。

**陈：** 您的英语不是很好吗？

**刘：** 不行，对话不行。我真正学语言是在电影学院和北京师范大学。我现在的语言行了，后来带人出国是内行，当初跟外国人交流是不行的。

**陈：** 当时有纪律，限制记者跟他们接触吗？

**刘：** 没有规定。天天跟他们打交道。

**陈：** 坐车咱们摄制组是另外的车？

**刘：** 单独的车。都是卡车，普通卡车，没有什么军用不军用，拉个苫布盖在上边。当时没有军用卡车，有车子给你坐就是很大的福分啊。

**陈：** 接着说到开城。

**刘：** 跟随着他们的车辆，我们很快就到了开城。到开城以后，临走的时候会不会再给他们换换服装，里边衬衫给他们换一下，这个没有看得很清楚。

**陈：** 有专门的俘虏营服装吗？

**刘：** 好像看不出来，反正给他们服装。

**陈：** 比如有没有像囚服那样？

**刘：** 没有，这些都没有。给他们一点服装是会有的。到了开城以后，可能会给他们点路上吃的东西，包括饮料。之后再通过开城到板门桥。

**陈：** 就是板门店那个桥？

**刘：** 板门桥。到那个地方要点人数的，交给你多少人。

**陈：** 这个您全程都在场？

**刘：** 都在场。多少人，他们数了人数也要签字，我们把人再接收过来。

**陈：** 全程拍摄吗？

**刘：** 都拍摄，一批一批地，不见得每个人都拍。交换病伤战俘是另外一批人，我们那一批没有病伤的。交换病伤战俘那是头一批，先交换病伤战俘，完了之后再交换俘虏。好像听说大概有一二十人，要求中国把他们留下来，不交换到美国去。但我们拍摄当中没有遇到这个事情。

**陈：** 您说联合国军队俘虏有一二十人不愿意回美国？

**刘：** 要求留在中国。经不经过板门店不知道，但是没有经过我们。

**陈：** 您在开城还有其他拍摄活动吗？

**刘：** 大概不太长的时间俘虏就交换完了，我们就在那里等待，等待干什么？双方签字。朝鲜还没有停战，双方还在板门店那个地方谈判呢，谈判以后双方签字。我们每天都去板门店。我们摄影队住在开城，离板门店 30 华里，15 公里。

**陈：** 开城房子有吗？

**刘：** 有。非军事区也被炸了，报纸对此批判美国，我们谈判代表团住的地方你也敢炸，那个时候算美国一条罪状。后来谈判地点才改在板门店，他们犯了一个大错误。我们在开城也住的平房，开城的房子很有意思，我们在那个地方看到的所有对联都是汉字，门口贴一副对联，词句不一定看得懂，但都是中国字。我们在那里也是找的民房，中国人民志愿军前线摄影队、新华社记者、文字记者也都住在这个地方。

**陈：**“北影厂”摄影队是不是十个队都去了？

**刘：**三十多个人都在那里，后来都集中在那个地方。我们只有一辆军用车，队长（徐肖冰）坐这辆车。军用吉普，而且是苏联吉普。

**陈：**其他人还是坐卡车来回板门店？

**刘：**还是卡车。但是记者团去板门店的时候，我们坐的是苏联吉普。基本上三个人一辆车，坐在车上拿着摄影机，公路的两旁全都是志愿军布岗，我的印象中好像隔了二三十米就有一个岗，汽车“嗖嗖”过去了，威风凛凛。美国人不坐汽车过去，他们住在汉城，坐飞机到板门店。我们是开着汽车到板门店。

**陈：**他们坐飞机？

**刘：**直升机。我们没有那么多直升机，只能坐汽车过去。我们去了以后就住在志愿军的帐篷里，摄影机等其他设备都搁在我们身边。有人站岗，无人拿枪，板门店是不能带枪的。

**陈：**站岗的也不能拿枪？

**刘：**不能拿枪，我们也不能拿枪。我有一次不当心，我拎着摄影机去了，结果到板门店，秦汉管机器，糟糕，发现枪带来了。赶快汇报了。然后交给值班的管起来，中午收工回去的时候再把枪拿走。就是讲管理很严格，在板门店不能带枪的。我们在朝鲜配备有枪，但是一枪都没有开过，到后来也没有开过。

**陈：**发给您不是摆设？

**刘：**知道怎么摁下去，怎么把枪打响啊，没有机会练习就是了。

**陈：**没有机会练习也没有机会实战？

**刘：**东西都有，作为武器发给你。摄影队还是讲究的，因为摄影队要当心，我们拍的材料都是重要的国家机密，是宝贵的财富，国家特别看重这个。

**陈：**而且用生命也要保护？

**刘：**国家还是挺看中这个的。可以说在板门店，人人都在值班，机器总共有十多台能够在那里运转。大批人都去了，不一定每台都去实拍。片子都是装好的，拿出来开机，我们叫上弦，就像手表，转一下就拍，上弦就可以拍。装了机器坐在摄影棚里边，根据当天的情况，你是在岗位上轮流呢，还是在那个地方做好准备，反正不会到帐篷里边睡大觉。中国人民志愿军包括朝鲜人民志愿军，特别是中国人民志愿军，跟你讲，真的是雄赳赳、气昂昂，不管男同志、女同志还是护士、记者，当然女同志很少，一个个穿着打扮都是非常英姿飒爽，而且在那个地方每个人都会明确感觉到，要注意国家的风范。

**陈：**每个人都代表着国家？

**刘：**自然是。在那个地方，每个人都落落大方，衣冠很整齐。开始没有胸章，后来有了。

**陈：**我们看抗美援朝电影从来没有看到？

**刘：**具体什么时候发的我都不知道，我们9月底就回国，回来时都有帽徽的。

**陈：**您回来都授军衔了？

**刘：**有胸章没有军衔，都是连级，摄影师都是连级。摄影师徐肖冰是将军。我们在那个地方一个个都是雄赳赳、气昂昂、落落大方的。而且美国摄影记者给我一个感觉，不是故意贬低他们，真是一个个样子不成样子、打扮不像打扮。

**陈：**怎么讲？

**刘：**基本上绝大多数叼着香烟，嚼着槟榔，那个时候只能买到槟榔，相当多人戴着黑眼镜、美国瓜皮帽。你再去看电影，多数（不是人人）都不像样子。太不像样了。

**陈：**因为他们是记者不是军人？

**刘：**他们的人员一个个都是这样子的。

**陈：**军人好一点？

**刘：**也一样，嚼槟榔、叼烟卷就是军人的样子，给我感觉最多。因为他们也不能带枪，所以他们真真实实不像样子。甚至还有，他们见到我们的女士、女战士，总要找上去搭茬儿骚扰一下，他也说不出名堂来，我们也不懂他们的话，只要他们过去，有这种瞎举动，中国人民志愿军自动会过去。当然他也不敢有什么乱七八糟的举动。别的交流不会有，因为他们不懂我们的语言，也不让我们跟他们有什么交流。这样的情况一直发展到最后签字。签字时我没有到最里头去，因为只有几个记者在里边拍，我们都在外头。凭我现在的记忆，是7月27日晚上10点，停止炮击。

**陈：**1952年还是1953年？

**刘：**1953年7月27日晚上10点，朝鲜前线停止炮击，在这之前已经签字了，可是炮声还是有，谁也不朝着对方目标射击，就拿枪朝天上开，乱打一气，停火后，再也没有枪声。停战以后，我们没有马上回国，总是还有这样那样的活动，关键问题是学习。

**陈：**住在哪儿？

**刘：**就住在开城，每天开讨论会这样的活动。学习当中有一个很重要的题目，来来回回谈得比较多，反对大国沙文主义，对待朝鲜一定要好。我不知道当初为什么要强调这个主题，尽管我们没有大国沙文主义，因为基本不跟他们老百姓接触，也没有任何活动。这题目学习差不多将近一个月的时间，学完了就到开城。这时一个电话过来，务必在 9 月 30 日以前要赶到北京。大概有 30 个人就坐卡车从开城回到丹东，之后再换火车，火车一定要在 30 日以前到北京，给一两天准备东西，拍天安门十一游行活动，这样就结束了在朝鲜的拍摄任务。志愿军全部撤出朝鲜回到北京的时间我就记不得了。

你问到我，说后来北京欢迎志愿军从朝鲜归来，那肯定是规模盛大。但那个时候我说不定已经到内蒙古去干别的活儿了。

# 第七章　参与拍摄国庆节游行和陪同朝鲜慰问团

## 第一节　拍摄国庆节游行

**陈：**您拍的 1953 年国庆节游行，机位在什么地方？

**刘：**1953 年？那就是天安门，（我）还是摄影助理。

**陈：**你们小组机位在哪儿？

**刘：**就在天安门广场。

**陈：**什么地方？

**刘：**不记得了，当然不是主席台，也不在高架，好像就是在天安门前面那一带。没有什么特殊记忆。

**陈：**有没有特殊感受？

**刘：**很高兴，都很高兴。你别忘了，刚刚从朝鲜回来，很高兴。而且那个时候已经开始进入到庆祝活动，当天拍摄的影片要及时包装好、收拾好，就要送到厂里头洗印车间，当天就要编。当初好像提出来 10 月 2 日的晚上要在北京见观众的，“新影厂”也是赶这个，要提高效率，要把拍摄的影像剪辑成影片跟观众见面，哪怕是最后一场。那个时候拍摄的方法和手段还比较落后，导演就要提前搞编辑、提前搞剪辑，哪些问题先编，要留出预留空间。上映前影片还要通过审查。

## 第二节　陪同朝鲜慰问团

**陈：**您赴朝是1952年4月份？

**刘：**1953年3月份（去），9月份回来，（在朝鲜）半年时间。1952年我还在湖南，是从湖南接受这个工作的。

**陈：**1954年什么时候接受拍摄黄继光妈妈的任务？

**刘：**拍摄黄继光的妈妈是这样的，1954年，朝鲜人民会议最高常任委员会派遣了一个代表团，到中国来向中国致全民性的感谢活动。金一为团长，或者大概是副委员长，我记不清了。他率一个代表团，这个代表团组织了朝鲜各界的人士到中国来，其中就有罗盛教救起来的那个少年崔莹，还有其他一些重要的高级领导。

访问首先是到了北京。他们来的是一个很大的代表团，包括几个艺术团体，有最大的人民军协奏团，他们来向中国慰问。

他们来中国以后，分成三个团到各地去。其中就包括慰问黄继光的妈妈，而且是要到四川老家去访问黄继光的妈妈。结果来了以后，考虑去黄继光妈妈家不太好接待，就把慰问黄继光妈妈的一行人直接请到了成都，就在四川成都拜访了黄继光的妈妈。

**陈：**没有到黄继光的老家去？

**刘：**没有到他老家去。去之前先在北京，包括军方，特别到了志愿军几个休养的地点，部队的医院、疗养院，有志愿军在那里休养。之后到了部队，访问了很多地方，从这些地方一直沿着到了武汉和广州。从广州坐车到哈尔滨。我记着路线，现在还记得很清楚，正好是5月份。热得厉害，当初没有更好的条件，在他们住的房间里头摆摆冰块来降降温，不像现在有空调降温。我跟着他们沿着这条线一路走下来。

**陈：**从北京到武汉，然后再到广州。

**刘：**广州回来经过武汉，慰问就到了哈尔滨。

**陈：**不是还到成都去吗？

**刘：**那是后来的事情，回到北京过了“五一”之后，再出发到了成都。走了两趟，而且从武汉坐船去的。

**陈：**您跟崔莹对话是在哪里？

**刘：**在船上，有现成的照片。坐船过去再回来还到长沙，到了长沙以后再到罗盛教的家乡，路线差不多是这样走的。

另外的团走山西这条路线。当初在武汉真是感人至深，去了一个协奏团，还有若干个部队的艺术团的女同志。

**陈：**朝鲜方面？

**刘：**朝鲜方面，在省委大院里头，就在省委大院里头搞了相当大的一个场面，他们在那个地方致慰问词，表示感谢，而且黄妈妈就坐在那个地方。我有一张跟黄妈妈照片的合影，如果有兴趣下次把照片拿给你们，现在被电影频道拿走了，他们拍了一个东西，大概马上要公开播映。当时就在院子里头讲话，有他们的代表讲话，也有我们省委的领导讲话，中心的内容是感谢中国人民以鲜血援助了朝鲜，朝中友谊是鲜血凝结成的，基本都是这些。在这个讲话过程当中，黄继光的妈妈就坐在下边，电影里全都有。那个时候的摄影师是韩浩然，讲话的内容全都拍下来。我还记着黄妈妈讲话的大意，她说我的儿子也到了朝鲜，以鲜血援助了朝鲜，这是中国的光荣，也是我们黄家的光荣。老人家就那么讲的。她讲到这个地方以后，在场的协奏团的女同志、国家剧院的女同志都围上去，抱着黄妈妈痛哭，那个场面至今回想起来还是非常感人，在场的人几乎没有不哭的，大家就抱在一起。

**陈：**您跟崔莹认识是在成都慰问之前还是之后？

**刘：**去的时候都在一条船上，从成都到长沙慰问，再到安化县。

**陈：**您也到了安化？

**刘：**到安化县，到罗盛教家，下午到的。在长沙搞了一些慰问活动，都是大场面活动。

**陈：**演出活动不会全程拍摄吗？

**刘：**不会全程拍摄，它记录一些内容，拍一个短片，整个是纪录片，向中国人民致谢。到了罗盛教家以后，就是慰问座谈，在那里吃了饭，住了一宿。

**陈：**安化县城还是乡下？

**刘：**乡下。

**陈：**有地方住吗？

**刘：**我们住在很简陋的小屋子里头。晚上少数人待在罗盛教家里，罗盛教救的少年崔莹还专门带来朝鲜的酒，拿朝鲜的酒敬他的中国妈妈、中国爸爸。

**陈：**他管罗盛教的爸爸妈妈叫中国爸爸、中国妈妈？

**刘：**中国爸爸、中国妈妈。至于他们晚上聊完天以后是不是拉到别的地方住我就不太清楚了。

**陈：**您见二姐是哪一年？

**刘：**就是这一次陪代表团，见到二姐和父母亲。这一段很简单，到了成都，拍摄了这个内容，在中间这一段，二姐领着父亲到成都来看我。

**陈：**他们之前知道您要去成都？

**刘：**她知道代表团过来。我写信告诉她，我随代表团到这里来，她到这里知道我住在什么地方。

**陈：**朝鲜回来之前，您不知道二姐在哪？

**刘：**不知道。都不知道。

**陈：**但是在成都的时候，二姐知道您要去成都，回来第一封信跟父母亲、二姐联系是什么时候？

**刘：**就是从朝鲜回来以后给她写了一封信，告诉她我去了朝鲜，现在从朝鲜回来了，在新闻电影制片厂，就有通信联络了。我告诉她我要去成都，而且我是随着代表团来的。她到了成都以后先打听代表团的驻地，她知道我们代表团住在成都一个最大的宾馆，新盖的，我忘记名称了，我们就住在那个地点。找到住的宾馆后，她又找到代表团的领导，这样才找到我。而且领着父亲来的，当时父亲来了。就见了一面，只有一面。因为我是随代表团拍摄，马上就要走了。第二天我们随着代表团就回湖南了。

**陈：**见这一面多长时间？

**刘：**中午见的面，他们通过代表团找到我们住的地点，问刘国典是不是到这个地方来了？中午的时候见了面，大概下午没有活动，我还到他们住的那个地方去了，住在一个小旅馆里头。父亲跟姐姐住在一个小旅馆里头。

**陈：**您到他们的旅馆去？

**刘：**去了他们住的那个地方以后，我就告诉她我们马上要走了，第二天就得离开了。回来后我就告诉我们代表团的团长，摄影队的队长，王水导演，我说我姐姐跟我父亲他们来看我，今天中午还见面了。你们要注意这个事，我父亲是地主。

**陈：**还把这事跟队长说？

**刘：**我要告诉他，因为我知道他是地主，他躲到这里，我不知道具体地点，他住在我姐姐家。

**陈：**王水怎么说？

**刘：**我告诉他，我父亲是逃亡地主，他住在我姐姐家，姐姐住在什么地方。他理所当然地得向有关方面汇报这个事情，后来当地就处理了。

**陈：**当地怎么处理？

**刘：**父亲交代材料，交代他怎么躲到这里来。后来的情况我就不知道了，这个时候又没有联系了，就见了一面。

**陈：**您刚才说曾经到二姐家武胜县去过。

**刘：**我没有去过，至今我也没有去过。现在我也没有去过，二姐家从来没有去过。我就告诉他在什么地点，见面也就是中午吃顿午饭，下午还有活动啊，晚上又有活动，第二天就走了。

**陈：**四五年父子都没有见过面？

**刘：**没有见过面，就见了这么一面。

**陈：**后来再见面又隔了多少年？

**刘：**那就应该是1959年的下半年。他到北京来，当然此期间，这是我的估计，当地政府肯定对他的逃亡地主这一条做了审查，的确没有什么血债这样的问题，纯粹是逃跑了，而且也处理清楚了。这个时候北京电影学院向当地提出来，想把我的父亲调到北京来，这样由当地政府和北京电影学院有关部门协商后就调到北京来了，调动完全是通过组织手续办的。1959年底或者1960年初，我父母亲到北京来。因为什么，因为我儿子1960年2月21日出生，我儿子出生之前我父母亲从老家迁到北京，完全是通过组织手续调这里来的。

**陈：**我完全能理解您的谨慎，一切都跟组织汇报，当年都是这样，如果不问清楚的话，后人会觉得您无情，独生子为什么长期不与父母联系？

**刘：**因为那个时期不一样的。这是说到题外，后来我到电影学院开始任教了，我想他的问题在当地一定也是交代清楚了，所以在这个期间给父亲写个信，寄点钱，也就是点零花钱。他们的问题也弄清楚了，这样的一些联系还要跟组织上谈清楚，要不然不能那么联络。

这里还有一个很重要的问题，1959年4月14日我入党，对家庭问题进行了专门审查，都彻底弄清楚了。包括这个期间，我和家里恢复联系，专门给组织写了材料的。入党之后，提出来要生孩子了，是不是能把父母亲调过来，电影学院才出面跟那边联系，把他们调到北京。

**陈：**迁户口还是来探亲？

**刘：**请他们过来，户口都迁过来了，通过办手续过来的。问题没有弄清楚之前是没有来往的，弄清楚以后可以恢复联系了，有不多的通信联系，还有不多的经济来往，也就是给他们一点钱。但是这个问题咱们把话又讲回来，当时同意恢复联系，肯定组织上经过了审查，在审查期间没有任何联系。有一条概念始终存在，他的确是地主。

**陈：**但是他是您的父亲。

**刘：**在这个问题上一直保持这么一个界限，虽然已经审查清楚，总归是地主出身。总之，讲到过去谈到历史，尽管那个时候只有十四五岁，对于地主家庭来讲毕竟是有剥削的，这个概念一直持续到后来较长的一个阶段。这条要不清楚，包括处理各种各样的事情容易出现差错、犯错误。所以我说，话又讲回来，我们是紧跟着党，这个路线是非常清晰的。也许现在的人讲这个话觉得不太真实，事实上就是这种状况。

**陈：**您当时内心没有痛苦吗？

**刘：**我告诉你问题没有弄清楚，自然不往那个上面想，因为我们那个年代，党的教育这条是很清晰的，非常清晰。不清晰反而犯错误，所以咱们话又讲到后来，党组织对我们这些人，一直没有按照额外、体外人看待，处处都是示范。事实上就是这么一个状况，像后来我们在电影学院，包括老的电影学院和后来、现在的党委书记，关系都是非常清晰的。

**陈：**再回到工作中来，这次陪同朝鲜访问团还有什么补充的？

**刘：**陪同代表团，其他都是慰问的活动、访问活动，再加上朝鲜代表团在朝鲜战争期间跟他们结成的友谊一直保留下来，不管现在发生什么变化。

**陈：**国家的感情还是个人对朝鲜的感情？

**刘：**自己对朝鲜的感情，一直保留下来。

**陈：**您去朝鲜，学过简单的朝鲜语吗？

**刘：**一点都没有学过。在朝鲜不接触老百姓，除了在碧潼跟我们要纸的人以外，其他压根儿没有接触。

# 第八章　考入北京电影学院

## 第一节　拍摄《人民的内蒙古》

**刘：**这个活动之后，最重要的一个活动就是拍摄《人民的内蒙古》。《人民的内蒙古》是在锡林浩特拍的，印象非常深刻。当年我们去的时候，锡林浩特只有三座房子，我们摄制组去了占一座房，而且带了很好的明星到那里唱歌。

**陈：**什么意思？

**刘：**我记性太坏了。当时唱歌唱得最好最有名的“蓝蓝的天上白云飘”大的明星，把他带过去唱歌，我们拿高级的设备要拍他在草原上唱这首歌。

**陈：**还是跟着韩浩然吗？

**刘：**韩浩然。从张家口，那时候汽车开得慢，三天到达锡林浩特，风刮得厉害，脸上都掉皮。车上拉了一大堆的电瓶，因为是纽瓦尔摄影机，好像只有一台，当时拿到锡林浩特拍他唱歌，因为他唱歌很好，是很有名的。他主要唱这支歌，我们录了音、录了像。

**陈：**您不是拍《人民的内蒙古》吗？

**刘：**包括这里，要这段片子。我们主要拍这个。

**陈：**拍唱歌的影片？

**刘：**唱歌的影片，后来在全国播映，很有名，非常有名。

**陈：**这个构不成一部影片吧？

**刘：**很小的，应该是在抗美援朝回来以后这一段。这段时间专拍内蒙古，下面还是讲内蒙古。那时候挂两个人的像，一个是毛主席，一个是乌兰夫，毛主席像和乌兰夫像同时挂起来，并列。拍《人民的内蒙古》的时候，我们的导演沈蓉是新调进来的，也是拍这部片子，以后再拍什么我们就不知道了。后来清查“三种人”的时候他还在，那是以后的事。他拍摄这部影片，最大、最突出的地方就是又一次使用了 Newall 高级摄影机。

**陈：** 不是不出北京吗？

**刘：** 反正从那次以后又开始出北京，又一次使用 Newall 摄影机。最好的摄影机又拉到大草原，拉到那里去的时候，跟到朝鲜一样，拉一批电瓶，要用电的。装了一车的电瓶，我们是坐拉电瓶的车去的，底下都是电瓶，当然还带着别的摄影机。Newall 摄影机在内蒙古草原主要拍歌唱家在草原上唱歌。

**陈：** 这个歌唱家没有想起来？

**刘：**“蓝蓝的天上白云飘，白云下面马儿跑……”他主要是唱这首《草原上升起不落的太阳》，吴雁泽演唱的，美丽其格词、曲。请他在大草原上唱这首歌，同时拿摄影机拍草原活动，关键是拍这场戏，拉了大型摄影机，拉了电瓶。我们摄影师还带了别的机器，当然别的机器就拍内蒙古草原，那达慕大会有好多活动，唱歌、舞蹈就是其中一段。

**陈：**《人民的内蒙古》这部片子还有那达慕大会？

**刘：**《人民的内蒙古》里还有好多活动。我们拍摄的是其中一大段，这个里头就唱了这支歌。当时围了好多人，移动轨道都有的。机器在上边拍，活动起来还有一定的轨道。

**陈：** 您刚才说在内蒙古的时候再次掌机是什么时候？

**刘：** 就是拍别的活动，还有西尼风机器拍别的镜头，还专门有照片，拿机器拍片子的照片。

我跟摄影师两个人，没有第二助理。来的时候，我们这些人是打算学习好了，说不定回湖南搞新闻纪录影片的。这次任务完了之后，有些人已经开始考虑回原来单位工作了。后来赶上要调人到北京电影学院，记得就在草原的时候，我又一次接到通知，叫我回北京参加考试。似乎就在拍这部片子期间，用电话还是用什么方法通知我们，再返回北京。所以这部片子后期，我们没有太多参加，提前回来考试了。这个考试就在“新影厂”，并不是拿来一些大题目让我们考，主要是考我们的水平，考我们对知识理解的程度，总之，从内蒙古回来以后参加了正式的考试。

**陈：** 考什么？

**刘：** 考有关摄影的知识，就这样被电影学院正式录取。9 月份以前就到电影学院上学了。

**陈：** 电影学院录取应该是 1954 年的事情。

**刘：** 锡林浩特的活动以后就考试，然后就入学了。

**陈：** 1953 年到 1954 年，其他还有什么？

**刘：** 没有别的了。拍新闻短片肯定有的，可能学习完了就到电影学院去了。

## 第二节　进入北京电影学校

**陈：** 1953 年 7 月 7 日新闻电影制片厂成立您没有参加？

**刘：** 绝对没有参加，那时肯定是在朝鲜。

**陈：** 您说中途住院一次，是 1953 年回国以后？

**刘：** 从朝鲜回来，1953 年的冬天，正在“新影厂”开创作会议。我参加创作会议期间，忽然感觉到腿行走不太方便，当时住在邱家胡同，就跑到北京市我们的合同医院第七人民医院，地点就在西什库那里，我就在那个地方住院。踝关节很疼，医生一看说这是关节炎。他问我是干吗的，我说我是“新影厂”的，参加过抗美援朝。他问我是不是睡山洞，然后给我开了些药。我也不知道开的什么药，要我回去。我说回哪里去？我说要住院。医生同意我住院，第二天开始就给我打针，从腰上打进去，一天打一针。住了一两个礼拜，打什么我也说不清楚。

**陈：** 是什么情况？

**刘：** 就是脚疼，想去厕所都走不了路。住在邱家胡同，不远的地方就有一个厕所，我扶着墙可以到厕所去。走路都走不动，医生理所当然给我开住院单，住院以后马上给单位打电话。

**陈：** 当时住院要办什么手续？

**刘：** 太简单了，通知我们单位，给“新影厂”打个电话，刘国典在这里住院了，第二天咱们医务室人就到这里来，说你怎么搞的？我说脚疼得厉害，他一看脚肿着，抗美援朝之后这种情况很普遍，生病是很普遍的。但不一定非要住院不可，说不定给你搞点药就回去了，我说我没人照顾，就住在这里。住了一两个礼拜。单位领导来看没看我都不知道，反正我知道医务室来过。像我们这些人有点关节炎，还是小伙子，这样就牵涉到一个问题了，就种下一个病根，关节炎。这个病一直持续到 1958 年兴修水库。

**陈：** 十三陵水库？

**刘：** 在十三陵水库期间前后那个阶段，我只要走路走多了就回不来。还是踝关节，影响到膝关节。

**陈：** 当年住院其实没有治好？

**刘：**没有治，只是把疼痛止住了。别看住院，那个期间照样拍电影，照样有活动，一切都照旧，没有耽误过半天活动，就好像没有这个事一样。1958 年在电影学院，只要一劳动关节就有反应。修水库期间，我一个，还有我们电影学院当初的系领导任杰（艺术组秘书），我们两个人，挖水库地点离我们住的地方大概有六七里地，早上走路去，中午在那里吃饭，晚上从工地再走回我们的驻地。回来后先吃饭，然后拿开水泡脚。第二天照常上工地。那个时候还是很努力的。年头多了，现在也不怎么犯了，也没有觉得特别难受。有一个情况，我现在脱了鞋给你看，贴着伤湿止痛膏，一到天气凉了或者走路一多，我就要在那个地方贴膏药，贴两天就好了，成为周而复始的一个小毛病。有时我夫人一看我的脚，你怎么腿又肿了。1953 年那一次是最严重的，住院那一次。

**陈：**1958 年只是感觉到走不回来？

**刘：**经常有这样的情况，包括现在也经常有。1953 年是最严重的，1958 年就是比较严重，但是也不到 1953 年那个程度，因为我不会干活干到那个程度，劳动强度没有到那个程度。再这么干也许……我感到 1953 年是最厉害的，以后没有再出现这个问题，但是随着气候的变化会有反应。

**陈：**1954 年 2 月 28 日，"新影厂"有个抗美援朝纪录片授勋典礼有印象吗？

**刘：**那时我不在厂里头，没有印象。

**陈：**去电影学院上学，44 名同学都是"新影厂"去的吗？

**刘：**大部分都是"新影厂"的，"八一厂"也有人在里头。"八一厂"和"新影厂"两家。"八一厂"十来个人的样子。"新影厂"30 来个人。

**陈：**就是 1952 年从全国各地来的？

**刘：**电影学院这些人，肯定都是这一批回来的。有没有加一两个别的人在里头，也很难说。学习完了留下工作，有的人工作一段时间以后，又从"新影厂"回到各个省区。

## 第三节　学员的组成

**陈：**进入电影学院的 44 个学生都是调干生？我查过"新影厂"有 35 个。

**刘：**全部都是调干生。

当初我们这个班在电影学院办学的历史上水平应该比较高，所谓水平比较高，是因为大家付出的精力比较多。这批学员和后来的不同在哪呢？

很多都是来自各个省，而且相当多数还搞过一点艺术方面的工作，比如有些同志学过绘画，有过这样一些经历。我们这个班，相当多的人有这样的基础。绘画的同志比较多，而且这些人现在还都在继续搞绘画创作，还在搞展览什么的。这之后，就有另外一个问题，有一定数量的同志年纪比较大一点。

**陈：**最大有多大?

**刘：**个别有三十二三岁了。当时我们班里边最大的一位，我都忘了他叫什么名字，当过较长时间的摄影助理，而且跟片、拍片有一定的数量，好像他是从山西电影制片厂来的。像（曲中宣）同志，他的年龄就比较大一点，创作时间比较多一点，也许这样的同志文化基础就略微差一点、弱一点。所以后来在长期教学过程中，我在两个年头之内一直当课代表。像曲中宣同志经常需要我们给予适当辅导和帮助，当时在这个班教学过程中，最大的特点，就是大家都有过一定的实践，跟马相胡同时期不一样了，比如去过抗美援朝前线的也有，我就是从抗美援朝前线回来的，还拍了一些有关的纪录片，而且有一定独立操作的能力。工作过一段时间，这批同志文化基础稍好一些，教学起来还是比较方便一点。

## 第四节　教师的组成与课程设置

**陈：**当时有哪些老师?开多少门课?

**刘：**现在记得不是很准了，知道比较清楚的能够点出一些，像孙明经他专讲摄影技术，他还有一个很好的助教，裴治，跟我同期留校当教员。当初孙明经是主讲老师，裴治就是跟着他来辅导我们的老师，他有一定的经验、有一定的创作实践，来自金陵大学，跟孙明经一起过来的。

**陈：**拍了几十部科教片和纪录片?

**刘：**拍了一些科教片，但不是太多，像我们这些人反而还有点拍摄时间。要讲起拍摄过程当中对机器的运用，说得难听一点，我们这些人有些当初比老师技术还强一点，起码大家实践多一点。因为他们过去没有太多实践拍摄机会，我们都是在拍摄影片的实践里边摸爬滚打出来的。所以当初这个班的基础条件还是比较好的，老师给予适当的辅导，对这些学员来说还是有帮助的。当初老师讲的一些课程，有一些理论基础在里边，但对某些同志来讲，讲道理不一定能讲得非常清楚。

有些同学，他有一点实践经验，你让他听理论课，他就不很情愿，所以对他们的辅导成为极为重要的事情。

吕锦瑗讲的课，当初的名称叫做“电影胶片”，后来把它的名字改为“黑白电影胶片”，他主要讲黑白的。就在他教学的同时，又开了另外一门课——“彩色片原理”，等于他把胶片课跟彩色片课分成两门课讲，从理论上讲它的系统都是连着的。

而孙明经摄影技术方面的课就宽一些，当时写在他名下的课程，比如“曝光控制”,“曝光控制”还包括一定量的技术原理,讲到摄影机技术原理，他讲得比较多。后来电影学院开过一段时期“摄影滤光器”课，由专门的一个老师来讲。

戴公亮讲的课叫做“摄影镜头”。后来我们在教学当中慢慢摸索后改成“摄影物镜”，因为不光是镜头，还有很多方面的理论也都在这个课程里边。这是一门主要的课程，与此同时，还讲到一点纯粹的，当时叫做“光学基础”，实际就是讲一点简单的光学道理。与此同时，这些老师还讲了一点特技摄影方面的课，都是很年轻的老师，没有太多的经验，就是往这个方面引导大家。

**陈：**自己先走一步？

**刘：**先走一步，他并不懂特技。后来经过一个阶段的教学实践，他在电影学院讲特技的课程。教学过程当中既培养了老师，我们这些学员也受到较多的锻炼。但总还是有一点比较，两年期间之内，也明确感觉到电影方面的原理讲得不够充分，用我们现在的话来说，用什么就讲什么、讲什么就用什么，正儿八经的机械原理，我们这些人总感觉在理论探讨上好像只是奠定了一个概念，这些理论课程、理论原理还真是需要大大地深入进去。当时老师们讲了很多的理论，彼时外单位还没有人能够讲到他们当初那个水平。可是我们了解多一点的人总觉得还不够，理论上还有待更加深入探讨。对于那些基础比较差的同志们来说，课后辅导也是很有必要的。就有点像上小课一样，这部分人就组织到一块儿，我就来讲，他们就来听。

**陈：**您给同学讲？

**刘：**包括我在内，不是光我，还有几位同志也在，好像我们就在讲，他们听一样。

**陈：**同学讲同学听？

**刘：**给同学讲，你只能说辅导和补充，感觉在这个课程当中，有的老师讲课很深入，而辅导课往往是我们这些同志在一起，大家不太懂的内容讨论、研究，这样来提高。所以那个班从现在来看，两年的学习包括一定的机械操作，和我们后来讲技术课、操作课就不一样了。后来设备就更多了，当初总还是觉得设备有限，只能有一点点操作，加上辅导，老师还提倡小的考试，这样就有了学习的气氛，虽然是个两年制的短期班，但是同志们学习的情绪、学习的过程还是高涨和愉快的。

**陈：** 公共课呢？除了专业课，政治课、理论课有吗？

**刘：** 有，讲中国共产党党史，有专门一本书，一个阶段一个阶段地讲下来的。我们后来有一位老师叫王明哲，就是给我们讲党史，过去叫党史课或者叫“中国革命与中国共产党”，类似这样的题目。他讲得很细致。（学生）学得也很认真，有考试。这个老师讲课很有意思，感觉他讲课就是在那个地方背课文，就像念书一样。这也是一个本事，那么厚大一本，而且他是站在那里讲，不是站在那里念。

**陈：** 您是说他记忆下来再讲授？

**刘：** 他就像“讲课”一样，实际上他就是在背书，但是讲得很顺畅、很通顺，让我们了解了中国共产党各个历史阶段的发展情况。后来看了那本书，才知道这个老师就是根据那本书讲的。他叫王明哲，住在我们职工楼最高一层。还有一门课，讲联共党史，讲联共党史的就是卢梦[①]，当时的副院长。他毕竟不是学这些出身的，他也读了这个课本，来给我们讲这个课本里边的若干章节。他跟我们讲过，他是作为我们的班主任兼讲这门课，他就不像王明哲讲得那么通畅。当初好像主要就是开了这样两门课程。当初大家提意见、提建议，希望能讲点形势教育方面的内容，关心时事政治。

**陈：** 跟“新闻厂”出身有关系吗？还是跟时代有关系？

**刘：** 跟“新闻厂”有关系，跟时代也有关系。大家很愿意听听报告什么的，这样的问题还是常有的。我们在马相胡同那个时期，这样的需要也是有的。这种情况我们坚持了两年。

**陈：** 文化课还有吗？比如文学史、美术史、电影史等？

**刘：** 都没有，后来我们开课才有。

**陈：** 后来您当老师的时候？

**刘：** 后来我们在电影学院开的课很充分。明确地讲，（当时）好像师

---

① 卢梦（1917.12—2005.9），电影事业家。河北深县人。1953年中学毕业。曾在山西任教师，并发表散文、小说等。1936年参加山西文化界救国会，同年加入中国共产党。1937年作为牺牲救国会特派员在山西忻县和吕梁山领导抗日救亡运动，1939年在晋西北编辑出版《西北文艺》，组织七月剧社。1948年在晋绥边区任文联副主任，大众日报社社长。1952年任北京电影学校副校长，1956年任北京电影学院副院长兼党委书记。1960年任北京艺术学院院长。1964年任中共山西省委宣传部部长。1978年参与重建北京电影学院，1980年任党委书记，是中国电影家协会第四届理事。

资力量也不够，我们开两个班。

**陈：** 经典电影赏析呢？

**刘：** 没有，都没有。那个时期都没有。

**陈：** 故事片和新闻片的拍摄比较有吗？

**刘：** 这个有，因为主要还是按照新闻特点来讲，当然会讲到这些方面，会涉及这些问题。不是专门开艺术史、开电影史，不是这样。对于电影系统的学员来说，就是很快学习、毕业、回到“新影厂”。我没有去“新影厂”，好像是1956年下半年，他们分到厂里不久，好多人又都离开“新影厂”，回到原来保送他们到“新影厂”来的所在地制片厂，到省里边去就是为省里发展电影事业做积极的准备。比如湖南电影制片厂，后来叫潇湘电影制片厂，很快就拉开架式。总之，这些业务骨干回到各地，拉开场面就办各自的制片厂了，各地的电影事业也就这样开始了。

**陈：** 这些人是骨干？

**刘：** 如果说1956年初大家从制片厂回到各省，那么1957年各省制片厂就开始筹备了，典型的就是潇湘电影制片厂，我是来自湖南的，他们经常还请我去，包括他们采购胶片或干什么，都很依靠我。我就像他们的座上客一样，当然那时候也没有顾问。包括我们原来“新影厂”相当于副厂长的罗茅[①] 也是很出名的。

**陈：** 技术专家？

**刘：** 技术专家啊，他是原电影局人事处处长，后来调到这边搞指挥工作。这里的筹备工作完了以后，他就调到湖南负责筹备潇湘电影制片厂，他是“潇湘厂”的厂长，他的夫人长期在北京，跟我一块儿工作。

**陈：** 调干生的审查或者考试，政治上有什么要求吗？

**刘：** 我们这些人由制片系统来调动，还有政治审查这一关吗？就没有这个概念。大家都来自电影系统，需要审查这一条好像是以后一两年的事。也许人事部门有审查、有安排。我就知道到“新影厂”来、到老“北影”来，第一件事——坐在那里，规规距距照一张相，完了给你一个工作证，工作

---

① 罗茅，电影事业家。广东清远人。1937年投身电影界，先后在香港启明摄影场、大地营业公司学习洗印、摄影技术。1939年至重庆，入中国电影制片厂任洗印技术员。1941年后在延安鲁迅艺术学院学习。1944年参加八路军三五九旅南下支队，曾任政治指导员。后参加陕甘宁边区保卫战，任摄影记者，在前线拍摄了许多珍贵的历史资料，后编成历史文献纪录片《红旗漫卷西风》，获文化部1949—1955年优秀影片二等奖。新中国成立后历任北京电影制片厂、中央新闻纪录电影制片厂、北京电影洗印厂、西安电影制片厂、八一电影制片厂人事主任、筹建组长、生产技术办公室主任等职。1973年曾任潇湘电影制片厂厂长。曾任中国电影家协会湖南分会主席。

证我现在还留着。

**陈：**北京电影制片厂工作证？

**刘：**都有的，我到电影局当总工，后来到电影学院，电影学院当然要换电影学院的证件，不用电影局的了。他们有时候拿着开玩笑，说你这个电影局总工工作证上头，怎么还有一个证，说我名字上头还有一个证。

**陈：**什么意思？

**刘：**章子上出入证上边盖了一个字，畅通的“畅”，我拿这个证在广电系统各个单位畅通无阻。

## 第五节　教学情况

**陈：**1955 年 8 月四个苏联专家,特别是摄影专家西蒙诺夫来电影学院,你对他的印象是什么？

**刘：**西蒙诺夫是接班的，原来来一个苏联摄影的专家，因为病还是因为什么事情，很快就回去了，就换了西蒙诺夫来，西蒙诺夫到中国来，在中国电影摄影技术方面，我认为起到相当的作用。比如教学计划的制定，他拿来一套摄影教学大纲和教学计划，而这个摄影大纲对于我们电影学院摄影系搞好教学安排，有相当重要的指导作用。为什么这样说呢？尽管我们有孙明经，有戴公亮 、吕锦瑷，还有其他一两位同志都有一定的经验，但是毕竟他们更多参考在美国时期教学的一些安排，一个是不完整，或者还不太成纲要。

**陈：**没有专业的电影院校办学？

**刘：**没有制定很好的完整大纲，西蒙诺夫来了，他拿他的教学大纲，对此我可以坦率地讲，电影学院摄影系没有硬搬苏联的教学，因为什么？我们有自己的经验，只是用他的东西补充我们的内容，这一点我们很明确。我就没有拿出一份苏联教学大纲在电影学院摄影系里边作为教学基础，总是拿他的一些教材，而且是逐步地并到我们的大纲之内，只能讲结合，而这个结合，我也坦率地讲，孙明经、吕锦瑷还包括戴公亮对于摄影系的建设起了很重要的作用，奠定了很好的基础。

**陈：**三个中国老师对建设中国特色的摄影系有功劳？

**刘：**有功劳。绝对没有照搬，他们形成各种各自的东西，他们绝对是有功之臣。

**陈：**但是照搬苏联不是一种风气吗？

**刘：**有风气，是个风气。我们照搬他的不行。比如制定这么一个大纲要几年，分四年，第一年干什么、第二年干什么、第三年干什么、第四年干什么，大体地划分为中国人拟定的，还是苏联人拟定的。当时在制定这个大纲的过程中充分参考了他们的东西，但只能说是参考。不是说把他们的拿过来硬塞进我们的教学大纲，摄影系这么多的课要开设，哪些门类的课、哪个类型的课，这方面肯定有我们的经验，我们非常注意它的特点。对于我们摄影系来讲，过去非常突出摄影艺术，慢慢地，摄影系开始变了，把艺术课作为重点，搞技术的老师们不特别同意，包括我在内。

**陈：**还是觉得技术更重要？

**刘：**我们搞技术的讲得好、我们的老师知识也过硬，艺术课教材还没有丰富起来，总觉得我们好。实际上电影摄影系的一些老师，很快在教学过程当中慢慢地开始突出了艺术，发展了艺术。尽管搞技术的老师有这样那样的想法，但把自己锁定在这个范围之内，理所当然站不住脚，只能是顺其自然地发展。苏联的经验来了，起了很好的作用。

**陈：**西蒙诺夫给中国老师和学生上课吗？

**刘：**上课，他在教室里边，就是我们后边摄影班，叫作艺术创作班，他就讲了类似这样一门课——电影艺术。

**陈：**电影摄影艺术还是电影艺术？

**刘：**就在我们摄影系里边讲电影艺术，自然形成技术课一个大体系、艺术课一个大体系，电影学院摄影系还有另外一个很大的体系，就是照片构图，专门讲拍摄画面的。

**陈：**照片构图处于艺术和技术之间？

**刘：**就是拍摄创作，基本上都是静止画面，就是照相。电影摄影系就自然形成摄影艺术、摄影技术、照相构图三大派系。我是基础教研组负责的，我们的组长最早是孙明经，后来组长就是我，摄影艺术组长是郑国恩[①]，构图的组长是孔祥云、韦彰。

**陈：**孔祥云、韦彰是不是跟您同时留校的？

---

① 郑国恩（1930.1—2019.4），摄影教育家。原籍山东蓬莱，生于黑龙江安达。1948 年在东北电影制片厂任摄影助理。1951 年在东北师范大学外语系学习。1954 年赴苏联莫斯科电影制片厂实习。1956 年回国后任北京电影学院摄影艺术课主讲教师。1962 年在苏联莫斯科电影学院摄影系进修。1965 年回到北京电影学院，先后任摄影系副主任、主任。中国电影家协会第五届理事。培养了许多摄影人才，编写并翻译了许多电影摄影教材，写有《〈天云山传奇〉摄影艺术》《〈黄土地〉视觉造型语言成败》等论文。曾担任影片《碧海红波》《九龙滩》的摄影师。编导了影片《冰山脚下》等。

**刘：**是同学，同时留校。他先跟苏联专家了，我们还在跟着孙明经。再后来韦彰是我们系主任，我是副主任，郑国恩也是副主任，我们三个人一个班组。

**陈：**三大派系都有人？

**刘：**都是我们这些老同志，比如孙明经、戴公亮、吕锦瑷，我们大家极为尊重他们，虽然孙明经后来被打成右派了（很快摘帽了），大家仍然一如既往地尊重他，对吕锦瑷也是这样。

**陈：**回到 1955 年，您对西蒙诺夫有无特殊的印象？

**刘：**他开设、组织这门课程，在摄影系他是专家，不是哪一门课的专家，各项活动都经常请他到场或者他自己就来参与，所以我们很多活动都跟他一起商量。我发现西蒙诺夫有点艺术方面的天才、懂得艺术方面的结构、课程的结构、教学的结构，有他一定的经验，但从技术理论上来讲不见长。

**陈：**有例子吗？

**刘：**没有出什么大事，谈什么事情谈不下去，谈一谈、说一说都是表面的。他在技术方面不太见长，擅长讲艺术方面的内容，因为他拍片也不多。构图课同样是这个道理，虽然我们在技术上都经过一段时间的锻炼，或者跟着孙明经学习过，有一定的实践经验，但是，要讲好基础方面课程的内容还必须迈出电影学院，用更多的技术理论来丰富我们自己。完全以技术讲技术，必然讲不好这门技术，电影技术并不是单一的，物理技术、化学技术都要在你课程里边体现出来的，你说我们现在完成技术课学业的老师，来讲技术课，你是跟着老师怎么讲你就怎么说，干巴巴的。你不可能把这个理论讲得非常清楚，所以后来下大功夫去补充自己的基础理论，来弥补前面的某些不足。

**陈：**西蒙诺夫在电影学院待了多长时间？

**刘：**好像不到三年，两年多。撤退专家——他 1958 年之前就走了，或者 1958 年响应号召他就走了，很快就走了。

**陈：**西蒙诺夫跟当时摄影系主任之间的关系是怎样的？

**刘：**当然是听吴印咸[①]管事。讲基础理论课的过程是西蒙诺夫多讲，要涉及重大问题，拍板的是吴印咸。

**陈：**西蒙诺夫还当副院长？

**刘：**对，他就管摄影系。他在学院里就坐一坐、当副院长。那边是空的，他管的是我们系，吴印咸也管我们系，我们系里开稍微重要的会商量什么事都在他办公室。这帮年轻人，包括任杰、夜淮，还有系副主任刘维汉，当然也包括我们这些人，我们什么事还是得听他的。

## 第六节　生活记忆

**陈：**生活方面，到电影学院时还是供给制？

**刘：**刚开始的时候是供给制，我说不清楚，就是拿四五十来块钱，一直到开始评工资，好像 1969 年还是哪一年，开始调薪拿 69 块钱。

**陈：**您念书时已经带薪？

**刘：**都是六十多块钱，69 块钱等于到电影学院摄影系了，留在系里当老师了。

**陈：**念书的时候，是供给制吗？住宿、吃饭怎么办？

---

① 吴印咸（1900.9—1994.9），原名吴荫咸，江苏省沭阳人。1919 年入上海美术专科学校学习西画，并开始业余摄影活动。1922 年毕业后任沭阳中学和师范学校美术教员，并在画刊上发表摄影作品。1927 年返沪，专事绘画舞台布景。摄影作品《田螺》曾获瑞士摄影沙龙优秀奖。1932 年任上海天一影片公司布景师。1934 年任电通影片公司摄影师。1936 年入明星影片公司，拍摄影片《生死同心》。翌年拍摄的《马路天使》较多运用仰、俯角度和运动镜头，充分发挥了电影造型艺术的特长。1938 年至延安，参加了八路军总政治部领导的延安电影团，和徐肖冰一起深入晋西北、晋察冀及北平西部一带，历时两年，共同拍摄了解放区第一部大型纪录片《延安与八路军》。后又拍摄了反映当时大生产运动的《南泥湾》《边区工农业展览》等纪录片。同时还拍摄了文献照片《白求恩大夫》《毛主席作〈论联合政府〉报告》《贺龙等人在前方视察》等。1942 年加入中国共产党。1944 年开办并主持电影训练班，教授摄影课程。1946 年入东北电影制片厂，先后任技术处长、副厂长、厂长。1955 年任北京电影学院副院长兼摄影系主任，主讲《摄影构图》。1960 年参与拍摄的《红旗谱》于 1962 年获第一届电影百花奖最佳摄影奖。1963 年任《白求恩大夫》总摄影师。中国文联第四届委员，中国电影家协会第一至四届理事，中国摄影家协会副主席。1988 年在美国纽约国际摄影中心展出题为《新中国诞生——延安时期》作品 43 幅，获美国纽约国际摄影艺术中心摄影功勋奖状。其摄影作品《没有共产党就没有新中国》（组照），于 1990 年获中国摄影家协会主办的第 16 届全国摄影艺术展特别荣誉奖。著有《摄影艺术表现方法》（上下集）《摄影用光》《摄影构图 120 例》《人像摄影》《彩色摄影》《风光摄影》《摄影回忆录》等书籍。还编辑了《吴印咸摄影集》（上下集）《百花影集》等，并主编《南泥湾画册》等。

**刘：**我们基本上 3 个人一个宿舍。很大的房间，中间摆两张桌子，里边摆四张床。在北楼。

**陈：**那个房间 20 平米才住 3 个学生？

**刘：**只安排 3 个人住啊，东西要搁在里头，都当老师了嘛。

**陈：**吃饭呢？

**刘：**发津贴，然后自己去买餐券，有选择，自己排队买饭，不是吃包伙。

**陈：**"新影厂"不是没有选择？

**刘：**"新影厂"是在马相胡同，两三个菜，正儿八经的食堂。到电影学院那就不一样了，太丰富了。当学员的后期，电影学院的食堂已经在搞了，一顿饭能做到 20 个菜，好多种菜，食堂方面放卫星，搞得非常非常红火。

**陈：**放卫星是 1958 年的事。

**刘：**做食堂也是这样，都把菜做得好好的，副食也是好好的，随便你自己买，电影学院的食堂就是这样，20 个菜摆到那儿，你去买去。这是一个阶段，搞了一阵子。平时买菜总是有五六个、七八个，副食总是有三四种、四五种，这是正常的情况下。没有压力，口袋还是很富有的。

**陈：**口袋是富有，不怕别人说资产阶级思想？

**刘：**没有，在我们这里都没有。在我经历的各个地方，包括"新影厂"、老"北影厂"，到电影学院，这套概念都没有。

**陈：**某一个同学天天吃好菜，开会批评他吗？

**刘：**不会的。一开始给三四十块钱，后来到六十多块钱，经历过 62 块钱这个阶段，然后就拿 69 块钱了，69 块钱工资拿了好长时间。

**陈：**拿了几十年？如果 50 年代末开始的话至少 20 年？

**刘：**到 1978 年一直是 69 块钱，我夫人也是 69 块钱，因为我们都是高等学校留下来当老师、当助教的。原来我刚刚有工资的概念，也许有就是 69 块钱。

**陈：**还有一个问题，多长时间洗一次澡？

**刘：**都有澡堂，很好的澡堂。学校有很好的澡堂，淋浴。每天都有，男女分开，好像一天男生，第二天就是女生，好像就这么分开。隔一天，收澡票，在门口买，很便宜，进澡堂之前，就在门口把票交给他们，今天是男生洗澡，澡堂开门就挂男生的牌子。很便宜，相当于现在的块八毛钱的样子。的确很便宜，你洗个澡顶多五分钱花不到，买澡票是很便宜的事情。

**陈：**完全不用考虑，想什么时候洗就什么时候洗？

**刘：**不用考虑，洗澡、吃饭，经济上都很富裕。假设亲戚朋友有什么困难，都还有足够的能力拿一点钱去支援人家。我就是这么一点费用，还能寄给外甥，我当然也不用寄给父母，不会有太多的结余，也没有存好多钱在银行，绝对没有，好像都是维持开支那种状态。

**陈：**那时候买书的风气怎么样？

**刘：**不多。文化书很少买，那个时候很讲究到图书馆借书，借书成风，但是自己买书的很少，经济上不是特别富裕。而且有一个重要的问题，学习本身内容很多，能够翻翻书的时间很少，不过我的时间还多些。所以当初买书受环境、学习时间等限制。

**陈：**钱不太多，时间不太多，技术方面可买的书也不是太多？

**刘：**也不太多，但当初我居然还买了一点。

## 第七节　留校任教

**陈：**1955 年底结业分配的情况您现在还记着多少？为什么您和韦彰、孔祥竺、曹作宾四个人留校？

**刘：**讲到这个还挺有意思，1956 年吴印咸找我们谈话，那天正好是我的生日。1955 年农历年底，阳历 1956 年 1 月 26 日，怎么会记得那么准确？因为正好是我的生日。他找来三个人，我、孔祥竺、曹作宾，韦彰已经先一天跟着西蒙诺夫出去了，谈话应该有他，但是他已经先一步走了。我们三个人接受谈话，领导说希望能够留到学校当老师搞教学。我们从摄影岗位、摄影师的岗位一下转变成为搞教学的岗位，我们这些人都特别单纯，说要干这个就干这个，不搞摄影就不搞摄影。而且还说了前一段时间吴印咸也深入了解了情况，说你们学习得都挺好，都起了很好的作用，电影学院要很好地发展，想留下你们来当教员，而且那天就讲的是留校后跟着西蒙诺夫。

**陈：**你们四个人？

**刘：**当初讲都要跟西蒙诺夫，后来进一步明确，我跟孙明经，韦彰是跟西蒙诺夫，郑国恩不在这个地方，他也是跟西蒙诺夫，曹作宾也是跟西蒙诺夫，我们留下来跟专家学习，那就是跟西蒙诺夫学习，要更多地搞教学工作，问我们有什么意见？我刚才不是说了嘛，我们这些人工作上遇到这么大的转变，好像就欣然接受了。当时谈完就回宿舍，宿舍还在楼上，我、孔祥竺、曹作宾我们住在一个房间。

**陈：**留校后又分配了宿舍？

**刘：**那个时候曹作宾好像准备要结婚了，他还住在普通的宿舍里头，我们都是大宿舍，宿舍很大。既然留下来当教师，我们也就很欣然地接受学校的这个安排。那个时候人们就那么简单，你怎么分配我就接受，并不是说电影学院一定比“新影厂”好。

**陈：**留校的人也不觉得比别人优秀一点？

**刘：**优秀一点是肯定的，因为我们这些人在系里头、在班里头学习都比较好，把我们留下来，说明我们是优秀的学员，所以把我们留下来当老师，这点是明确的，而且不需要多讲。至于说电影学院是否一定比制片厂好，脑子里头没有太多的概念。

**陈：**别的同学没有留校会不会嫉妒？

**刘：**没有，你们留校了，当老师了，这是很自然的事。而且留下来以后很快我就给一个班上辅导课了，因为他们那些问题我都懂，后来解答问题什么的我就站到讲台上去。但是概念上很明确，还要更多地学习、更多地备课。那个时候我就有一个概念，需要更好地深入下去，后来没用太长的时间，半年或一年左右，我就跟吴印咸讲，我要走出校门，我说要去“清华”，当初提出去“清华”学习普通物理，同时提出去师范大学进修物理光学。因为我读书的过程中发现书里这些问题需要更多、更深入地了解，所以我需要走出校门。“你把课程上好、工作做好，你去听听课当然是个好事情啊。”很快吴印咸就同意了，只是叫我告诉一下夜淮老师，系副主任。系主任就是吴印咸兼。

**陈：**您刚才说您留校给任杰那个班上过课？

**刘：**上过课，当初就明确给他们班上课，也明确他留下来当系秘书。任杰也是那个班的，开始只有夜淮，还有一个姓郭（郭良）的系副主任。

**陈：**任杰老师还在上学的时候，就决定他要留校当系秘书？

**刘：**反正很快，他一毕业马上宣布他在系里当秘书。他没有当助教就直接当老师了，我还在辅导他们的时候，夜淮和郭良就管系里的事情，而更多是夜淮在管，所以很多事情只要告诉夜淮一声就行。那个时候我们三四个人，除了到外面学习，还继续搞我们的很多教学活动。

**陈：**您留校要做些什么事情？

**刘：**跟孙明经时我就要熟悉技术课，跟班上课。协助孙明经教学，就是辅助他，他是教授，我是助教。跟着他，时间不太长，顶多半年、一个学期。发现在教学方面我还真能提供好多帮助。讲课，我也能够把课程讲好。

**陈：**您可以接下他的课？

**刘：**跟他上完课，我再来上辅导课，可能我口齿比较清楚，讲课比较容易被接受。而他讲课讲一个问题拉扯进来的东西太多，主要是他想出的问题并不突出，而我是单打直入把问题讲清楚，不是搞得很拉杂。

**陈：**您辅导课上得比教授课上得清楚？

**刘：**很清楚。任杰他们就说过，刘国典上课讲得很清楚，起码我讲得清楚，不是那么乱。但毕竟我是助教，协助人家讲课。不过很快，1957年的下半年年底，我就正式给一个班开课了，正儿八经独立开课。讲的就是摄影技术。

跟孙明经老师讲的是一样的。我接着他讲，人家不讲我接着讲，但是他是我老师，我得向他学习啊，学习后我再来讲课。另外我坚持一条，我给学生讲大课的时候，先要试讲。我这试讲一提出来，孙明经、吕锦瑷、戴公亮这三位老教授，当然吕锦瑷当时是副教授，他们就欣然同意我试讲。我就跟他们讲，我这个试讲就是正儿八经把各位当学生，我基本上要给学生讲什么，也给你们讲什么，你们看这样行不行？

**陈：**试讲不是在班上，是在办公室里？

**刘：**办公室里。对着他们三个人讲，有时候裴治也来听，主要对他们三个人讲。讲的内容基本跟孙明经讲课内容相类似，但是我按我的方法组织这门课程，按我的方法组织这个事情，那是1957年下半年。试讲这一条，虽说是试讲，其实还是这些老教授坐在底下帮我，我讲给他们听，他们正儿八经给我提意见，我很认真地做记录。我试讲完了，去上课的时候，一定还有一个教研组的老师坐在教室里听我讲。

**陈：**为什么？

监听啊。不要忘了，这是我要求的。下来大家就提意见，哪个地方讲得不好，哪个地方比喻不恰当，关系不大什么的。所以后来对待我的学生、对待我的研究生、留校的研究生，我说这个方法你们不一定现在做，也做不到，但一定要坚持这个东西，对教学来讲，要有这个基本功锻炼。

**陈：**就是试讲锻炼？

**刘：**试讲，而且我跟学生讲，我连用的教材都是事先准备的，也都给我这些试讲老师看，我也拿给学生看。

**陈：**教材还是教案？

**刘：**教案，我上课从来都是自己写教案，不是用原来的教材，我的教案都是重新打印的，第一版就是我的教案，我从讲课开始，不管多忙都是自己写教案。

**陈：**孙明经老师教了几年，他的教案为什么没有成为教材？

**刘：**电影学院最早出版的教材是我的。

**陈：**为什么呢？

**刘：**我也不知道。当然有一个阶段他被划为“右派”。我就写教案，写完还请孙明经给我看，提意见。他被划为“右派”，后来摘了帽。我写的教案就送到他那里，请他给我改。所以我对他们这些人始终以老师相称，始终作为很好的老师，成了“右派”以后我还是十分尊重他，因为他在我的教学过程当中，给予我很多无私的帮助，我们都是这么成长起来的。所以我总是强调学生应该坚持这种锻炼，现在的教师做不到，我仍然这么坚持，找人试讲。现在的人都觉得自己是“老大”，学生一个个都觉得自己很了不得，现在都是这样。

**陈：**他们留校没有讲过课?

**刘：**现在的学生普遍都是这样，让他们好好试讲，一般都做不到。他不仅讲得不好，在课堂上犯各种各样的毛病，而且不能很好地讨教于人。所以我就讲，（孙明经）他们这些人，尽管他没有出书，印第一本教材的是我，我仍然觉得他们对教学的作用是突出的、是重要的，待人上他们是很诚恳的，他真给你提意见。我写的文字稿印教材的时候，那个纸不是像现在送去打印东西，都是规规矩矩用稿子送去，用乱七八糟的纸写了，送去改，他真在上头给你改，尽管改得不多，你能看出他的痕迹，这段注意什么，给你标在旁边，我的好多教材都是这样。孙明经看过，戴公亮看过，都帮我改过，他们都听过我的试讲。作为一个高等学校，这些应该是一个很好的传统。

**陈：**应该坚持这个传统。

**刘：**但是不容易巩固。

## 第八节　去清华大学、北京师范大学和北京工业学院进修

**陈：**您自己要求去“清华”或“北师大”进修?

**刘：**道理很简单，我是坚决要求。

**陈：**怎么联系?

**刘：**先经领导同意，吴印咸同意，由学院办公室开具介绍信，还不是公文那种形式，就是写着“介绍某某同志到你那里听课，请予关照”这么一封信。到那儿以后，也好像很简单，因为咱们有正式的手续拿给他，去“清华”直接到教务处，要听谁的课?我说听哪个老师的课，我之前都摸清楚了，讲什么课，他就把信留下并关照这个老师。

**陈：**课程表给您一份?

**刘**：给不给都没有关系，抄下就行。这没有人照顾你的。

**陈**：教务处跟听课老师打招呼？

**刘**：老师会关照，教务处会自动跟老师打招呼。他打招呼也好、不打招呼也好，反正我就去了，反正坐在后头呗，别的老师会严格一点儿、更加周到一点儿。到“清华”的教材科买本教材，到“北师大”买本教材，有了教材就好办了。还到其他的学校，“农影厂”对面的北京工业学院这些地方我去联系，他们关照我，理所当然就到教室听课，见面的时候跟老师打个招呼，我是电影学院的，过来听听你的课，教务处都同意了。哎呀，欢迎你，他也欢迎我多提意见什么的。那个时候我还很年轻，坐到后头就完了。在北京工业学院听了“几何光学”“应用光学与光学设计”“光学测量”三门课程。另外，“关于光学仪器理论”和“应用光学”是完全自修的。

**陈**：您的时间如果跟自己电影学院教书相冲突呢？

**刘**：自己的工作就要调整好了，因为我们这里上课总共一个班，出去听课绝对不能跟教学冲突。调整好教课的时间，基本上不矛盾，因为电影学院上课的时间就是一周两次课、一次课就是两个小时。我一个礼拜插这个空子就安排好，这个在于自己调整，也很简单。自行车一蹬就去了，只能自行车。就自行车到那里去，往那里一放就完了，“清华”都是那样的。

**陈**：要给“清华”交费吗？

**刘**：不交费，现在可能要交费了。（当年）不交费，买教材你得交点钱，自己掏。这点东西还不你自己出？你买，是自己用，也不用交给谁，你在上面写了各种各样记录，也不要交给任何人，你自己懂得这样一门课，人家是怎么教的，关键问题要弄清楚，目标要清楚。一个是人家怎么教这门课？我学习人家的教学方法，这是一方面。还有一条，别忘了你还没有学好这门课，你还不一定完全懂得这门课程，你一定要掌握学跟用这两项。我学是我的需要，这课是这样的，我学了是为我所用，不是拿过来用。他是怎么讲的，作为我来理解这门课程，包括我来讲授这门课程的参考，我理解是两方面。

**陈**：教学方法？

**刘**：因为我跟吴印咸讲的就两个目的，一个看看人家怎么讲的，人家“清华”、北京师范大学或者其他地方，人家有人家的教学方法，我们的教学还有好多问题，我就这么讲的，我们教学理念还没有很好地包括进去。实际上我们的教学理念没有很好地贯彻，一些技术理论太明确了。北京工业学院联系就要紧密一点，我开了信，几乎找他们的党委。北京工业学院光学系，它是造枪炮、造子弹，还有机械、军工学院，我拿着信到那里去，我说我是电影学院的老师，我想在你们学校学光学，不知道到哪个地方听课，反正得经过一个单位点头，我看他们也没有搞什么审查，你是电影学院当什么老师干什么的、是团员还是不是团员，也没有问那些问题。来吧，来听吧。我联系了三门课，我是一门一门来，不是一下子联系三门课。历时一年半。清华大学历时半年，“普通物理”纯粹是学习教学方法。“北师大”专门学习“物理光学”，历时半年。

**陈：**不是同时上？

**刘：**不是同时上，我这里还有事，怎么能同时上？他们也不是同时开。都是错开的，全都错开，我得插我的空。我得岔开，不能影响这边，还不能影响我在电影学院干的社会工作，我在电影学院干了两件社会工作。

**陈：**社会工作指的是什么？

**刘：**我是工会的墙报委员，管出报纸，写黑板报，我们黑板报还挺有名，基本两周出一期。我还管一个夜校，在夜校还上课，因为夜校有很多我们的职工。

**陈：**还接着说三门课。

**刘：**“应用光学与光学设计”“几何光学”“光学测量”。

**陈：**“几何光学”？

**刘：**纯讲光学的原理。就是完全讲光学原理，测量分析。我从我的教学目的出发，我要学这三门课，都是光学里边的基础，我要了解光学，我要更多地了解光学，我并不是拿回去用到我们的教材里头。

最近，（电影学院）党委书记、教授、博导侯光明，他到我家里拜访。我就跟他讲，他是从理工大学来的，我说你们那里有早年的张、王、李，“你怎么认识他的？”我说我是他们的学生。“你怎么还是他们的学生？”我说是我多年前的老师，我经过电影学院党委同意，我曾经在那里听过课，这个在我教材里头都写到了。他说那你肯定有收获，他当然知道我在电影学院讲的什么课，我说我讲的是电影技术类型方面的课程，所以我必须懂得这样一些光学上的基础。

其中有一个人叫甘子光，他那个时候有一定的影响，后来他搞学会，他是测量学会的领导，搞光学测量的头头，做灯具的。我是影视协会的领导，我们俩还在一起，我说你是我老师，过去你在理工大学给我讲过课，我坐底下当学生听过你的课，他说我不知道。其实他年龄比我大不了太多。

**陈：**他怎么不知道您呢？

**刘：**我一个旁听生。当初为了搞好这门课、教好这门课、丰富这门课，所以花了较多时间听这样的课程。

**陈：**“北师大”光学课的差别是什么？

**刘：**更多地讲原理，更多地讲到光学测量上的东西，叫做物理光学。

在“北师大”有两大内容，除了物理光学外，就是专修英语。1962年，我的工作匀得更开，我就集中精力学外语。系里讲你哪里有那么大的精力专门来学习外语啊，我说我有这个时间，也有这个精力，就是要学好外语。我们的口语挺严格，特别是跟老师的关系极为亲切，老师跟我几乎同样年龄，有个别老师比我大几岁，更多老师跟我是同年的，我坐在下边听他的课，我说老师你能不能把我按照学生来看待？他说你说按学生看待什么意思？我说你得问我问题，老看你问这个、问那个，我光坐在后边听别人回答。他说哪好意思请你，你是电影学院老师。我说我愿意当这个学员，他说你真愿意回答，我说我当然愿意了。他说那好。后来给我改了一个名，他们问问题，只要喊我会自动站起来，跟老师同学们互动。就叫“Any One”。

**陈：**学外语，是系里派还是自己要求？

**刘：**也是自己要求，没有别人派。学外语不是好事？

**陈：**我查电影学院大事记，摄影系派两个人学外语，这是怎么回事？

**刘：**派两个人，那是这么写的，就是我们两个人要求的，还有两个人到加拿大，那是另外的事，别搞混了。（当年）我去学外语是主动申请的。他们还点名另一位同志，希望给他一个锻炼机会，他老兄自动回来了，他是系主任、我是系副主任，那个系主任回来了，这个系副主任坚持在那里学。

**陈：**学外语学了多少年？

**刘：**一年半，快到两年。本来还要继续学，可是那个时候“四清”工作重要，要派人“四清”，说：“刘国典‘四清’你好几次都没有去了，这回邢台‘四清’你去吧。”我只好学了三个半学期，跟他们说再见，就去“四清”了。

**陈：**这些学习都是您自己要求的？

**刘：**都是主动要求的。都是业余时间。

**陈：**学物理光学的时候，要参加考试吗？

**刘：**不参加考试。英语参加考试，我要求的。英语学完夹着书本就回来了，资料回来整理。

**陈：**您在“北师大”学外语是在外语系学的？

**刘：**英语专业，现在老师还是很热情，至今见面还很亲切。第一学期到第三学期，老师很亲切，居然能够叫我回答问题。这种状态持续一两年，所以他在课堂上干什么事，向我们宣布什么事情、进教室跟我们打招呼，全都是外语。老师和同学对我也特别亲切，一到周末，相当多的人就跑到电影学院来看电影。

**陈**："北师大"离电影学院也非常近？

**刘**：很近的，你们资料馆这个楼的位置，就是小剧场，东跨楼、西跨楼中间。就在这个地方看电影，他们就自动来了，一块儿去，当然到门口也要打招呼。只要我在这里带着人，一般都放行。他们也来不了多少人，他们也有学习活动，来个五六个、七八个人了不得了，可是教室里来七八个人，也算一大片，挺有意思。

**陈**：那时在中国英语一般不受待见，您怎么不选择俄语呢？

**刘**：英语太有用了，谁说它没有用，说它没有用的这些人太缺乏见解了。当然那个时候大家也用俄语，现在俄语反而不太学了。当初学英语是一种需要，还有一个潜在的背景。电影学院要带研究生，带国外的学生，需要外语能够更棒一点，需要能带外国人的老师。

**陈**：定的是你？

**刘**：大家自动想到我。我有一次带阿尔及利亚的学生，一个人要带11个人，阿尔及利亚的研究生，我带他们学，还有现在的一个老师当我的助教，那个时候语言还是不够用。

**陈**：阿尔及利亚说的是法语，他懂英语吗？

**刘**：他们也懂英语。我们两个都不行，当初我们还请了一个老师配合我们两个人，来教这些学生。

**陈**：除了学习，还有吗？

**刘**：还有一样，我入党。1959年以后，到党校。

刚刚讲的学习外语的老师都在这里，我还都记得这些人，我可以讲出这些老师的名字。

我还保存着老师的教学资料，16开旧讲义，这些资料曾经在我学习、深入了解电影光学的时候起到过重要的作用，而且还有这么一个问题，尽管那个时候我已经很懂得这些方面的知识，但是我必须掌握这些东西作为丰富它的基础，没有任何人、没有任何资料是现成提供给你的。与其同期的材料有些同志会注意，当初出过一本大书叫《物理光学》，我现在家里就有，可看作经典，而比较新的，后来我们国内天津出过一本，叫做《应用光学》，这两本书也都在学习这些东西的时候，起到很好的作用。

## 第九节　从事社会活动

**陈**：您给工会出墙报，具体还有哪些记忆？

**刘：** 没有什么特别多的记忆。那时电影学院是夜大学校的前身，给电影学院在职的职工里文化水平太低的人提供学习的机会，类似扫盲班、补课班，就是大家组织起来上课听课。

**陈：** 您担任什么课？

**刘：** 好像就是夜大学校校长一样，但是没有名称的。

**陈：** 夜校你负责？

**刘：** 就是我负责，我来管，包括我也讲课，有点类似语文之类的课，就是语文、算术之类。晚间上课，一个礼拜有一两次，来的就十几个人，这样的夜大学校对我来讲，成了固定的工作，持续了一个阶段。可能有一年多两年。就当工会墙报委员，墙报委员兼管夜校，当了两三年。

**陈：** 有报酬吗？

**刘：** 没有报酬，讲课的人有报酬。（报酬）太低了，一个人讲一个晚上课，好像就是相当于现在的五块钱。都是我们老师，大家轮流到那里讲，我不拿钱，这个条是我开的，拿条去领钱，我不能给自己开条领钱，我是没有钱的。

**陈：** 您不是上课吗？

**刘：** 上课我也不拿钱。我们是头儿不拿钱的。从来没有拿过钱，从来没有过。

**陈：** 墙报每两个星期出一期吗？

**刘：** 我的印象中，比如两块板子这么大，这么一块地方能够写一篇短短的文章，或者讲话、谈话，大概也就是四五篇文章，都写得很简要。同住一起的马堃林，是写墙报最多的，出墙报没有待遇，稿子还得靠自己收集和整理。

**陈：** 您要整个审稿吗？

**刘：** 都是我管。很多稿子拿来请党委宣传部门看，我审完了就行了，没有那么多事。最多两个礼拜一次，太长了工会主席不干了，怎么这么慢？觉得好像墙报搞得不红火。

**陈：** 这个跟学生墙报是两回事吧？这是教职工的？

**刘：** 教职工的，大家都能看，学生也能看，公开的，开的什么会、谈什么事写一段，这个事谁参加的，请他给我写一段，我就贴在这里。

**陈：** 有娱乐性内容吗？

**刘：** 没有，都是活动，学院活动、消息，就这么两项活动。我说的意思是，墙报是正规的活动，这个活动坚持在电影学院这个小小园地里头，我在这么多教学、听课各种活动中管了这么一件事情，居然把它坚持管下来了，很好啊。后来这些活动发展到 1959 年团中央表扬一些参加各种各样活动特别积极的优秀分子，电影学院表扬优秀同学的时候，一位同学叫黄福禄、另一个位就是我，两个人还拿了五四青年奖章，为这个电影学院还开大会，我还记得很清楚，钟敬之[①]副院长（正院长是章泯）在电影学院大会上，讲完话以后要向两个人颁发奖章，先叫我，因为我是老师，年轻老师，另外一个是个学生，给我们俩颁发奖项，还给我戴了奖章。团中央的奖章，只有团中央颁发。就是发了那么一次奖章，那个奖章我现在家里还保存着。

**陈：**因为您做过这样一些社会工作？

**刘：**具体不清楚，没有表彰信。是不是过去大炼钢铁或者搞什么活动，我都比较积极参加，我也不知道表彰这个事是为哪一件活动而表彰，没有写表彰缘由，因为什么原因所以发这个奖章，没有。

## 第十节　电影学校更名为电影学院

**陈：**1956 年 6 月 1 日电影学校更名为电影学院，并且成立导演系、演员系和摄影系，还有印象吗？

**刘：**不太清楚。我们搞了一个庆祝活动，有一个表彰性的活动。有一个活动，但是不是开了什么大会，干了些什么，印象不是很深。

---

① 钟敬之（1910—1998），电影事业家、教育家。浙江省嵊县人。15 岁到上海，在中华书局当练习生。1927 年入上海劳动大学学习，1931 年离校在书店任职。1934 年参加中国左翼作家联盟和左翼戏剧家联盟，并在上海业余剧人协会等戏剧团体担任舞台美术设计和装置工作。1938 年到延安，同年参加中国共产党。曾任鲁迅艺术学院戏剧系教员。先后兼任鲁艺戏剧部实验剧团主任和美术部美术工场主任。1946 年任延安电影制片厂厂务委员、美工师兼制片，后任西北电影工学队队长、东北电影制片厂艺术处副处长。1949 年到上海，任军管会文艺处副处长，后任上海电影制片厂副厂长。1953 年到北京，任文化部电影局计划室主任。1955 年筹建北京电影学院，后任常务副院长、党委书记。中国文联第二、四届全国委员，中国电影家协会第一届委员，第二届书记处书记，第三、四届理事。1934 年曾编写“大众文库”《电影》，新中国成立后著有《延安十年戏剧图集》《人民电影初程纪迹》《在延安舞台上》等，以及回忆录《从延安电影制片厂到西北电影工学队》《人民电影事业在解放战争中》等。

**陈：**当时电影学院成立时说王阑西[①]是电影学院院长，章泯[②]是副院长，王阑西到电影学院来工作吗？

**刘：**应该说来过若干次。在电影学院真的见到过他，是在礼堂里还是在哪个地方，这个院长好像在什么大会上有个活动，还是在清查三种人时的某一个活动，王阑西讲过话。

**陈：**主持工作是章泯。

**刘：**严格地讲，主持工作是钟敬之而不是章泯，章泯是挂名在前面，第一副院长，钟敬之是成天到晚管事，还有卢梦、吴印咸，吴印咸专门管摄影系，不太管校务。卢梦就是管学院包括政治方面的各种活动，是党委副书记，党务卢梦管。

**陈：**章泯负责什么呢？

**刘：**好像就在养病一样，我印象当中养病时间更长一点，不太出现，不太管更多的事情。好像有个别的院务会议，章泯是到过会的，过去有两件事情我觉得章泯给了我很深的印象。一个是电影学院名称，我提过电影学院名称译名，还有一个表演系，电影学院长期都叫演员系，在一次会议

---

① 王阑西（1912—1996），电影事业家，河南兰考人。1930年毕业于河南省立第一中学，后到上海就读于中国公学大学部预科。期间参加中国左翼作家联盟。1932年加入中国共产党。1934年留学日本早稻田大学，并发起组织新文化运动总同盟和世界编译社。1937年回国，从事文化宣传活动。同年任中共河南省委文委书记。1938年任中共鄂豫边区党委委员兼宣传部长。1939年任中共中央中原局机关报《江淮日报》副社长兼总编辑。后任中共盐阜区党委宣传部副部长。抗战胜利后在中共东北局工作。1946年任长春市委宣传部长，后任西满分局机关报《西满日报》社长兼新华社西满总分社社长、广播电台台长。1948年调任第四野战军政治部秘书长。后任天津市军管会文教接管部副部长。1951年任湖南军区政治部主任。1952年调任文化部电影局副局长、局长。1955年北京电影学院建立后，兼任第一任院长。1961年后历任广东省委文教部长、中南局宣传部副部长、广州军区政治部副主任、广东省副省长等职。1978年任文化部副部长。1981年调任对外文化联络委员会副主任。1985年离职。

② 章泯（1906—1975），导演，教育家。原名谢韵心、谢兴。四川省峨眉人。1925年入国立北京艺术专门学校戏剧系学习。1930年参加上海左翼剧联，任编导部主任。1932年加入中国共产党。1933年后相继担任上海大地剧社、上海业余剧人协会、上海业余实验剧团导演。导演话剧《娜拉》《大雷雨》《钦差大臣》《罗密欧与朱丽叶》等，创作剧本《东北之家》《弃儿》《黄浦江边》《我们的故乡》《家破人亡》等。发表论著《论悲剧》《论喜剧》《电影表演基础》等。1938年在四川成都省立剧校任教，后在重庆育才学校任戏剧系主任。1941年赴香港，任旅港剧人协会导演，曾导演话剧《马门教授》《北京人》等。1942年在桂林翻译苏联戏剧家斯坦尼斯拉夫斯基的《演员自我修养》第一部。1943年后在重庆任中国艺术剧社导演、江安国立戏剧专科学校教授。后在昆明为新中国剧社导演话剧《家》《天国春秋》《孔雀胆》等。1945年赴香港，任建国剧社、南群影业公司导演，导演影片《结亲》《静静的嘉陵江》等。新中国成立后相继任文化部电影局艺术委员会副主任，北京电影学院副院长、院长兼党委书记，中国文联第一至四届理事，中国电影家协会第一至三届理事。导演《俄罗斯问题》《在新事物面前》等话剧。

当中，章泯到场，好像是开系主任的会、教研会，我当时也是普通的系副主任，没有什么头衔。我就提出来，我说电影学院为什么叫演员系？导演工作叫导演、摄影工作叫摄影，演员系是培养演员还是培养表演？我提了之后大家也有反映，说刘国典今天怎么冒出这个问题来，后来接近散会了，我又追在章泯后头，我说我叫这个名称是不同意这个看法，我说人家是表演系，演员搞的是表演、导演搞的是导演、摄影搞的是摄影，取的都是动词，而不是取它的名称。是啊，这个名称应该有这个意思，后来不知道怎么三搞两搞，再隔一段日子以后改名字了。后来庆祝电影诞生 60 周年的那一天，下午开座谈会，我还把这个事提了一下。

我说章院长，我觉得你很谦虚，我提了这么一个问题，好像当时会上还提了，我说没有太多人理会，后来追着章院长说这个事情，再后来不知道怎么就改了。我不知道是因为我提了改了，还是别人提了改了，反正我提了以后改了名称，什么原因改的不知道。但是首先这是我提的。前几天，我还重提了这么一个问题。

**陈：**在纪念章泯文集出版研讨会上讲的？

**刘：**我又重复讲了这个话，我并没有说这个事是我提出来的，但是的的确确是这样。提过之后，不太长的时间就改名字了，就是这么一个过程。的确，我觉得提的完全是对的，现在各个艺术院校叫表演系，没有叫演员系的，戏校、工艺美院都没有叫过演员系。

**陈：**您刚才提到电影学院译名是怎么回事？

**刘：**电影学院的译名，我也是学了几天外语，在一个会议当中谈到电影学院对外翻译的名字。你看电影学院名称现在叫北京电影学院，到处都叫北京电影学院，那天在那个小会当中我就提出来，我说我们应该把我们的格调取得更高一点、高雅一点。Academy，我说美国这种学院式的单位都叫 Academy，那个老师完全同意，章泯也在场。

**陈：**这个事情发生在 20 世纪五六十年代？

**刘：**五六十年代，后来很快电影学院的名字译名不叫 Beijing Film Institute，而改成 Beijing Film Academy，现在就一直叫“Academy”，这个英文有学院、也有严格的技术工程的含义在里头。大的综合性学院在美国也叫 Academy。周传基[①] 老师也是非常同意，后来也不知道怎么回事，

---

① 周传基（1925—2017），生于北京。评论家。1950 年毕业于山东大学外国文学系。1954 年相继任文化部电影局艺委会《电影艺术译丛》编辑部、中国电影出版社外编室、中国电影家协会外国电影研究室编辑、翻译等职。1977 年任北京电影学院教师、教授。注重研究电影声音构成、时空结合、声画结合等电影声音艺术理论。曾发表《电影声音要跨进一个新阶段》《电影艺术中的声音》《时空结构中的声音》《有声电影的形成与演变》等论文。

也改了。我不能说这个先由我提，因为周传基也同意，我们两个同时提。后来名称很快由 Institute 改成 Academy，我觉得至今在外国的学院当中叫 Academy 的不太多，中国就我们一家，美国有。带有学院、带有研讨性质的都叫做 Academy，有这么一个过程。

这个事说明什么呢，或者说学以致用，学了外语、干了这些事情、了解了这些问题，即使作为一个老师只能是当作一种现象提出来，而提出来这个问题引起各方的考虑，也许就能引起变化。

## 第十一节　对院领导的印象

**陈：** 您对章泯、钟敬之、卢梦和吴印咸四位领导的印象是怎样的？

**刘：** 电影学院的这些领导、上级组织派来的这些领导或者指定的这些领导，的确都是我们中国的英才、很好的英才。章泯的电影技术、电影学术包括他的剧本都很强，他的四大本剧本，江韵辉同志还非常高兴地送给我一套，章泯同志对电影艺术、对电影事业发展的贡献的确不是一般的人所能为，比如他很熟悉工业、很熟悉管理事务，有些人可能只懂得电影的某一个侧面，像他这么全盘地了解电影，全盘掌握电影事态，那我觉得他最最突出。

而钟敬之，他是延安来的，我接触钟敬之，首先他是一个很了不得的电影界老专家，一位长者，通晓电影。他对管理电影事务统筹、运作那是再也找不到更加合适的人，找不出第二个来。

卢梦，他给我的印象更多是管党务，他管电影管了多年，成立电影学院时他就是副院长。他通晓电影学院的全盘运作，事务性工作管得更多一点。他不像章泯、也不像钟敬之，这两位是电影艺术的大专家、大学者。钟敬之是搞美术的，他的美术资料太多太多，从延安的（录影）一直到上海、再到北京，他是真正把美术跟电影很好地结合在一块儿的难得的人才。这样的院长真真实实地难得。

吴印咸真是通晓电影，你要讲吴印咸的发展历史、吴印咸的情况我能讲出很多。在延安的电影队，他是怎么躲在桌子底下，拉着帐篷在桌子底下放照片，没有暗房，怎么冲胶卷，他是最早的原始冲法。发展到电影学院该怎么运作，他是最通晓的，电影学院这盘大棋应该怎么下？全盘运筹帷幄只有他。他一直在搞电影，一直在搞照片。他家里布置有暗房，暗房后边才是他的卧室，另一边是客厅，他写了不少的书，也在不断地编书。

有时会叫我拿回家看:"国典我先给你看，里头'有错'你可要给我改啊，要你看就是给我改错。"他的书我真是改了不少技术性的小错，真的不少。还有一个人沈嵩生[①]，就是我的前任院长，我是在他之后当的院长。沈嵩生当时跟着吴印咸帮他写各种各样的书，甘当螺丝钉地帮助他，比如要写一个东西，吴印咸就口述，沈嵩生就做记录，完了再去修改，他改了不少、我也给他改了不少，我是改技术性的问题。吴印咸留下来的东西对于后人是很好的摄影方面的教材，很不得了。

吴老一直在为我们的电影事业默默奉献，他人缘太好了，学生、老师都非常尊敬他。后来"三结合"，我们那个组不知道怎么搞，说可以有老干部参加，当时吴印咸就参加我们这个组了。

**陈：**这个组指的是？

**刘：**我们摄影系有一个组，两派的同志都有，这边一派那边一派都联合在一起搞什么活动，吴印咸也都参加我们的活动。他管理学院的教学，大政方针方面，吴印咸要拿很多的主意、出很多的点子。他不会管得太多，只是大事都让他来做主、都让他来点头，他本人也的确很好。当时电影学院的这个班子是相当的强硬，而且都各有所长、各有所务。

**陈：**回到1956年，您和孙明经、裴治三个人带一门课，怎么分工？

**刘：**后来我们就一带一地管，裴治侧重照明技术；我就侧重曝光控制、影调调节，还有物理光学。我不是到外面学习过嘛。后来戴公亮先生因为身体的原因管不了太多的事，他就不管了。我就管这批教授主管的课程。我还管电影摄影机，电影机械就由我和裴治两个人兼教。电影摄影技术、包括电影机械方面我们两个人兼教，我等于管三门半课到四门课，裴治就管了两门课。

**陈：**孙明经老师呢？

**刘：**有一个班请他讲过曝光控制。但他不一定非要跟着，"65班"还是"64班"他出来任过课。其余这些人分管的课，我是组长，分工不是分得很死，还都是互相帮助。裴治上课我们也管，他来教我们也来管，我上课他们也来听。我们不是开九门课嘛，大课叫摄影技术。

---

① 沈嵩生(1931.9.14—1998.3.14)，浙江海宁人。1952年毕业于金陵大学电影播音专修科，同年加入中国共产党，同年全国高校院系调整，金陵大学主体并入南京大学，金陵大学电影播音专修科北上参与组建中央电影局表演艺术研究所。历任北京电影学院讲师、文学系主任、副教授、院长、国务院学位委员第二届学科评论组成员，中国电影家协会第五届理事。拍摄新闻纪录片《摩托车运动》等。

# 第九章　当老师的日子

## 第一节　恋爱与结婚

**陈：** 1956 年 7 月 7 日，您和张修焕结婚，婚礼是怎么办的？

**刘：** 我记得好像太简单了。电影学院的人结婚都很简单。

**陈：** 请从您俩在一起学习开始说吧。

**刘：** 我们小学五六年级的时候在同一个班上课，在陆家渡，我光五年级就读了三年，老是还没有读两天日本鬼子来了，跑了又来了又跑了，我就住在她们家里。

**陈：** 她妈妈是您六姨妈？

**刘：** 六姨妈。我妈排行第七，她们是亲姊妹，非常好。住在一起，只是在一块儿时间不太长，好像是一年多。

**陈：** 那时两家想到你们结亲吗？

**刘：** 没有，半点儿没有。一直到抗美援朝以后都没有这个概念。只是在一块儿上课、一块儿学习，也互相帮助。有的时候晚上在方凳子上，点个小油灯，她坐那边、我坐这边，油灯捻子要来回拨的，晚上一个多小时在一块儿看书。白天一块儿在教室学习，我们走到教室大概要十分钟、二十分钟，从她家里走到学校上课。当然去学校还是各走各的，她可能要处理一点儿家务，我早早就过去了。小时候是这么一种状况。后来到安乡中学，不同年级，她是六班，我是四班，经常见面。我们是亲戚关系，见面也打招呼。我们那个时候男女同学还是可以私下见面、说话的。她住在另外一个地方，我们非常要好。一直到要解放了，我从长沙回到安乡。因为要解放，所以回到老家看一下，见了她，也到过她的家里，她住在武胜宫，我们都是很要好的同学；后来，她到了长沙。已经解放了，我到长沙，她也在长沙。搬家搬到另外的地点，两家都搬家了，也是安乡的一个地方，相隔二十几里地。她父亲老家在那个地方，她就搬到那里去了。我在长沙，她后来也到长沙，到长沙后住在我们家，大概就住了一二十天。再后来，她报考中南局“第六军医大学”。她住的地方就靠近华中中南大学。她到那里去学习，我到了北京。

在北京拍了若干年的片子，后来我就到了抗美援朝前线。在战争快要结束的时候，我通过军邮给她写过一封信，告诉她我在朝鲜，信都是带到国内，朝鲜不好寄信，写一封信带到北京，再扔到邮筒里头。她在第六军医大学看到我的信时，我已经在北京了，情况就这样。

**陈：**那时候张师母还在长沙？

**刘：**她在南昌，她考第六军医大学，第六军医大学在南昌，后来叫南昌医学院，她在那个地方读的护士、穿的军装。她参了军，到了部队，我也是参了军，是志愿军。她在这个地方，我在那个地方，抗美援朝时通了那么一回信。她知道我回来，回来后我就上了电影学院。1955 年学校放暑假，我给她写了一封信，我说今年放暑假，我们第一次有假期，有放暑假这个概念，我到南昌来看看你。她当然也欢迎我，这样我就从北京买了火车票到南昌看她，受到她和他们的政治处的热情接待，我在那里待了十来天。

**陈：**身份是她的亲戚，还是男朋友？

**刘：**当然是亲戚身份。那时还没有恋爱，但这之后可以说开始恋爱了，这之前实际没有开始恋爱。

**陈：**没有开始恋爱，怎么暑假跑到那里去？

**刘：**看她去了，就是看她，没有什么理由。我到他们政治处来看看张修焕，她的同事们会猜测这两个人可能要恋爱，似乎会想处朋友。其实那个时候还不是，只是关系很好，还只是这么一种感觉，而且也是这样接待的。有什么活动跟政治处打交道，住房都是他们来安排。

**陈：**他们医学院？

**刘：**医学院来安排，就由他们学校，那个时候她已经从这里毕业了，第六军医大学将她分配在“173 陆军医院”，是第六军医大学下属医院，就在一个院里头，另外单独挂了牌——“扬名路 235 号”。她在那个地方当外科护士。那个时候我就去看她，因为是部队的医院，受到他们热情的接待。后来开始搞“肃反”了，我那个时候已经住了一段时间，他们部队的人讲我们要开始搞“肃反”了，刘国典同志你是不是该回去了？无所谓的，我住我的，她上她的班，白大她上班，晚上见面，我说那我就回去。我就回我们学校来呗，而且我们是暑假期间，我还记得很清楚，江西是个产瓷器的地方，我从她那里回来，班上同学不饶我，一定让我给他们带礼物。

**陈：**南昌离景德镇还远着呢，你去了景德镇吗？

**刘：**没有，买东西方便，就在她那个地方买了很多瓷器，所谓买瓷器就是买茶杯，各式各样的很漂亮的茶杯。买了茶杯还没办法装，就买了一个箱子，拎了一大箱子茶杯回来，我几乎给我们班上 90% 以上的同志都送了茶杯，都一样，反正谁先来谁先得。

**陈：**无偿奉送？还是让他们交钱？

**刘：**谁给钱？当然我奉送。张修焕奉送，她给我买。她付了（钱），买了送人。

**陈：**您自己没有意识到恋人感情？

**刘：**绝对没有想到这么多。只是很相好的同学，非常相好的同学，是亲戚关系，而且感情上头有流露。感情当然有的，不然不会去的，而且利用假期，假期之前就开始联系了，我说假期来看你啊？她就欣然接受。当时也热情接待，当时给我的感觉，173 陆军医院那些护士、同科的那些同志们，好像他们更热心拉我们到一起，撮合我们到一起。

而且她的那些同志们，现在 80 岁了，到北京经常登门拜访，那个时候同志们的感情是比较深的。她们也在那里撮合、推动，后来当然往返信件多了。后来毕业、工作了，自然联系更多了。

**陈：**您先表态，还是张师母先？

**刘：**很难说，都自愿、很乐意相处。自然会谈到一些问题，怎么想办法调到北京、怎么调动，自然会谈这些问题。

**陈：**结婚是谁先提出来？

**刘：**还要先提吗？我感觉上没有谁先提、谁后提，自然发展到那一步，并没有酝酿一个很长的过程。

**陈：**您没有向张师母求婚？

**刘：**没有那些，往返都是信件，都是通信联系，自然谈到怎么到北京来，自然谈到这些问题。她不会谈将来还要结婚还要什么，不会更多提到那些问题。

**陈：**张师母家庭成分好吗？

**刘：**她完完全全贫下中农。她没有房子，住着我们家的房子，我们家没有人，她和另外一家住在我们家的房子里开店。

**陈：**您家是地主，她有顾虑吗？

**刘：**感情发展到那一步以后，她不会特别计较这个，自然情感流露，自然会是这么个结果。而且后来谈到调动问题，就会谈到调动的困难。她是挂军衔的，她怎么从部队调到地方来？后来我就跟我们党委办公室主任说了，我就跟他讲我的朋友叫什么名字、是干什么事的，我说她要调到北京来。他说虽然不好办，但可以想办法把她调来，同时提出把她调到解放军总院301医院。到具体办的时候，我就提出来，她调到301医院，离咱们小西天太远了，能不能调到附近？想了半天想到最近的就是我们的合同医院平安医院，最后张修焕从南昌调到北京，到了平安医院，后来又去了宣武医院。

**陈：**您结婚的时候张师母还没有调过来？

**刘：**先结婚后调。1957年就调过来了，很快。

**陈：**婚礼有什么具体的仪式？

**刘：**很有意思，好像太简单，两个人通信当中决定结婚。好像是共同提出来的，商量过程当中就共同提出，赶快结婚吧，信件当中商量结婚，那你到北京来吧，就这么定的，没有什么太多的，你来我去，还跟这商量、那商量，好像我们都比较简单。也许我说，也许她说，都有可能。那个时期我还没有从电影学院毕业。

1956年我毕业留校当老师了，她就从南昌到北京来了。当时她的组织关系还没有调过来，人先过来。1956年的7月7号我们结婚，她就到北京来了，好简单。简单到几乎连床铺都没有买，没有房啊，就是把两个单人床拼在一起就当双人床。我们不是三个人住一个房间嘛，孔祥竺搬走了。曹作宾结婚了，已经搬走了，那个房间就是我的了，这不就有了房？就是原来住的宿舍。现在的人办个婚礼都太复杂，好像我们一个人买了一朵大花，有一两个同事帮我们张罗。

**陈：**孔老师还是曹作宾老师？

**刘：**好像就这几位，你还说不清楚是哪个人主办，买大花、买点瓜子、花生那些东西，水果、糖果买得比较多。有那么四五斤糖果，够大家充分享用。就在我们学院的大会议室。这么一圈，围着坐，我印象当中好像还挂了毛主席像，我们没有筹办这个事，也没有挂什么红花、彩旗。

**陈：**喜字呢？

**刘：**可能房间里有，会场都没有。大家就见见面，稍微坐了一坐，把糖果一分，大家吃点糖果祝贺我们结婚。其他好像也没有什么。

**陈：**婚礼谁是司仪？

**刘：**都不知道，也不知道谁是主婚人、谁是介绍人，这套全都没有。

**陈：**全都没有还是您不记得？

**刘：**没有，就是没有。孔祥竺或者曹作宾，他们在会议室里说了几句话，大家吃点糖果就到我们房间里去了。房间里摆很多水果，人们还送小礼物。

**陈：** 送的小礼物是什么？

**刘：** 典型的小礼物，小花瓶，没有一样过硬的东西。就是小花盆，有比较讲究的，外单位的客人有拿鲜花来的，一大束鲜花也有的。

**陈：** 1956 年也送鲜花？

**刘：** 有，我刚才讲比较讲究的人，比如我们有一位同志他就很讲究，是个老师，他毕业之后老在部队里头当俄语翻译，那种场面见花卉比较多。还有同志们签字，签字在这个地方签。

**陈：** 在会场还是洞房里边？

**刘：** 会场签，签完以后又拿到房间里头，同志们就到我们房间里头聊天。比较亲近一点儿的朋友。

**陈：** 您还记得有些什么样的礼物吗？

**刘：** 有鲜花、花盆、台布。台布还能够记得清楚，这个同志现在还在“八一厂”，他拿来一个德国还是哪个国家生产的比较漂亮的台布，花纹很好看的一个台布，当礼物送给我们的。

**陈：** 领导出席吗？包括吴印咸。

**刘：** 都没有来，夜淮好像来了。那个时候我们这些人结婚好平淡的。

**陈：** 登记手续在哪里办的？

**刘：** 就我们附近，我现在说不清楚，有个街道办事处。我们现在房子修得大变样，过去是破房子，那里就是街道办事处，就在那个地方登记，填了一个表。

**陈：** 有结婚证吗？

**刘：** 有结婚证，大张纸的。一人拿一张，有照片。

**陈：** 那个登记结婚证钱是多少？

**刘：** 不记得。很少，少得厉害。

**陈：** 登记结婚要拿什么？

**刘：** 单位介绍信，她带了介绍信，我也带了介绍信，有两个介绍信就给你证。

当时没有买多少大件，七大件八大件都没有，东西很简单，她来了以后很快办婚礼，婚礼完了赶快在北京玩了一个多月，那时她放假。

**陈：** 结婚假有一个月吗？

**刘：** 好像有，她还留了一点时间到上海，她到上海再去转一转，看一个朋友。都没有回家。

## 第二节　工资调整与家庭开销情况

**陈：**1956 年电影学院职工工资大调整，工资从多少调整到多少？

**刘：**整个定工资期间我都是最谦虚的，反正我很快由 62 元变 69 元，也许一开始就是 69 元，我记得不是很清楚了。后来我一直那么过来的，都是 69 元，干到 1978 年左右。开始都是 62 元或者 69 元，如果说是 62 元的话也就是很短的时间，然后就调到 69 元了。

**陈：**您的工资是怎么处理？上交夫人还是自己留小金库？

**刘：**包括现在，我从来不管钱。直接归家属统一管理。我没有用处啊。

**陈：**零花钱呢？

**刘：**没有太多的，临时用拿一点。我从来不管钱的，我们家认为管钱是个累事，所以老太太就说，你来管多嫌麻烦啊。现在为止所有的正常收入，包括有的时候外界给一点稿费或者给点什么费用，来了以后不打盹儿的，都给她，都上交了，不留钱。

**陈：**您要寄钱给二姐呢？

**刘：**商量完她就寄。没有困难。我和她一起商量，如果需要用一点钱、花一点钱，包括寄给我小外孙子，我姐姐的孙子，他叫我舅公，他整个上学全部学费是我寄的。

**陈：**张师母没有任何意见？

**刘：**没有任何意见，而且还都是她寄的，到现在为止一直是这样。后来我们商量一个原则，一旦孩子大学毕业了，政府分配工作了，他们开始拿工资了，我们就给他打个电话，不再给你家里寄钱了。讲是讲不再寄钱，但是过年过节还是再寄点钱。

**陈：**张师母给她家里寄钱，会跟您说吗？

**刘：**这都是商量。寄钱时还挺有意思，比如这个钱是寄给她哥哥的，这是寄给大嫂的，我们要给他分开。这是二嫂子的，还有寄给她儿子的。我们到三亚去之前，就拿了 3000 块钱，要过年了，我们不在北京了，寄给你们，单子都给他们写在一起啊，各多少都写得清清楚楚的。

**陈：**你们夫妻俩因为给各家寄钱有过矛盾吗？

**刘：**没有，从来没有过，到现在为止。

**陈：**最后一个关于家庭经济，师母管家会记账吗？

**刘：**她管家当然要，钱花在哪了？她自己会记一个简要的账。没有人看她的账，我也从来不看，她也不给我们看。在经济问题上，基本就是这种情况。在美国的孩子带着小孙子回到北京，在北京待很长时间，儿子回来、孩子也在这，有时候给孩子一点钱。

**陈**：他收入比您高多了吧？

**刘**：高归高，他是他、我是我，爸爸寄钱给儿子这还是一个很正常的事情。当然，他从来不要钱，从来不拿一分钱。就为给一点钱，家里竟闹纠纷，儿子不同意，坚决不肯拿一分钱，在北京也不肯拿。他在美国，我们通过电邮把美元汇过去，收到钱以后，马上电话过来把我们说一大通，怎么又给我寄钱过来干什么？现在寄钱也很方便，收的费用也不是特别高。

4 月 5 日是我孙女的生日，老太太还准备给她寄一点钱，这钱收到估计又要来一通电话，不理他就完了。

**陈**：这是幸福的纠纷？

**刘**：这种情况总是有的。

## 第三节　到北京郊区劳动

**陈**：1957 年 11 月，电影学院组织师生去十三陵水库劳动两个月？

**刘**：我没有去。十三陵水库我没有去，我后来去了密云。我有别的事情，大概是拍《北京新闻》，也许就是因为上课而没有去。密云水库我们去了，修水柜，十三陵水库之前，就在北京郊区修的一个大水柜，你知道这个名称吗？就是当时修水柜、盛水的地方。就叫水柜，柜子的柜。

**陈**：在什么地方修？

**刘**：地名不知道了，就在北京郊区，我们带去两个班，摄影系的班就住在那个地方修水柜，住的地方离修的地方九里多地，那个时候我脚还不好。

**陈**：水柜不是十三陵？

**刘**：不是十三陵，修水库好多时间段，这一段那一段，好多段落。修水柜是电影学院早期的一项活动，肯定我是参加的，作为积极分子参加的。

**陈**：1958 年 1 月，北京电影学院有 26 个人到红星公社去劳动？

**刘**：我送去的。送一部分同志，老师跟职工，没有学生，一个学生都没有。我记着好像二十几个人。26 个人，一辆大卡车拉到那个地方，在那个地方找的一两间平房，大家就住在那个地方，干什么呢？就是种地，就是劳动，目标很清楚，知识分子参加劳动。咱们摄影系的老师好多个都去了，孔祥竺孔老师都去了，他身体比较好，那个时候还没有入党，后来他入党，我是介绍人，那是后来的事，他当初没有入党，绝对是积极分子。

**陈**：肯定是没有问题？

**刘：**没有问题，去的时候，我记不清，那天去的时候我要看材料，我带着照相机拍摄记录，我并不是墙报委员，就是送大家去，因为里头有摄影系的好几位同志到那个地方去下乡劳动，就这么一个目的下去的。好像也不见得是修水库，就是到那个地方劳动。后来的劳动是指另外的，因为有好多次这样那样的劳动。

**陈：**这 26 个人，你只是送去？

**刘：**送去后我就回来了。当天就回来了。

**陈：**他们当初下去劳动，有没有讲是分期分批都去劳动？

**刘：**有这个意思。知识分子下乡劳动，就这么一个概念。我说大家在那个地方照张相，拿照相机拍，大家下车后在那个地方站两排照个相留作纪念，就在我照相机里边，我就带回来，好像我交给学校了，但是并没有发表。（参加劳动是）正常的事情，并不觉得去劳动了（就怎么样），拍拍照片留作纪念。现在可能劳动一下就感觉稀罕了。

**陈：**参加劳动的人情绪上有异常吗？

**刘：**可能会有异常。因为怎么说呢，不是人人都去的，对不对？也许会有同志心情有些不愉快，当初知识分子下乡劳动，种稻田、插秧、修水柜，就是一种改造，改造思想。大家好像这个概念很清楚，本身这个活动也是叫做改造思想，没有叫劳动改造，叫劳动改造不好听。再去看我们的有关资料，不要觉得下乡都是去改造的，不是，就是知识分子下乡劳动。不但知识分子，连学生也下乡去。

有一次我下乡去，正赶上插稻秧，我们组里头就有摄影班的学生跟着我们一起去的。

**陈：**北京郊区有种稻子的吗？

**刘：**有啊，种稻子、割小麦的这些都有。

**陈：**您刚才说摄影班学生也跟着去？

**刘：**我们去，学生也跟着下去，学生也是改造思想。所以那种劳动是很普遍的，大家都下去的活动，本身因为戴了这么一个“帽子”，所以大家就感觉这种劳动好像有一点儿思想改造的意思。

## 第四节　“双反”和“交心”运动

**陈：**1958 年有“双反”和“交心”运动？

**刘：**“双反”我有印象。开展双反、交心运动当初很多。这个活动为首的就是鲁明，他带着大家搞运动搞得最多。我当初被调到办公室，这个办公室有那么三四个人，就专门协助党委开各种各样的会议，搞各种各样的会议记录，记录完了以后这个材料都要送到党委办公室，之后我们这些人负责整理记录，然后可能要下到组里边去。

**陈：**您是什么时候抽调到办公室去的？

**刘：**留校以后。你要去看电影学院材料的话，可能会看到我的名字，都是我在帮助整理各种各样的记录。好像这样重大活动当中，我还是积极分子，党内积极分子，之前我还没有入党，就在这个期间或者这个时期之后入的党，时间我记着，就是反“右倾”前后，在摄影系入的党，我积极参与各种各样的活动。

**陈：**“双反”和“交心”运动您记着哪些事？

**刘：**经常地整理材料。都是别人的，开会材料都送到我这里来帮助整理，我感到很奇怪。到现在为止包括当初，我看不到有谁的材料或者大会上边的发言，就是一种“右倾”发言、积极进攻的发言，还真看不到。发言当中东说一句、西说一句，我们负责整理，整理完了发言，就没有发现那些“右倾”的观点、论点在里头，我们整理也整理不出来。

**陈：**不会拔上纲？

**刘：**不可能的，我们这里拔不上纲，不会搞这个事情。有时候整理的材料要上交啊，开了会干了什么，我总是感觉没有什么太多的实实在在的内容。你可以看我们反“右倾”的材料，大概还在党委。你也找不出东西来，起码我不认为我能够找出来，或者我负责整理的材料里头，就不认为哪个材料是一种“右倾”之类的材料。可是开会的工夫花了不少，这开会、那开会、这整理、那整理、这谈、那谈，所以我们这些问题不要说浪费了大家的精力，我觉得是浪费了时间。当初的确学校各方面还是很忙，耽误了太多的时间。就是这些运动，都是给人这样的印象。

## 第五节　对招生政策的印象

**陈：**1958 年招生有规定，工农子弟要占 70%，您还记得吗？

**刘：**我知道。我怎么不觉得我们在招生当中控制这个比例，因为我们招来的学生当中，工农兵的比例不会特别大，知识分子出身的、知识分子家庭出身搞文艺的人还是比较多的。

**陈：**所以才感到奇怪啊？

**刘**：但是我们招过一个班，专门招的就是调干生，全都是工农兵。摄影系的“58 班”就是典型的工农兵班。我们这些教员没什么特别的感觉就留下来。而且实际也是这样做的，摄影系的做法就是如此。

**陈**：“58 班”学生文化基础怎样？

**刘**：文化基础差一点。我们教他们，“58 班”的同志们到现在为止跟我的关系很密切，所以我们摄影系，起码在摄影系里头，作为录取的学生来讲，你说的这个比例没有突出体现出来。我只能这样说，起码我没有明显的感觉。但是我们的确是有一个工农兵班，这些问题恐怕在艺术院校当中不会是特别地突出，因为我们要考很多具体的表现，要唱歌、要跳舞，才艺嘛。要看体型，这些东西绝对是第一位的。工农兵考生条件好的照样录取，不能因为你是工农兵，我就给你搁到优先。应该一视同仁，因为电影学院就是这种情况。

## 第六节　关于52个学习小组

**陈**：电影学院办校办工厂，制造摄制放大机、录音机等教学工具，您参加了吗？

**刘**：一样没有参加。校办工厂我知道。他们还做了很多的设备，这个我也知道，到“文革”的后期——后来再说，他们后来做设备还让我去给他们买材料，一大批车床、工装什么的，我就从国家计委调拨过来。

**陈**：那是后来国家电影工业生产小组？

**刘**：协作小组，他提出一个什么型号，好像 33 种，还有 4 种工装设备，就在小西天大院里头，后边工厂要买东西，是向国家计委提出，我去给他们把东西买来。我在计委那里走一圈儿，要什么东西就给，分配单就给我去购置。

**陈**：为电影学院做好事。

**刘**：买了很多东西，你搞这些东西，前面也好、后边也好，前面没有做，我要告诉你。

**陈**：什么东西，影像机没有做吗？

**刘**：没有做。我没有看到显影罐是电影学院做的。放大机是电影学院做的，我没有看见，我从来没有看见过电影学院做的放大机。

**陈**：这是大事记写的。

**刘**：这个话我要这样讲，有把握这样讲，有了这样的愿望、动了这样的手，没有看到东西。我始终没有看到这样的东西，电影学院要做出显影罐不给摄影系做试验用一用，不可能的。

**陈：**没有讲车床，只是讲放大机、影像机、显影罐？

**刘：**没有看到做出来，一定是想办法弄了没有弄出像样的来，我没有看到我们的放大机是摄影系做的。做不出来的，这个东西，多多少少带有精工设备，做个显影罐有灯泡、有聚光镜，还有光学设计的路线。要做的话也应该调我去，因为我还学了不少光学，而且没有那样的水平啊。做过、搞过或者照葫芦画瓢搞过这样的东西，不见得做出来过，我现在这么认为，他们也许不同意我的看法，那你去找。哪有东西是电影学院做出来的，我没有看见。这有点违背当时的现实。

**陈：**所以我们才要做口述历史，听您的意见。

**刘：**可能做过，干过这个事，想做个放大机，或者“大跃进献礼”要做放大机、要做显影罐，一看这个东西比较好做，放大机好做，他没有说做摄影机，是做放大机，摄影机他做不了。这是献礼项目，可能列了这个东西。献礼项目里头有它，后来写到我们校志里头，写在哪个地方。

**陈：**但是东西没有见过做成？

**刘：**我知道这个，后来录像机我们做过，“文革”期间知道做出来了，我带一句话搁在这里，也是基本上不好用的。做了一些精工设备，电影学院小作坊干精工设备干不了，设备都买了，花了钱。

## 第七节　响应国家号召开办短训班

**陈：**1958 年前后，由于各省办电影厂的需求，电影学院办短训班，开办了新闻编导、新闻摄影、录音、洗印四个短训班，您还记得吗？

**刘：**太多了。我干活太多了。1957 年办短训班，是响应国家的号召，为短训班电影学院做了太多的事情。电影学院三大块儿，摄影系、导演系、录音系，这几个系都积极出力。

**陈：**那几个班正好是新闻摄影、新闻录音、洗印。

**刘：**就以摄影系为例，我要记得比较准确的话，摄影系的班招来的学生有七十多人，当初的教员不是特别多，也组织一部分同志来参与这个活动，因为还有别的班在上课。我们来到后，我就是上短训班的课，不是本科班。

**陈：**开什么课？开多长时间？

**刘：** 一个是曝光控制；一个是影调调节，专门讲滤光片调整画面影调；包括照明技术、灯光。我们电影系统整个叫照明专业，电视台叫灯光专业，而且一直改不了。我们一直叫这三个专业，我就负责这三个专业。而且我们还有人专门讲胶片。有专人去讲故事片的创作。

这个短训班，一天讲七个小时。还得加夜班，上午我讲四个钟头，讲到中午吃饭，好像下午一点半就上课，要讲到吃晚饭，三个小时。我在摄影系讲课能一天讲到七个小时，而且天天讲。晚上呢，就要到同学里头去，就在楼里头。到学生宿舍里头去串联，大家有什么问题就问啊，你只要去宿舍，绝对比教室里头还忙，问问题的人也多，围过来的人也多，而且天天讲，他们晚上还继续围着，你走到哪儿就跟到哪儿，很忙的。七十多个学生住在这个楼里头，很多人围在一起，天天就这样讲。还没有更多的拍摄实习的内容，没有设备啊。上课基本上就是这样上下来的。

**陈：** 一个短训班多长时间？

**刘：** 好像都三个月的样子。当然不是每天都是我的课，我连续上十天、十五天的课，这十五天可能是我的课，别的时间是别人的。还有啊，我上这个班的课，因为我讲课学生们的兴趣还是比较高，本来他学录音的，录音系也请我讲摄影技术当中的若干问题，我就不像在摄影系里边那样讲了，我就挑里边的一部分内容，给他们讲两三次课。那个期间短训班的确是最忙的。我们忙，讲电影胶片的老师也忙，黑白胶片、彩色胶片也要给他们讲啊，他讲更多的原理，他还要讲这两大部分。讲艺术课的老师就需要跟他们讲三个表现手段，动向表现手段、摄影表现手段、光线表现手段。

**陈：** 动向指的什么？

**刘：** 摄影机的方向。这三种表现手段他们也要来讲，都讲故事片的创作，拿这个代替摄影艺术课。构图课没有实习，要跟他们讲构图课的要点和一些方法，摄影系的三大块儿不跟他们讲，都跟他们讲核心的问题。

**陈：** 短训班有上摄影技术课吗？

**刘：** 有。讲操作，也是我来。

**陈：** 您上四门课？

**刘：** 当然讲摄影操作，而且更多以操作为主，就在我们物理实验室里边讲，摄影系分班调了好多台摄影机，给他们做演示、做表演，他们要一个个来操作、来训练，都有的。摄影系的几门课程都包括在里头，都讲得比较概要。我的课更加集中，我的课也最多，都在我这个地方。

**陈：** 从曝光到摄影技术？

**刘：** 都有，包括照明都可以在这里头，照明一般技术原理都搁在这个地方，材料里头就有一本照明课。

**陈：**短训班学生来源是什么？去向是什么？

**刘：**各个省选派。相当多的人没有基础。

**陈：**那训练三个月效果怎么样？

**刘：**当然回去绝对能操作，能掌机能拍摄，或者跟着我们先期从电影学院分配的那些人后头他就干上了。很快地，全国的电影事业一下子就发展起来了。与此同时，在我们的教学过程当中，大家的成长也都是很快的。

**陈：**老师讲那么多课，有课时津贴吗？

**刘：**没有过。有补贴是90年代以后的事情，1958年都没有的。

我带的研究生，当然都是我上课，这个很有意思，我的研究生跟别的研究生不一样，我的研究生成天跟我后边跑，随时随地都在一起，而且也没有给过课时费，屠明非① 是当时最好的学生，现在也是电影学院最好的老师，而且很快就当了教授，他现在拿的待遇跟我一样高，也都很好很好。

## 第八节　参加艺术院校“大跃进”的拍摄

**陈：**摄影系摄制了系列专题片、纪录片二十余本，您参加过吗？

**刘：**我不知道那个，我参加了艺术院校“大跃进”的拍摄，在舞蹈学校。后来很有名的演员白淑湘②，当初在跳舞。当时我们拉着设备，还有稍微重型一点的设备，像中型摄影机，拉到舞蹈学校，在他们的礼堂里头，进行拍摄。对于这部片子，我是参加者之一，但不是主要负责人，主要负责人是艺术教研组的同志。他们是主要负责，我们是参加，摄影系差不多年轻一点的老师，几乎全体总动员，到那里去参与这个活动。

---

① 屠明非（1956.11.19—2020.7.8）教授，硕士研究生导师。北京人。1982年本科毕业于北京工业大学电子学系，获学士学位。1989年研究生毕业于北京电影学院摄影系，获硕士学位，后任教于摄影系。中国电影电视技术学会理事，中国电影家协会、中国摄影家学会、中国感光研究会会员。专业方向为电影技术，研究领域涉及影视、计算机技术、特技制作、电影及图片摄影、视知觉和视觉心理学等。主要讲授《曝光技术与技巧》《摄影滤镜》《电影制作》《计算机图形图像技术的电影应用》《特技制作》等课程。

② 白淑湘（1939.11.18—），女，汉族，辽宁新宾人。生于湖南省耒阳。1952年参加东北人民艺术剧院儿童剧团，1954年选送入北京舞蹈学校学习芭蕾。在中国芭蕾《红色娘子军》中，她成功地塑造了女主角琼花的形象。曾任中央芭蕾舞团副团长，中国文学艺术界联合会委员，中国舞蹈家协会理事等。曾任中国文联副主席、中国舞协主席、全国政协委员。

**陈：**并不是每个人都掌机？

**刘：**怎么可能呢，一两台机器在这里就了不得了。我不是掌机，具体不记得，反正我参与了。印象当中，我们熟悉白淑湘，后来她当了政协委员，见到白淑湘时我还说，过去你跳舞，我们还在底下拍过你。

**陈：**电影学院定期拍新闻杂志片《北京新闻》，您参与了哪些？

**刘：**这个里边，我们一定得弄清了，新闻片组我们是参与者，真正新闻片组负责的韩建文同志，也是我们电影学院艺术教研组的。

**陈：**也是摄影系？

**刘：**艺术教研组的老师，他是搞新闻片出身的，在我来北京电影学院、来北京的时候，韩老师负责带我们这些人，他当时是新闻片厂搞新闻片比较有影响的同志，他就负责新闻片组。还有张兰芳是搞剪辑的，现在还住在这个地方。你也知道张家克吧，张家克是她的先生，就住在我们干部楼里边。新闻片组还拍了许多活动，我们要讲到"大跃进"的话，就是与拍这些最紧密相连的，当然还拍了别的活动，这表演活动、那表演活动，都是作为新闻片统一发行。我们摄影系的老师都是摄影的参加者。

**陈：**《北京新闻》的参加者？

**刘：**参加者，包括我在内，主要是艺术教研组的，我是其中之一。我是讲技术课的，没有别的任务时我还参加多一点，因为别的老师不是搞新闻片出身的，也不特别懂这个。我当初也参加这个组的一些活动，而且经常在新闻片组，有时候开会就在新闻片室，新闻片组就是这么一个情况。你刚刚讲的那些影片，就是电影学院摄影系为主，后来还有意地留下几个短片组毕业的学生，就在我们新闻片组里头工作，拍《北京新闻》。比如董世奇后来分到"农影厂"了，他现在跟我还有密切联系，包括我这次在三亚疗养，当然我是他的老师，他每年都要上我家里拜年的，都有联系的。董世奇他们这一拨人有好多都是拍《北京新闻》的。

**陈：**1959 年 2 月电影学院还开设了电视摄影培训班。

**刘：**隔一年就马上又办第二个班，叫电视摄影培训班，还是我上阵，还是同样的教学方法。

**陈：**教学内容有变化吗？

**刘：**稍有变化，他们是来我们这里学摄影，学摄影的原理，不讲摄像机这一块儿，摄像机可以回去学。

**陈：**是学电影摄影？

**刘：**电影的摄影，不是学摄像，你知道吧。名称就是电视摄影班，所以我们几乎是用同样的方法，他们也同样用我们的方法了解一点电影摄影机概要情况，就不像我们的学生有那么多操作。他也知道我们不给他讲电影摄影机这一块儿，还在讲胶片、曝光控制。

**陈：** 您开的课我查到还有摄影技术。

**刘：** 摄影技术，我一直讲这个讲下来的。照片技术我也讲，他们的照明显然跟我们的照明是完全不同的。当初还是用这些东西，还是电影照明的方法。电视台开始那一套完全是按照电影的路子来走的。我在这里讲，曾经有一段时间，刚刚开始的时候，吕锦瑷还专门到电视台给他们讲了胶片原理课，那个时候还没有彩色片。我也给电视台单独讲过，专门讲电视摄影课，同样的班同样的课。

**陈：** 您对这个班有什么特殊印象？

**刘：** 没有特殊印象，就是这些人，现在都是我很亲密的朋友，因为那个时候跟他们在一起自然非常亲切，他们都还很年轻。

**陈：** 这个班人少一点吧？

**刘：** 好像也是五十来人，如果说我们是七八十人的话，他们至少是五六十人。

**陈：** 那时候哪有电视设备？

**刘：** 电视也要大发展、"大跃进"。

**陈：** 全国不就一个北京电视台？

**刘：** 是啊，那个时候来的人都是全国各地的。来了住到我们这里，我们还是同样地接待。

**陈：** 电视班广播电视局拨款吗？等于代训代培？

**刘：** 我想应该是有拨款。各系老师谁都不清楚有没有拨款，拨到电影学院多大的比例，用不用它发酬金，起码他们没有发过我酬金。

**陈：** 这个班时间长一点还是短一点？

**刘：** 短一点，如果那个时候三四个月的话，这个班两个月。

## 第九节　对中华人民共和国成立十周年献礼和加入中国共产党的记忆

**陈：** 1959 年是中华人民共和国成立十周年，电影厂拍了很多献礼影片，您对献礼有哪些印象？

**刘：** 献礼片我知道，电影学院具体献礼内容，我真没有印象。

**陈：** 您从 1949 年的 3 月份入团到 1959 年 4 月份入党，这个过程为什么会有十年时间？

**刘：**那个时期对知识分子来讲算长吗？不算长。我虽然是 1950 年 3 月 1 日第一批宣誓入团，袁淑安同志、张修焕同志给我做了介绍。入团以后，在学校里边，处处都是一个新民主主义团员的身份，所以班级活动都是很积极的参加。因为有这样一个身份，所以要调人去文化厅的时候来函，就是以青年团名义向文化厅要人，文化厅当然得向各个下属单位要人，我们那 45 个人都是团员。

后来到了湖南，那就更积极了，搞放映都是以团员的身份，包括农村里边巡回放映，搞一个什么活动都是以这样的身份，都是非常突出，以至于以后调到北京，到了北京以后参加各种各样的活动，都是这么一个身份。

**陈：**入党申请书什么时候写的？

**刘：**严格地讲入党申请书是 1954 年调到北京电影学院之后，自认为水平不够，因为我们在抗美援朝前线有过一段刻骨铭心的经历。电影界五位烈士的遗像挂在那儿，你看到他们的遗像，都会觉得先发展或者后发展都无所谓，我们跟党员还是有一定的距离，并不觉得自己够共产党员的水平，这的确是我们当初这些年轻人真实的想法。在摄影系期间，夜淮在系里当副主任、是党支部负责人之一。平时大家觉得这个人比较嘻嘻哈哈，但是对我还特别关心，在发展入党的问题上，因为我跟吴印咸过多地打过交道，包括有许多的家庭问题，关于我父亲那方面的情况，还没有入党之前我们还经常谈起这些相关的事情。

**陈：**谈父亲的事是向他汇报思想？

**刘：**汇报思想。跟他谈到这方面的一些问题，我觉得他这个人还是以党员身份来关心我们这些年轻人。留校以后，老跟他打交道。(入党申请)早就写了，我留到电影学院就写了。

**陈：**写了入党申请书，经常找夜淮谈思想？

**刘：**汇报情况。好像一个月左右，那个时候坚持一个月左右跟他多谈谈、聊聊，不太跟沈嵩生谈。后来发展入党沈嵩生跟夜淮两个人是我的入党介绍人，开始就是跟夜淮谈谈家庭的情况，有什么信件往来，都跟他聊起这些事。1955 年跟张修焕有一定来往以后，准备发展恋爱关系的时候，跟他也谈，都谈。

**陈：**实际是跟组织汇报？

**刘：**都会谈到这些事情，我们那个时候没有觉得是思想汇报，觉得大家都很亲密一样。

当初不涉及发展入党这个问题也不会谈到这个事，比如到后来工作一个阶段，考虑跟张修焕要结婚了，当然得找办公室的肖忠信谈了，那么在这个之前当然也跟夜淮谈过了，夜淮说你们赶快办理结婚吧。

**陈：**把个人情感、个人生活向党组织汇报，当年没有任何顾虑？

**刘：**没有这个，客观上不存在这种状况。也没有必须谈到跟张修焕认识、有了来往了这个事，一直到打算要结婚了，才跟肖忠信提起这个事，跟夜淮也提到这个事，好像也就是一次两次提到这个事情，还是从调动的角度说的。

**陈：**1956 年您就比较积极，为什么要等三年后才入党？

**刘：**两个原因，一个总觉得自己还是不够，这个概念始终有的。跟党员同志们相比较觉得自己各方面还不够，真心实意觉得不够。第二个还有很重要的问题，就是我们周围还有很多同志要求入党，渴望成为党员，他们都没有发展，我一个人忽然之间就发展到那一步了。

**陈：**我没有听懂，您不是更提前？

**刘：**我不是突出的，那个时候入党还是得突出，那批人当中我 1959 年入党，仍然是很突出，比较早的一个了。(其他人)都比我晚，我都是他们的介绍人。连韦彰那么积极也没有入党。韦彰跟我是同时发展，他第一次还没有通过，我第一次就通过了。一直隔了半年，再一次讨论他入党问题时才通过，他比我更积极，他是更多陪着吴印咸同志的人，他还没有入党啊。所以在那个环境当中，很多人都不觉得自己够一个党员的水平，没有申请。

**陈：**为什么说韦彰比你更积极呢？

**刘：**吴老拍东西带着他一起出去，他第一次入党拖了半年。我们这些人当年在院里头、在系里头一直都是最积极、最努力的，学院在发展入党问题上，我说得不客气一点，最初发展比较慢，电影学院最早发展的党员里头，我不是一二、也是三四，跟别的系相比。

**陈：**电影学院建系九年？

**刘：**不是，就是创院九年，很长时间没有听说电影学院发展党员，把谁发展入党，没有听说过。很快听到我入党了，当初好像批评党组织发展太慢，客观情况就是这样。我还是比较早入党的，虽然是 1959 年，也是比较早的了。不要说从 1950 年到 1959 年相隔九年，我还是积极要求，而且前面那段时间总觉得自己还不够，的确觉得不够。因为像在“新影厂”跟我们一起工作的韩克超是老党员，处理各种各样的事情就非常好，好多人都是这样的。韩建文好像当初也没有入党，后来才发展入党。我讲我们当初的情况就是这样，党组织发展比较慢，我们自认为自己不够，而且有一个对比的对象。

**陈：**1959 年 4 月 13 日，第二天党组织讨论您入党的事，您还记得吗？

**刘：**那天开的是党员大会，我的印象不是摄影系支部大会，是党委大会，在党委办公室，好几位同志都到场。

**陈：** 开会的地点在院党委办公室？

**刘：** 对，不是在摄影系开的讨论会。当初党组织发展党员很慢，还很隆重，提意见，真提意见。大家对发展你入党提意见，你个人要好好努力、要好好改造，他们好像特别提到一个问题，要很好地背叛自己的家庭，材料上写得很清楚。

**陈：** 跟自己家庭划清界限？

**刘：** 这话当初很明确提出来的。因为这些话对于我们出身不好的同志来说，这些内容多多少少有一种警钟长鸣的感觉。

**陈：** 实际上你一直这么做？

**刘：** 事实上也是这样，所以你昨天问到跟家里有没有联系，就是没有联系，的确有这么一个状况。

**陈：** 但是党员大会还是提出来背叛自己的家庭？

**刘：** 还是强调这个。原词就是这个：背叛家庭、划清界限都提到，这都是发言当中提到的问题，没有任何记录的。我们这些年轻人叨叨起这些事情来，觉得这些人真是经过共产党多年的培养，还是经过一定锤炼的，对党还是真真实实有感情的。他们看到我干了那么多事，1959 年搞墙报、搞党委布置的工作啊，我是个老师，成天到晚在学校里头忙忙碌碌，非常辛苦。但是大家在入党大会上、在谈话当中肯定你非常积极，但是用党员标准来衡量，总觉得你还做得不够，做得不够这个话反复讲。尽管干工作都很积极，但是你还做得不够。

**陈：** 一天讲七个小时课还不够？

**刘：** 当初在入党问题上就那么说。那个时候入党，非常非常难。所以你刚才问这个问题，到 1959 年才入党长吗？我不认为长，你说我晚我还不认为晚。

**陈：** 实际是电影学院最早一批。

**刘：** 最早一批。现在年轻人提起来，这么锤炼的人、这么锻炼的人，怎么还会有这么多要求？时代使然，那个时代的组织就是这样。夜淮很普通的一个老师，他平常跟你相处，包括现在跟他打交道还是嘻嘻哈哈，但是他仍然各方面对你要求很严格。见到他我们还像见到老师一样，我当了院长之后去他家里看他，还像见到老师一样。

**陈：** 入党不是有预备期？

**刘：** 预备期就宣誓，赶上一次什么活动，我还记着在讲台上边，我们站在台上，站成一斜排，举着自己右手，有人领着我们宣誓。入党的人都宣誓，并不一定等到转正以后。这是非常光荣的事情。

**陈：** 还要开讨论会？

**刘：** 还开讨论会，也经过小组讨论。党委也开会，好像党委会我们也到了场，那个形式比较简单，因为经过系里头支部讨论，他们念了转正的材料，我印象当中夜准跟沈嵩生写了相当于文件一样的材料附在里头，正式拿到党委会讨论的时候就非常简单了。党委通过以后，有一次谈话。

**陈：** 谁跟谁谈话？

**刘：** 我记着是孙月枝。党委通过以后，党委委员要和我们有一次个别谈话，一次面对面谈话，完成一个程序。完成转正程序以后，就拿到通知，通知你们为中共正式党员，以后再填表就是正式党员。入党时间为批准的时间，我入党时间是 1959 年 4 月 14 日，填这个时间就算是正式党员。

**陈：** 入党为什么要两个介绍人？

**刘：** 他们互相沟通，这两个人我都很熟悉，两个人说我们现在经过研究，由我和老沈作为你的入党介绍人。就签字，他平时跟我谈话。谈谈话、问问好、问问个人情况，当然也问到家庭情况，互相都说。都是很正常的、普通的、同志之间的谈话，因为不存在有什么问题需要交代、需要沟通的，如果说哪位入党同志有什么问题、在这个期间发现问题那是另外的事。入党转正之前，他们两个介绍人肯定找你谈话，肯定有谈话程序。

**陈：** 沈老师跟您谈话打官腔吗？

**刘：** 不打官腔，他是电影学院最好的人，跟我们说话很随便，没有官员架子。

## 第十节　培训外国留学生

**陈：** 1960 年电影学院摄影系、导演系培训外国留学生，您有哪些经历？

**刘：** 在电影学院的经历当中，跟留学生打交道比较多的还就是我。十五六个留学生，阿拉伯国家有 11 个——阿尔及利亚 11 个，那是我来开班的，我和一位叫张益福[①] 的老师，我们两个人教这个班。这 11 个人是一个班。上课，好像给人感觉就是学习“摄影技术”“照相构图”。不去更多涉及导演的那些问题，我上课上得比较多，还从语言学院请来了一个翻译，

① 张益福，摄影系教师，主授“照相构图”课程。

专门培养外国人学（汉语）。

**陈：**这 11 个人当中有越南人、柬埔寨人、印度尼西亚人？

**刘：**那是跟班听课。我接触比较多，他们在摄影系学习，而且没有进入摄影系三年级、四年级，一二年级就走了，在摄影系更多是学习我的课程，还有胶片课，讲课用的是中国的教材（我专门写的教材）。中文教材，翻译、图解都有。那个班单独上课。这几个人分两类，一类跟班听课，越南的留学生跟班听；柬埔寨是皇室派来的，一个人单独讲，我讲过一个人的课。

**陈：**越南人会汉语吗？

**刘：**慢慢听，他多少也会一点，加强辅导。就不像短期班那么多人，个别辅导特别多。我上课那个阶段没有助教的，全都是亲自出马。没有助教，柬埔寨是一个人，我一个人讲他一个人听。

**陈：**他语言怎么办？

**刘：**连讲带比划，没有翻译，他多多少少听懂一点汉语，而且也是单独讲课、单独操作。越南的学生是跟班听课，但是辅导是单独的，越南跟柬埔寨的学生出外实习、包括用摄影机，他们拿着机器我跟着他们走，有时候我给他们扛三脚架。

**陈：**他们到外边拍片子？

**刘：**大家都很随意，很随便，关系很密切。跟班听课、单独辅导、单独实习，我用这种方式把他们培养成为越南的摄影师、柬埔寨的摄影师。而且越南的摄影师回去不太长时间，顶多半年就以越南一个代表团副团长的身份，领着别人到中国来参观，这就是我的学生。人家来了也没有别的，到学校打个招呼，东西一放下，跑到我家里头，跟我夫人、小女儿挺要好的，成了很好的朋友。而且他会操作电影、会使用机器、会拍片子。他们是采用这个方法来学习的。柬埔寨的学生，越南的学生，电影胶片这一块儿，他们跟班上课，那时别的老师上课他们也去听，自由选择。柬埔寨的学生单独的，不跟别人，跟着我。他们回去以后都当了摄影师，还时常来信，甚至于到我家里来还带个小苹果给我的小孩子。

**陈：**您讲的越南学生回头当副团长回访中国？

**刘：**对，就是这样的情况。阿尔及利亚的学生就不一样。我记不清名字，这 11 个人，他们是学了电影拍摄，学了胶片，主要是我教的，我写的教材里头有一大部分就是给阿尔及利亚留学生写的，供他们参考的教材。他们还开设了关于创作方面的课程，专门有翻译。他们到中国来也就是学习半年的时间，对有的人我是讲电影方面的课程，张益福老师跟我一起讲课、包括操作，另外有个老师给他讲摄影方面的创作，我不记得名字了，我们就不介入，这两类学生都归院里管，吃饭是单独开火。

**陈：** 当初还有印度尼西亚的学生？

**刘：** 印度尼西亚的学生也是跟班的。这些人差不多跟我关系都相当密切，这样就坚定了我专门脱产学外语的决心。学外语的念头就是这么产生的，我从 1961 年以后就专门到师范大学学英语。

**陈：** 您是开过班以后学英语？

**刘：** 我是为了再开留学生课才去进修英语的。之前我虽然懂点外语，但是没有到后来更加流畅的程度。后来专门脱产学了外语，是这么一种情况。

**陈：** 跟外国留学生打交道的纪律，党组织会对老师们交代吗？

**刘：** 我们电影学院对待我们、对待在学校期间跟留学生打交道的过程当中，没有感觉到党组织对留学生如何长如何短。

**陈：** 不怀疑留学生会不会有文化间谍？

**刘：** 政治上没有，在电影学院也没有听到过戒备，一点儿没有。电影学院没有把留学生当作需要戒备的对象，或者我们需要如何警惕，也没有交代。

**陈：** 没有领导打招呼说，跟留学生打交道注意哪些问题？

**刘：** 我还不知道哪个领导关心过没有，我们很自由地打交道。

**陈：** 您当院长时已经改革开放，60 年代也没有？

**刘：** 电影学院没有这个问题，要注意什么、该防范什么、什么部门打个招呼，没有人做过这个事。或者当时电影学院警惕性不高，或者电影学院管理部门、教务处几个人有时候过问一下，有什么事要办，电影学院没有任何人过问过，电影学院在这方面也没有发生过任何事情。

## 第十一节　家庭生活

**陈：** 下面一组问题是您家庭生活的问题。

**刘：** 是这样，我是 1956 年结婚，结婚后我爱人张修焕马上回南昌工作了。1957 年调到北京来之后就怀孕了，我们的女儿是 1958 年 6 月 18 号在北京出生的。很遗憾，当初是我最忙的时候，一个忙学习，上课班次也多，外边听课也多，真是照顾不了。

**陈：** 家里请了保姆？

**刘：** 请了一个老太太，保姆老太太她还带着个孩子，那个小孩是她的孙子，所以保姆和孩子住小房间里头，跟她一块儿住。洪燕[①]生下来以后，我夫人照常上班，白天保姆带，晚上还跟妈妈在一起。

**陈：**那个时候产假多少天？

**刘：**好像56天的产假，很正常。

**陈：**保姆工资是多少？

**刘：**不太清楚，不太高，没有现在这么高。

**陈：**保姆在家待多长时间？

**刘：**待了很长时间。她家就住在西四胡同，北京人。

**陈：**1959年您把父亲接到北京，前后经过如何？

**刘：**父亲接到北京，当初一个很重要的背景，是张修焕怀了第二个孩子，考虑到1960年2月份——就是现在这个季节[②]，今天是我儿子的生日，中午我们还通了电话。今天一清早起来，她妈妈说今天是21号，给儿子打个电话，说今天是你的生日，妈妈做点别的表示，已经把钱寄去了，儿子在电话里嚷了："妈妈又给我寄钱！"

**陈：**刘嵩屹出生以后祖父才来？

**刘：**就是刘嵩屹快要出生的时候，1959年12月份或者1960年1月份，好像是前一年冬天，天很冷，因为刘嵩屹要出生所以把他接来，接来之前就不跟夜淮打交道了，直接跟党委办公室主任肖忠信提出来，是不是请组织帮助把父亲（他跟我姐姐没有住在一起）从四川省武胜县迁到北京来，户口迁来。

**陈：**那时候您母亲？

**刘：**都在。因为过去入党问题全过程当中都有交代，摄影系的支部和党组织都了解我的家庭情况，而且老家那边对他的问题也做了很妥善的处理。我提出要求以后，好像当时存在的问题就是搬迁和迁户口，不存在对他还要家庭审查。要我写报告，我觉得这个报告肯定是经过了党委研究，肯定经过街道办事处，后来报户口在他那里报。去办理他们要来北京问题的时候，到那个地方，打了一个招呼，说我父亲母亲要到这里来，那就是迁进两个户口来。

**陈：**农业户口转成非农业户口？

**刘：**没有转不转，就是迁过来的问题。

**陈：**到北京来不转成非农业户口，怎么发粮票？

---

① 洪燕，即口述人的女儿。

② 指的是做口述历史采访时的季节。

**刘：**你听我讲，我父亲要从那个地方迁过来，这边欣然同意，我就赶快把钱汇过去，所以他们很快就到了北京。到了北京就报户口，我们户口本上头的人口数量变了，粮本也变了，就一气呵成。迁到北京来。都过来了，等于两个户口从那边迁到这边来，党委同意，老家方面同意，然后把户口迁过来就完了，过去都是很简单的。包括以后父母病故销户口都是在这里销掉的。这个事情都是很快的，我想这个过程是经过这边党委研究过的，也不会有更多的讨论，刘国典把家里人搬过来，更有可能也许咱们办公室主任跟党委书记说一下这个事，也不要开会，点了头就拿信到那里去，登了记才好入户，就这么个过程。因为他不是新列户，而是增加人口这么一个状况加进来的。

**陈：**1959 年迁父母户口之前，父母有没有写信说他们想跟您一起生活？

**刘：**没有，他很早就到了武胜。他知道北京进不来，想法会有的，他就在那里待着了。后来我这边批准了，我再告诉他们，他们也觉得很突然，意外之喜。他们也没有太多的行装、没有太多的家当，该带的带、该扔的扔，也没有太多值钱的东西。

**陈：**父母亲写信从未主动提？

**刘：**没有，他没有想到这个事，因为我们没有流露过这个事。起码没有提到这个事，在不多的信件当中，也不太谈到这个事。比如我们给他寄点钱，三句五句话把一点钱寄去，那个钱刚够他们的生活费，或许略有结余，因为我的钱也不多，从我工资中拿出来，当时我们也有小孩，再寄给他们也是很有限的钱，还不一定每个月都寄。

**陈：**您内心深处是不是想有机会把父母接过来一起过？

**刘：**这些问题在我们的经历当中，都是不太会想到。精力都在工作上，工作为重。他们不管怎样改变情况，总归是地主阶级，迁到北京来不一定太好，有这个概念。

**陈：**担心有政治影响？

**刘：**影响是存在的，把他们迁到北京来干吗？一个地主刚刚经过处理，你还非要把他迁到北京来，也没有往这上头想过。后来当然已经有了第一个孩子，又要生第二个孩子，在这种状况下，自己带不了，再雇一个保姆又不现实，把这个情况跟党委一讲，党委也理所当然同意了这个事情。

**陈：**您父母到北京时年龄应该不太大？

**刘：**七十岁左右。

**陈：**他们来北京基本在家里没有工作？

**刘：**就在家里看孩子。张修焕在上班，她那个时候是大夫，要真有个小手术，饿着肚子做手术，有时候一个上午要做两个手术，后来医院看这些大夫都顶不下来，就煮一点牛奶，做完头一个手术以后，在进入第二个手术之前让医生喝一点牛奶补充点营养，接着再把手术做完。下了班从医院里回来还要照顾小孩，说得难听一点，上楼梯都有点上不动。那个时候我们住在四楼，上楼梯上到三楼都有点上不动。那个时候医院里就这么艰苦，很艰苦的。

**陈：**刘嵩屹出生在三年困难时期，家里头状况是什么样?

**刘：**极为困难，我所谓极为困难，你拿的一点工资勉勉强强应付这个局面。我还有一个特殊性，第二本书出来了，正好拿到那批稿费。第一本是 1961 年，那本书有一点点稿费，就这么一丁点稿费，贴补家庭生活还是挺起作用的。那时候就是 69 块的工资，她大概也是 69 块，两个 69 块，138 块维持这么一个家庭。

**陈：**那个保姆已经辞退?

**刘：**当然就辞退了。

**陈：**那个时候钱缺还是粮票缺?

**刘：**钱也缺、粮票也缺，维持吧，仅维持生存。

**陈：**您家是怎么吃饭?

**刘：**做好后一份一份分开，还是正常吃饭，粮食少一点，就这个意思。

**陈：**家里边有没有把某个人列为重点保护对象?

**刘：**没有。但是父母他们在这里也好，或者我在这里也好，在吃饭问题上，会对张修焕多少偏重。

**陈：**为什么?

**刘：**生孩子。当时那个时代没有别的经济收入，遇到这样的问题都会适当照顾某个人偏多一点。

**陈：**您家六个人都有偏重的理由，父母年龄大了、小孩太小、张师母是生小孩、您是家里主力干将，而且是父母的儿子。

**刘：**都会照顾张修焕。会有所偏重。

**陈：**您会有意见吗?

**刘：**怎么会有意见？都自愿的。不会出现多吃少吃，自动掌握好。

**陈：**家里饥饿情况还是没有发生?

**刘：**没有发生。就是有一点紧张。当时国家极度困难，在许许多多家庭里会有适当的照顾，会调整，至于说调整之后会有更多的怨言，这个对于多数人来讲不会出现。

**陈：**父母亲粮票每个月是多少?

**刘：**好像 28 斤。我是 30 斤，张修焕也是 30 斤。

**陈：**小孩呢?

**刘：** 好像那个时候刚刚生下来小孩就是10斤还是十五六斤，小孩粮食也可以添补家里头。

**陈：** 当时小孩喝牛奶？

**刘：** 那当然，我们订牛奶，牛奶订得很多，我们家里历来是大瓶的牛奶订两瓶，都是订大瓶牛奶。那个时候可以补一点，所以你刚才讲困难，家庭当中粮食是困难的，经济上是困难的，但是说困难到受不了，也还不完全是，小孩粮食也可以添补点大人。家里的老人最有意思，老人也想照顾到张修焕。她在医院里上了一整天班，凭两条腿坐公共汽车回到家，再上楼梯很累的。外科大夫很累的，家里人见到这个状况，自然会偏重她。

**陈：** 您家做饭是谁？

**刘：** 极短时间是母亲做，因为母亲身体不好，还是张修焕回来做得多，雇保姆是以后的事情，就是生小孩期间雇了一段时间的保姆。

**陈：** 老家的饥荒情况怎么样？

**刘：** 我们跟家庭当中没有任何交往，来北京以后，跟家庭也没有来往，父母亲在这个地方待着，我父母亲跟姐姐也没有来往，都不太来往。

**陈：** 不知道他们怎么度过饥饿那三年？

**刘：** 没有，还寄钱给二姐，极少，总归寄一点钱，家庭生活当中一直保持这个传统。

## 第十二节 担任技术教研室副主任

**陈：** 您从什么时候开始担任电影技术教研室副主任的？

**刘：** 我们摄影系，打开始发展到后来，只有三个教研室，一个是摄影艺术教研室，它主要是管辖摄影艺术课和搞特技的影片。

**陈：** 特技不属于技术教研室？

**刘：** 特技属于艺术教研室，重点在应用，主要是摄影艺术。这两个教研室以外，还有一个构图教研室。构图主要是静止的构图，照相构图，这几种表现手段都从摄影画面体现出来，但是它的动向就不是很明确了，光线、色彩、画面的结构。以这样的方式融合到一起，很好地体现在一个摄影画面当中，基本上侧重是静止的画面。这个教研室就由韦彰负责，摄影艺术教研室就由郑国恩负责。而开始的时候，是任杰负责，后来一个不太长的阶段以后，就发展成为郑国恩协助他，技术教研室就是管摄影技术。大体来看，我们基本上是两大课程体系，摄影技术里面包括我们讲的曝光控制、滤色镜、照明技术，还有我们当初把他叫做摄影镜头。严格来讲，它应该叫摄影物镜，不光是讲一个镜头，它是一个物镜。现在我们讲镜头也是指摄影物镜，但是群众习惯讲镜头，实际上是摄影物镜，这是一大块儿。还有技术教研室的一块儿，物理体系的一块儿。另外一个就是电影胶片。黑白胶片算一个体系，这个体系当中，包括胶片，也包括暗房的冲洗，还有彩色片，专门讲彩色片，包括彩色片的拍摄，或者彩色片原理和它的应用，都在这个体系之中具体地来分配。这是两大体系里面这样的一小块儿。同时在授课当中，学生刚一入学，有关照相的基本技术，也在我们这个照相技术里面。

**陈：**那不归构图管？

**刘：**照相技术，装胶片，暗房冲洗，放大镜的应用，这一大块儿在我们技术教研室是一个垫底的课程。（学生）刚来，花两个礼拜让学生集中精力学这个。后来根据教学的需要，慢慢又开出了另外一门课程，叫做电影光学，讲光学原理，讲电影光学的一些结构。这些问题你要讲它的原理，它是相当深奥的，在一般的应用当中也探讨不了这么深入，往往是照相机的应用，光圈、镜头、超焦距，都是直接谈的，真正从电影光学这个角度来阐述电影光学一些重要的原理，那还是在电影光学这个课程当中。

**陈：**这也是电影技术教研室？

**刘：**电影技术教研室。所以这样一来，表面上看我们是电影技术和摄影技术两大块儿，实际上里面包含八门课程。而且这八门课原则上有一个划分。物理方面的问题，属于技术教研组，洗印方面的问题、胶片方面的问题属于技术教研组。可能是六个老师还是几个老师开了八九门课程。由于历史的原因，或者由于自己学习过程当中探讨的深入程度，这九门课我都单独讲过。因为根据你自己对这些课程了解深入的程度，当时学识允许的条件，虽然教研室有很明确的分管，但实际执行起来，个别的应用会这样混搭起来。所以你看我开的课程，写有讲义的，这几门都有的。

**陈：**您是做教研室副主任，很快就做了？

**刘：**最早的教研室主任是金驾东，孙明经是我们课程开始当中最负责任的老师，很有影响的老师，但是开始没有给他教研室主任的头衔，而且很快被打成“右派”了。所以最后明确这几个机构，明确头衔的时候，最早明确的教研室主任是金驾东，副主任是刘国典，就这样一个情况。后来不太长的时间，金驾东就不在电影学院了，我就当教研室主任了。就这样一直管下来，“文革”以后好长一个阶段，我都是担任教研室主任。后来工作调动到电影局去了。

**陈：**1961 年摄影系办了科教电影训练班，您给这个班开过课吗？

**刘**：这个班我没有开课，但是他们用的相当多的教材，都是我当年写的。我们那个时候写东西都不能署自己的名的。

## 第十三节 《怎样使用曝光表》出版

**陈**：您的《怎样使用曝光表》，1961 年出版，是什么情况？

**刘**：是公开出版，《怎样使用曝光表》这本书是上海人民美术出版社出版的，两次印了 11 万册，印的数量相当多。任务是 1959 年下达的。因为我写这个东西比较快，都是手头的资料，摘录汇编完了之后就出版了。

**陈**：您把写作、出版过程，及署名情况说一下？

**刘**：下达任务的时候，与我们联系，说是不是请你们几位来写，就提到我、任杰、金驾东三个人。实际上他们没有动手写，也都没有参与讨论，因为什么呢？搞胶片的专门搞胶片，任杰关心摄影艺术去了，他压根没有太多精力管这部分。但是那个时候我们不讲究写个人名字的，我就提出来，干脆这本书叫“刘杰东”吧，一个人一个字，也不知道谁点头，也不知道谁认可，就叫做刘杰东。也许开始出的头一稿，书上可能写的就是刘杰东。第二次印刷干脆写刘国典了，后来到“文革”期间要出版的时候，到 11 万册出来的时候，压根不写刘杰东，就写刘国典就完了。所以你查书，书名可能有两个，作者署名，都不是本名，一开始刘杰东，后来就写我自己。

**陈**：一开始署刘杰东吗？

**刘**：开始出的第一版写的就是刘杰东。

**陈**：这个书的写作过程顺利吗？从 1959 年到 1961 年？

**刘**：没有费任何劲儿，简单明了，会用曝光表，最基本的那些原理，比如说做实用感光度，在这个过程当中，用哪些资料？用哪些教材？作为插图搁在里面，当初对我来讲，信手拈来，几乎没有花什么工夫，很快上海人民美术出版社就拿走，而且很快出版了。

**陈**：电影学院下达任务给你们三人，最后只您一个人完成？

**刘**：跟院里打一个招呼就找我们系里，坐在一起商量就完事了，也没有点头什么的，就由我们三个人弄。后来说刘国典你自己弄吧，他们都不太愿意弄。

**陈**：三个人从来没有一起说结构啊，具体怎么分工。

**刘**：没有，也许见了一两次面，弄完了，提纲他们也不太看的。因为写这个书应该说是我最在行，而且资料也是我最丰富了，你让他们拿出这些资料来，他们手头不一定很方便的，至少说是不方便。

**陈：** 您写完稿子以后要送审吗？

**刘：** 没有谁审，直接交给出版社，直接出版了，这都很快的。

**陈：** 这个书没稿费的？

**刘：** 我印象当中，如果说有一点什么稿费的话，那也是类似现在的一两百块钱，根本不能叫稿费。

**陈：** 第二稿 11 万册也没有什么版税？

**刘：** 没有，没有。写得明明白白是有稿费的，后来进入“文化大革命”了，我也不好意思跟他们催促要稿费了，没有这个概念了。中国电影出版社出版我后面的书就有稿费了，而且每次印刷都给稿费。

**陈：** 这本书只拿到一两百块钱的津贴？

**刘：** 津贴一样地给一点钱，我不是跟你讲家里困难就贴补家用了，尽管金额很少，当时拿到这么一点点钱，对家里还是管一些用的，因为咱们也很有意思的，好像平常生活当中也不太花钱一样。花钱都是张大夫去花，家里要添一点东西什么的，我家里添的东西没有一件是我买回来的，没有一件是我要的，应该买这个，应该买那个，大了小了，都是买回来不行再去换去，都是她去买，所以我家里经济问题处理比较简单，家里一切不管，包括现在。

## 第十四节　担任“59班”班主任

**刘：** 我是摄影系“59 班”的班主任，本来这个班主任开始想定刘维汉，我是教研组长，他比我更忙一点，好像开始定了他，很快“59 班”的班主任就是刘国典了。我们当时有一个想法，尽量让艺术教研组的同志担任班主任这一类型的角色，因为电影学院还是按照艺术干部类型来培养的。所以“58 班”是任杰，“59 班”就是我，“56 班”是郑国恩，都是艺术教研室的。但也有不是的，比如韦彰他就担任过“57 班”的班主任。这个班级一直归他管，管到最后毕业。

**陈：** “59 级”摄影班从招生到毕业，班主任要做哪些事情？

**刘：** 我们招生的问题，历来是全系研究，并不是我班主任一个人说了算。哪个教研室都是大家一起说了算，一起讨论，一起拍板，一起定名单。到开始新生入学了，进入事务性的各种各样的管理了，这个时候班主任开始管事更多了。学生的生活，学生平常在家庭生活当中遇到的各种各样的事情，这一切班主任都会管，政治思想也归班主任管，而且明确得很，都归班主任管。在实际发展的过程中，班主任慢慢成为这个班的主任教员了。

**陈：**教课也是以您为主？

**刘：**教课以班主任为主来组织了。比如“58 班”“57 班”“56 班”，包括“59 班”，我是“59 班”的班主任。

**陈：**同时也是主任教员吗？

**刘：**我们主任教员那时候还是刘维汉，因为他是上艺术课的，最后明确他来上摄影艺术课，管创作的课程，他就是主任教员。

**陈：**电影技术还有一大堆课。

**刘：**技术课总归还是辅助，没有这个名称。在我们看起来，技术教研组的这几门课，应该是辅助性的课程。没有叫辅助这个名称，它是以创作为主的，你是辅助它的，技术专业课都是辅助，这么来安排教学。这样的一种管理方式对摄影系来讲，好像还是很有效很实用的，而且是很负责任的。到毕业分配干什么，这个时候班主任就起绝对的作用了。

**陈：**当时班主任起的作用是什么？

**刘：**那就大家提出来，这个人要分到哪些地方去？而且当初很明白，我们的人员基本上百分之百到制片厂。比如说，摄影系的这个班都是到制片厂。而“58 班”工农兵学员数额比较大，任杰当班主任，他们就到了农业电影制片厂。还有少数人，到了相当于部队的单位，比如国防科委要拍电影啊，他们要人，我们就从任杰老师班里面分。还有分到科委的，分到“农影厂”的。分到故事片厂的人，名额稍微少一点，不多。

**陈：**指的是“58 班”？

**刘：**“58 班”。当初的（体制）结构，尽管事先没有严格的区分，分配还要根据社会需要。好像多年以来，电影学院摄影系的学生历来都是好分配的，抢手的。“八一厂”也要我们的人，中印边境自卫反击战时就是我们的毕业生到前线，是我们学院毕业的人分配到了“八一厂”，“八一厂”就将他们派往前线去，总体是这么个情况。

**陈：**毕业分配的详细过程是什么？

**刘：**当时下达任务，好像还是上面往院里拿一个方案，或者这个方案是我们集中起来反映到院里去这么一个过程，完了之后再进行讨论，讨论以后，咱们底下就在那里酝酿。系里面酝酿，在系里范围之内，以班主任为首的拿到系的范围酝酿。咱们有一个“系委会”，这个问题都在“系委会”上讨论。吴印咸有时候参加我们的会议，坐一坐，听听“系委会”的意见。我觉得这些人员的分配都非常简单，没有特别复杂。

**陈：**有没有学生半夜找到您家去？

**刘：** 没有，没有，可能底下会有透露。你们讲的这个情况，不一定是我们这个班。

**陈：** 比如后来的张艺谋，他就想去“西影厂”。

**刘：** 张艺谋就是这样，系主任韦彰看他的学习比较好，学习期间创作的东西比较好，他自己从“广西厂”调到电影学院的，他就倾向于把张艺谋分到“广西厂”,没有把他分到“西影厂”。那个时候“西影厂”更需要人，韦彰没有将他分到“西影厂”，老师这样的倾向还是有一点的。我跟你讲，这一大帮学生，我认为与摄影系的各位老师，包括我在内，没有跟哪个老师特别好，跟哪个老师特别亲密，好像都不存在这些问题。

**陈：** 风气比较正？

**刘：** 绝对正。分配要走后门，可能有人流露过，而且上面来了名单以后我们这儿研究，有的刚开始还征求他个人的意见，愿不愿意去那儿，有这样的情况。更多的没有征求个人意见，连这个程序都没有，就分配你到哪儿就去哪儿。所以你说学生找我们啊，我这个班二十几个学生，没有一个学生在分配问题上找我们谈话，说过什么事情，都是我们谈之前就宣布。似乎宣布之前，个别透透风，都没有这个过程，分配学生就这么简单，不像现在。

**陈：** 碰到不想服从分配的情况怎么办？

**刘：** 也许会跟他透露透露，但是基本上是谈好了以后再去，这个情况不是很多。

**陈：** 没有学生提前找老师求情吗？

**刘：** 我的印象当中，我的实际经历当中，我们酝酿让哪个学生去哪儿，到最后跟他正式宣布，基本上这个情况在学生当中，我都没感觉到哪个学生曾经找过我们。宣布前宣布后都不找。我的感觉，好像我们学生都很进步，都很积极。因为我们的毕业生去的地方都是好地方啊。

**陈：** 好地方也有远近啊，张艺谋不愿意去广西。他在访谈当中说过。

**刘：** 他不愿意去广西，他愿意去西安，后来韦彰给他做工作，就宣布他去广西。他也先去的广西，也没有来回跟韦彰商量好多次，不存在这种情况。

**陈：** 就是说老师喜欢他反而让他受苦了。

**刘：** 对，那就这样吧。当初就感觉他想去西安，很想去西安。

**陈：** 当时访谈了他，也是很想去西安。

**刘：** 他爱人就在西安，这个是他想去西安的原因，可是分到广西去了，拍了《一个和八个》《黄土地》，也没有来回很多的纠葛。因为电影学院在人员分配上，总归都是好地方，都是大制片厂。现在来谈，“长影厂”怎么样？那是中国东北很不好的地方，但是说谁分到“长影厂”去了，那是好事啊，创作特别繁荣，影片拍得也特别好。分到上海，不也是好事吗？都是好地方。

**陈：** 但是潇湘、广西、内蒙古、新疆的电影厂就不好。

**刘：** 到“潇湘厂”去的人没有太多，很少。我们班的新闻摄影培训班，有人到了“潇湘厂”，他是从“潇湘厂”到这来的人，而且他是先到了北京电影制片厂报到，从“北影厂”把他分到“潇湘厂”去的，还不是从电影学院分配去的。我就是讲，这些人员的分配，都去了好地方，包括胶片厂。广西那个时候是新建厂，可能有人不太想去，这个时候会流露，分到别的厂一个也没有不愿意去的。而且那个年代，分到制片厂所在的省，都是好地方。

**陈：** 内蒙古、新疆呢？

**刘：** 没有去人。到后来分到“珠影厂”，也不见得是坏地方啊。我就分到“珠影厂”好几个学生，他本身就来自那里，分配时我就给他分到那儿去了，叫黄永湖，后来当了“珠影厂”的副厂长。当初去的时候也是一般的摄影师，还没有拍太多的片子。当初招生的时候从广东招来的，自然把这个人分到“广东厂”去了。当然那里也需要，就很自然地往那儿分了。好像我们分配不是学生愿意去哪儿，不愿意去哪儿，找老师谈。很自然的处理方法。来自上海的同志相当多地分到上海。

**陈：** 哪来哪去？

**刘：** 没有规定，我们的惯例就是这么做，院里没有这么规定的。把张艺谋分到“广西厂”，这个就很突出。这个大概一眼就看出来了，你得分到“西安厂”去啊，他爱人还在西安，可还是先去“广西厂”，这不是很明确了嘛！所以整体来讲，分配基本上安排没有很严格的到地区，而且制片厂所在的地区都是好地方。

**陈：**“59 班”有让班主任为难的事情吗？

**刘：** 没有，我们班级里头，比如对老师有点小意见，这样的意见会经常遇到。你说闹成一个什么事件的没有。

**陈：** 困难时期，东西不够吃的事呢？

**刘：** 没有，电影学院这个范围，好像这种事情都没有发生过，起码没有明显地感觉到，压根儿没有感觉谁丢了什么东西，缺少什么东西，这个院的生活还是相当稳定的，有正气的。因为整个电影学院的大环境，院里的领导组织来的这一帮人，各个系的主任教员（后来从外面调进来很多主任教员），在我来看，都是电影界的一些精英。我觉得这个院落里面，这一块天地里面，没有很多的旧人，都是新建立的，新调入的，所以我们这个大范围里面，不像是旧学校，是新建起来的这么一个状态，生气勃勃，有正气，是这么一个感觉。

## 第十五节　系务委员会

**陈：**1962 年，您和杨霁明、任杰、郑国恩担任系务委员？

**刘：**系务委员会，总之管理有关你这个系里面的事。客观上来看，第一是教研室的主任，自然把这些人调到一块儿。特别好的老师，比如孔祥竺，后来系务委员会把他也调进来了。

**陈：**1962 年大事记上没有他。

**刘：**有他，开会研究事绝对都有他的。他的确是系务委员，所以很多不是系里的会，扩大也把他扩大进来研究，我们那几个人是系务委员，当初基本上教研室的主任都是。但是金驾东就不是，他是教研室主任，不是系务委员，他不是党员。

**陈：**必须是党员才行？

**刘：**没有规定，自然就这样做了，因为他不是党员，就没有把他吸收进来了，就这么一个意思。因为那时候没有几个党员。

**陈：**这四个人当时都是党员吗？

**刘：**杨霁明不是。

**陈：**系务委员是怎么产生的？

**刘：**任命的，作为系务委员，不要选举，也不要表决，以下同志担任我们系务委员会的系务委员，完了以后还公布出去的。建院之初，成洁是老党员，杨霁明是院里的教务长，所以应该把他定成委员，虽然他不是党员。所以系务委员一般是教研室主任，有些老同志，还有一些特别的，或者说老教师，这样一些人组成系务委员会。

**陈：**系务委员一定是骨干教师？

**刘：**绝对是骨干教师。虽然孔祥竺不是，开会就扩大进来。当初的情况就这样。

**陈：**系务委员的职权范围包括哪些？

**刘：**第一，院里头下达的需要系里面讨论的一些重大措施。第二，讨论决定系里面的教学安排，教学事务。第三，招生的拍板定案，招哪些人不招哪些人，最后录取哪些人。经过底下讨论，系务委员会同意通过。首先你要上报的时候，经过系务委员会同意，不是你们几个老师拍板就可以定了，讨论通过之后再报到院里面去，到教务长，这都是发榜之前很短的时间内要干的事情。

**陈：**要经过系务委员会这个程序。

**刘：**要经过这个程序。而且这个程序在我的印象里面，经常是坚持这么做的，开会往往是不定期的，但是差不多不太长的时间，就会有一次系务委员会的会议。

**陈：**系务委员有津贴吗？

**刘：**一分没有。

**陈：**您说经常开会，不给津贴？

**刘：**经常开会，没完没了的会，但是没有给过一分钱，现在也许都没有，一种正常的教学程序和教学安排。比如，我讨论什么事，贯彻什么事，让哪个老师做什么事，通过他们向系里的老师宣布，不一定非系主任去找哪个老师谈话。商量完了之后，教研室主任就去办了，并不是重大事情讨论完了，教研室主任去执行，讨论完了当然主任去说。系务委员会就这么一些事情。招生录取发榜，发榜的方案实际上都制定了，弄好了，也要经过系务委员会。我们这个班的人员怎么分配？经过大家讨论，班主任掌握的情况拿出来一般都是合适的，他要商量就先找系主任或者哪个老师商量就定了，但是要走这个程序。

## 第十六节　吴印咸摄影作品展览

**陈：**1962 年初，电影学院举办了“吴印咸摄影作品展览”，您有哪些记忆？

**刘：**吴印咸的摄影作品展览，对电影学院来讲是一个了不得的活动，因为能看到吴印咸的作品展览出来，对于大家来说都是非常高兴的盛事。首先院里面定，而且展览的东西，原则上是吴印咸自己拿出来的，要制作，要装裱，要装框，搞这些事情，或者做展板，他都搞好了，吴印咸的东西不太好插手的，他都搞得非常规整、完善的。

**陈：**扩印制作是谁做？

**刘：**吴印咸自己放，拿到外面去放，都由他自己出面，把这个事情全都安顿得非常好了，只有搞装裱的时候，搞贴的时候系里找人帮忙。

**陈：**扩印照片都是他自己扩印吗？

**刘：**经常的，他坐在家里，一说这个事，把图片社的人请来，请他们弄一下，吴印咸一点名就搞定了，他不一定自己到图片社东一张西一张地放，他让图片社的人做。你还要注意，好多是他自己在家里做。最早摄影系的暗房也帮他做一点，但做得不一定很好，他在自己家里做得很好。

**陈：**那怎么可能呢？摄影系暗房都是行家在那儿。

**刘：**真正行家是他自己，这个老同志可是不得了的。我说一点闲话了，他要放出来的照片，绝对清晰度、颗粒都是特别特别清晰的。他用纸也用得特殊，相纸都不一样。比如他老用一号纸，咱们懂一点照片的人，一号纸不能放照片的，质量不行的，水平太差，发灰的，他放出来就是好。二号纸、三号纸他几乎不用。

**陈：**三号纸是好纸。

**刘：**调子硬一点，他几乎不太用那种纸。他放大、制作出来就能到这个水平，做得就是好。我们大家习惯说，吴印咸放出的照片，衣服的扣子，一颗颗的都看得很清楚。我们这些放照片的，所有搞照片的扣子都黑乎乎一块在那儿，他放出来的清晰度就是非常好，他的放大技巧就是过硬。所以我就说，图片社做一点，系里做一点，完了以后装裱的时候拿来我去弄吧，在哪个地方拿，都给你点得清清楚楚，是这样的。

**陈：**图片说明文字呢？

**刘：**他都提出来，你们给我写，你们去描。你看我们的一些图片，底下那个字历来做得不是特别精致，不是写得特别好。

**陈：**您指的图片底下的小说明？

**刘：**小说明，写说明往往很一般。吴印咸的展览会，往往先是报告会，先请吴印咸做报告。他后来搞了一次展览，多少周年，就在电影学院摄影系搞大型展览，先开大型讨论会，请大家来。

**陈：**那是新时期的了？

**刘：**后来的了。他搞这个展览出来，会有人讲话，我们院里院长都要出来讲话。再后来钟敬之在学院搞展览会，我是院长，我就代表院里面讲话。

**陈：**1962 年吴印咸摄影展览会的时间地点记得吗？

**刘：**电影学院。1962 年的年初，（其他）我都不记得了。

## 第十七节　党员训练班及精简职工

**陈：**1962 年电影学院举办了四期党员训练班，记得这个事吗？

**刘**：我现在记不清楚了，可能就是讨论苏联的十九大、二十大的各种文件。

**陈**：1963 年减少城镇人口，电影学院也精简了？

**刘**：也精简，我知道被精简的人有困难，有些还是老党员，年岁大的党员。

**陈**：年岁大的党员怎么被精简掉呢？

**刘**：因为他是工人，我们青年制片厂里面的工人，搞照明的工人。

**陈**：那时候还没有青年制片厂吧？您是说校办工厂？

**刘**：校办工厂，就是工厂里的工人，精简了。回去了不多的几个人。隔了若干年以后，我当院长了，后来又返回到学校里，要求学校给予他们补助。精简人员再回来，学校的政策一分钱也不能给你，没法出账啊。可他找到这儿来了，那找个地儿给他住下吧。住了若干天，有些老同事、老朋友就给他一点钱，贴补，私人的。那时候各个单位还没有小金库，也不能从小金库里取钱。当初的这个状况就这样。

**陈**：摄影系不涉及？

**刘**：没有。但这个工人我是知道的，还有一个就是正儿八经学校搞清洁卫生的工人，那个人的先生好像就在“科影厂”工作，把她也精简了。我们精简的人员都是这样一些人，还听不到哪一个老师，被精简了。

# 第十章 《电影摄影技术》出版

**陈：**您的《电影摄影技术》这本书的写作情况如何？

**刘：**太艰苦了。一般出来的书都有现成的教材，稍微组织一下即可。这本书要难一些。

**陈：**是以教材名义出版的第一本书？

**刘：**作为北京电影学院教材，无形当中这是我第一本，你查资料看，这真是第一本。打那之后，紧接着有两个人，就是那个时期出来的，一个是美术系的李居山，他出了一本《绘画集》，也有教材的意思，就列为教材。最重要的是吴印咸的那本，名称我都记得很清楚：《摄影艺术表现方法》。那个时期以后的相当长的时间里，《摄影艺术表现方法》都是影响深远的专业必读书。李居山的《绘画集》是美术系必读的书，我的那本《电影摄影技术》是很典型的技术书，都是以教材的名义出版的。

## 第一节 写作背景

**陈：**为什么是您写孔祥竺老师，韦彰老师没有写？

**刘：**当初是这样的，是高等学校共同开会，要求高等学校出版教材，书的扉页上面一大段话，注明这是高等艺术院校的教材，教育部也布置了，文化部也布置了，要出版这几部书。当初就定名了出版哪些书目，摄影系抛开美术的那本书，就是吴印咸的《摄影艺术表现方法》，我的《电影摄影技术》和《摄影镜头》，还有一本《摄影照明技术》。我们的书里面包括三大内容，《电影摄影技术》这是第一本。

**陈：**包括《摄影镜头》和《摄影照明技术》吗？

**刘：**包括《摄影照明技术》，“镜头”和“照明”是我们这套三本书里面的第二本和第三本。曝光、滤色镜与电影摄影机，镜头和照明。同时再加上电影胶片，封面上就写《黑白与彩色胶片》；同时还有《特技摄影》《摄影艺术》等五本了，最重要的是吴印咸的《摄影艺术表现方法》。

**陈：**《摄影艺术表现方法》和《摄影艺术》还不是一本？

**刘：**不是一本，这就六本书了。对于摄影系来讲，对于系主任、教研组长来讲这是了不得的任务，非常非常的忙。因为出版有日期限制的，我们当初是按照这个日期奔波的。就是希望按时出来，采取倒计时法，真是非常忙。从留校当教员开始，我每个班都写教材，我的教材是不重复的，给上一个班讲完，下一个班又得重新编写，等于我一年出版一次。当时出版也很简单，就在电影学院的刻印室打印成一本本的讲义，厚厚的“讲义”发放给学生。

**陈：**每年有新讲义？

**刘：**每年都是新讲义，“56 班”的，“57 班”的，“58 班”的，每年拿一本。

**陈：**技术基本的东西是不变的。

**刘：**它不变，我编写的方法要变，因为材料越来越丰富了，我开始写时水平也许低一点，或者有的东西掌握不够，还有材料来源也不够。我又拍片子，又下厂，又收集资料，我收集资料范围比较宽。

**陈：**怎么收集的？

**刘：**电影厂我要收集，收集他们个人写的材料，包括摄影系的手记之类的东西。还有上海电影机械厂，江西电影机械厂，八一电影机械厂，江西光学仪器厂，后来上海电影机械厂搬到甘肃临夏，这些地方都是我的丰富教材的来源。

**陈：**还到厂里去？

**刘：**当然去啊，你不去收集谁给你啊。我的教材每年都写，每年都换，所以到 1963 年出版，实际上 1963 年的这个任务，在 1961 年就下达了，我们开始写了。我那本书刚刚交稿，集中精力写这本书，就是把我这些教材打乱，重新整理。你刚才问到这个教材，就是这样写的。因为我原来的技术基础较好，加上较好的资料来源，我不会自己杜撰。还有一点，我在这期间，到各个高等学校里头，我是他们那的座上客。他们那儿也有各种各样的资料，很多都是在我们的教学里面，紧贴教学实践用得到的很好的材料。我那天不是说了嘛，我们新院长到那儿一看，你还有这些教材呢？我说我是你们的学生了，当然他去学习比我当学生还晚，我说这些老师都是我的老师啊。我讲到甘子光，还是很好的朋友，我把几本材料拿给他看，都还有这个资料。

## 第二节　资料来源和写作过程

**陈：**资料和信息来源是电影机械厂和高校，您自己特别用心地钻研吗？

**刘：**特别用心钻研。包括我们教学过程也是这样，所以我跟这些同志相处，等于是老师一样，人家都是可以帮你的，所以我们这些问题都处理得很好。

**陈：**您曾经说有一段时间到西山租房子，是写这本教材吗？

**刘：**是第二本，《曝光控制与影调调节和电影摄影机》，有一部分，在那儿住了好久。

**陈：**第一本是《怎样使用曝光表》，是这本吗？

**刘：**不是，是《电影摄影技术》。

**陈：**我就是说这本书的一部分是在西山写的。

**刘：**在“香山饭店”最后定稿的。

**陈：**怎么会想到去那儿，钱是谁付？

**刘：**电影学院付钱，为什么电影学院付钱呢？1962 年期间，经济比较困难，大家结合写教材，我们到那写教材，费用学校交了，吃的也比较好。

**陈：**三年困难时期刚过去，然后改善一下。

**刘：**电影学院支持大家编写教材，不是都去了，艺术家有的就没有去，我们这些愿意去的就去，不愿意的就不去。这是自愿到那儿休养，我们带着任务。所以那时候把孙明经也请去了，他看过我的教材，帮我修改，所以我书里面都写了孙明经帮我修改。校印了全书，他跟马守清是“审稿”人，书里面前言有一段。

**陈：**马守清是电影科研所的，他怎么会看？

**刘：**我要求他看，给我改啊，话说回来，可能过过目，压根儿没有改一个字。但是孙明经就改了，原始稿就帮助我改了。马守清是电影科研所的所长，帮我审阅这本书，而且书的前言里面得写，对我是一个光荣，对他也是很好的了。孙明经是理所当然的，不能忘了人家。

**陈：**那时您已经当了六年的专业教员了。

**刘：**对。我们电影学院的特殊性就是在这个地方，电影学院这个班底，从原始结构来看，它是很善于培养人的，很锻炼人的，没有什么大话，也不是给你很多奖状，它就是在实际工作岗位当中锻炼人，培养人。我在电影学院这个特定的环境中从事教学活动，对组织上的关切还是比较明确的。

**陈：**孙明经老师给您提的建议，修改，工作量有多少？

**刘：**当然有。文字上的修改多，表达通顺方面的修改多，不要这样说，要那样说，或者不说，这种东西多，根本原理上没有什么。因为这些年来，根本原理在电影学院或者电影学校的环境之中，跟孙明经打了不少交道，该学的都学到了，请他提意见该改的他也都改了，所以教材不存在这个问题。到你写到这一步的时候，就是如何表述的问题，这样的问题多一些。而且他的表述方法，我认为是比较好的，比较实用的。人家干教学很多年了，从金陵大学一直到现在。所以这些问题，现在或者是过去，我也这么讲的，在处理和解决孙明经的问题当中我也是这样讲的。实事求是地谈到各种各样的问题，孙明经我给他上了两个班的课，他为系里做了很多贡献，翻译各种各样的资料给大家用。

**陈：**《电影摄影技术》这本书稿费是多少？

**刘：**我记不清了，三千多块钱，到不了四千。绝对是50%交党费。

**陈：**交了1500块钱党费？

**刘：**我就亲自上交了，还是1500元以上，就按照这个数额直接给学校了。剩下来的，你别看这么大一笔稿费，拿在手里的钱并不多，就二三百块钱。我怎么处理呢？买书，买多少？电影学院摄影系的老师，绝对是一人一本，摄影系三十多个教师，我现在还记得那个价，两块四买一本。院里的党委一人一本，教务处的人一人一本。个别的图是学生帮画，给他两笔钱，出版社不给他们钱，学生给他一本书，还给他一点稿费。

**陈：**稿费由您出啊？

**刘：**我出啊，都我出。给你30块钱，20块钱，都是从我这个费用里头出。你说我买了那么多的书，一次拉回来将近一百本书，多少钱。

**陈：**还要打一点折吧？一百本240元了。

**刘：**所以我一下子买那么多书，一大笔钱就没有了。后来赶上小孩闹病，所以这本书的稿费除了买书、交党费，剩下的都是用在贴补家用上，没有干别的，交党费是按规定讲了要交党费。

**陈：**这个有文件规定吗？

**刘：**只有口头的，不成文法。就这样的，就这么交的。

**陈：**很多人都这么干？

**刘：**吴印咸也这么干的。

**陈：**多少是个人决定的？

**刘：**50%是上头讲的，你就这么做。马守清的钱也是从我这里头出的，我收了这么多钱，5% 给了马守清，5% 给了孙明经。

**陈：**审稿费还是什么？

**刘：**审稿费，孙明经没有什么啊，看过书我就给你钱，绝对是的，这就两个 5% 等于 10% 了，加上党费 50%，60% 没了，买了九十多本书。五十多本送出去了，还有三四十本搁在柜子里头。有意思的是，“文革”期间造反派住在我们那个备课室，学生砸门了，剩下这三四十本书搁在我的柜子里头，好像也没有那个习惯，要买一把锁锁起来，就搁在我的办公室柜子底下。结果一本都没有给我留，学生都顺走了，办公室的东西都扔的扔，拿的拿，哪还有备课室啊。

**陈：**红卫兵还是学电影技术的拿去了？

**刘：**两方面都有，曝光控制，影调调节和电影摄影机，这三本书的封面，大标题“电影摄影技术”，副标题“曝光控制与电影摄影机的操作”，滤色镜写在里面，没有写出来。书的名称还在那里摆着。第二本也出来了，电影胶片，包括胶片这本书也正式出版了。照明和镜头没有出版。

**陈：**原因是什么？老师上课也有教材啊。

**刘：**老师不是那么太积极，或者不是那么太努力吧，都有讲义。镜头还好写，照明技术不好写啊。我刚才不是讲，甘子光就是写这个的，照明协会的，我们写照明的老师就不是那么特别认真，裴治写这个东西写得较慢，他是负责写照明技术的。

**陈：**写出来审稿没通过还是有通过没有交稿？

**刘：**没有交稿，没有到审稿那一步。他出过教材，写书就没有到审稿那一步。讲镜头课的戴公亮，年岁比较高了，一定意义上讲，收集新材料不太容易，走出门，老同志走不动。他基本都是老教材，要拿出一本全新的讲义就不容易，他也没有出。所以胶片有了，我的摄影有了，这个就一直没有出来。后来我在电影学院上课，我要用啊，于是我就自己写，我不是懂一点光学的原理嘛，我只能是自己写，没有现成的东西可以用，所以照明的讲义是我自己写的。为什么要写呢？我上课的对象就是一个照明系，韦彰在朱辛庄当系主任，我给照明系开课，当然得拿照明的讲义了，只能自己写了。

## 第三节 《电影摄影手册》《电影摄影照明技术》《电影摄影物镜》

**陈:**《电影摄影手册》《电影摄影照明技术》《电影摄影物镜》，这三本书是什么情况?

**刘:** 就是教学急需。阿尔及利亚班，我得拿出胶片的讲座来啊，特别需要的是朱辛庄办班，所以我都写了——我 1972 年到了朱辛庄。

**陈:** 1972 年不是在国防科工委那边吗?

**刘:** 我是分头干啊，同时学校也有，吴印咸就调了两个人，一个我，一个吕国庆，吴印咸决定把我们调到那边当老师。

**陈:** 您不是在国防科工委吗?

**刘:** 没有在那个地方上班，都是带任务回到电影学院。所以我们才两条腿不停地跑。那是任务啊，电影学院教学是根本啊，吴印咸就挑了我们两个人，还挑了两位北京电影制片厂的同志。

**陈:** 您去北京电影制片厂做研究，跟过哪些摄制组?

**刘:** 具体来讲，以一个片子为主，比如《阿娜尔罕》。摄影师是钱江①，要跟在他身边学习。

**陈:** 您也到摄制组去了?

**刘:** 白天在电影学院上课、活动，晚上到拍摄现场去。深更半夜再回家，第二天该上课还上课，都是插空子。

**陈:** 您注意的是哪些呢? 钱江艺术创作方面可以不管，技术是什么?

**刘:** 首先他的学生，管机械的这些学生，他的助手、摄影助理，摄影技术在那个地方的应用，这个学生就在“北影”，现在都还有联系的。他跟着钱江，一天到晚了解机器方面各种各样的应用，那当然要全面地了解了。

**陈:** 钱江的摄影助手叫什么? 您跟他在一起的时间比钱江还多?

---

① 钱江(1919.7.1—2001.4)，摄影师、导演。原籍浙江湖州，生于北京。1935 年入上海新华艺术专科学校美术系，武昌艺术专科学校图工系学习。1938 年在重庆任中国电影制片厂录音员。1941 年在延安鲁艺美术系学习。后在延安电影团洗印新闻片。1945 年加入中国共产党。1946 年任香港大光明影业公司美工师，华凤摄影场摄影助理。新中国成立后任东北电影制片厂、上海电影制片厂摄影师兼摄影科长。1954 年赴苏联莫斯科电影制片厂实习。1956 年回国，任北京电影制片厂摄影师，1978 年后兼任导演。中国文联第四届委员，中国电影家协会第四届理事，第五届、第六届全国政协委员。拍摄的影片有《白毛女》《祝福》《林家铺子》《海霞》等，导演的影片有《报童》等。

**刘：**相当的多，他叫孙昌一。从摄影准备开始，剧本讨论了，通过了，拍板了，定案了，就进入拍摄的准备工作。用我们的话来说，叫做实用感光度，从这个最原始的地方开始一步步迈进去了。灯光由照明工来布置，但是意见是导演来拿，摄影师来拿，这个照明应该注意什么问题，对照明的光线布置、安排，要了解得彻底。有一句话，你们不太了解的，所谓彻底就是光亮控制。证明光效大的范围的控制，那就讲得稍微细一点了，比如日景，电影当中日景、夜景是两码事，日景应该怎么控制，打光到什么程度。

**陈：**自然光也要控制吗？

**刘：**没有纯粹的自然光，摄影棚里压根儿没有自然光啊，一抹黑啊，都是内景。日景怎么控制？日景里面白天的景怎么控制，光比怎么控制法儿。夜景光比怎么控制，都得跟摄影师、照明师研究，要记录在案的，他拿表要量的，他量出来天天得照这个比例去做。这是第一大类做法。

第二大类，里面人物搭的布景，这个光比你怎么控制？这个不搞电影的人是不太了解的，这个也是严格控制的，分批商量的。每一类景他都是怎么控制的，这个也要商量的。照明的同志要提出具体的意见，甚至于有条件的照明师控制比例要写下来的，跟摄影师定了照明比例就是这个比例，人物场景光线的比例，这又是一大类别。

第三大类，人物造型，主要演员光线怎么处理，现在懂得一点电影的人得知道。我们老讲“五种光效”：主光多少、辅助光多少、装饰光多少、背景光多少、轮廓光多少。这都是有数的一样样要有文字记录，还得相应地有技术保证。现在咱们这些年轻的学生，要进入这一步还比较困难。懂得它就比较困难了，要控制就难上加难了，有静止的还有移动的，都靠摄影师既要研究人物控制比例，还要应用具体的灯具，灯具要架在什么东西上面，轮廓光是打在天棚顶上打下来的，顶光多少，辅助光多少，都得要具体研究。

那么这些问题，我从新闻片转移到这个阵地，严格按照这个领域的要求，而且还严格按照很有名的摄影师的要求，他的要求是通用的，但不是绝对的，把这些要研究得很够、很透。我讲故事片厂，这一大套东西，都要很认真地来做。

**陈：**除了光以外，就是摄影机的应用。

**刘：**那就是具体操作了。在旁边，更多的是看，“北影厂”那个摄影助理孙昌一，他是钱江最好的大助理，以后是很好的摄影师了。他是钱江班底里面做得最好的一个，而且也是我的学生，电影学院毕业的学生。

**陈：**您去学习的时候，也跟他在一起？

**刘：** 对，当然他们对我还是非常照顾，人家是以老师相称，我是年轻的老师。

**陈：** 除了完整跟过这个组以外，还做过什么专门研究吗？

**刘：** 其他的几个电影也去过。再就到了具体的做法了，关键的关键是，每一场戏的镜头的分析，由摄影师写出来的分析，还有摄影师跟咱们大家一起具体地讨论，详细地安排，一场戏一场戏，一个镜头一个镜头要互相连接的。镜头的分析得是写出文字分析的剧本，还要有现场的做法，演示，具体地做，这都在摄制组里面有很好的体现。

导演提出创作概想，具体的实现在摄影师这里，很多画面的体现是摄影师来完成的。

**陈：** 您说摄影分析，包括机位、照明，有很多内容是属于摄影艺术的考量，您研究摄影技术？

**刘：** 应该讲，对于技术上的具体应用，具体的拍摄创作研究得少一些，有些讨论会都是积极参加，但具体怎么弄，更多地听，更多地看，而回过头来具体安排如何做。很多导演在这一块儿的处理，镜头的划分，他都体现在分镜头剧本上，他跟我们谈分镜头剧本的时候，我们看他那个场景的要求，涉及画面里面的体现，要什么样的背景这些东西，更多是摄影师这个角度，他提出来，都是这样。

**陈：** 您自己研究还是侧重在技术方面？

**刘：** 侧重技术方面。

**陈：** 但是也跨界。

**刘：** 必须跨进去，而且这些东西，许多地方我都写成文字的，他讲那么长，我就写在文字上，回来稍做整理留在那儿，在一定的阶段，这个东西本身就是很好的教材。比如拍那个戏就不太一样，还有其他的摄影师，四大“金刚”，朱今明，他的戏我也去看了，但是不那么一盯到底了。我讲这些就是看他们个人处理的方法，研究他们的过程，也去掌握他们的数据。摄影机也不归大助理管，专门有机械员摆弄机器。

**陈：** 摆弄机器是什么意思？

**刘：** 掌握机器，拿机器，机器的移动，都是机械员在弄，摄影师坐上去的机会很少的。

**陈：** 拍摄现场掌机的人是机械员？

**刘：** 对。助理打灯光，做这些事，具体的指挥是助理在那掌握。而掌握机器的人，明确得很，就叫机械员。多数都是机械员，助理都在指挥，那个事更加重要，摄影师喊走就走，喊拉就拉，机器在那运动，拉到哪儿走到哪儿。推车子还不是机械员，另外有人管推车子，分工很严的。所以你不要觉得摄影就是摄影师，摄影是一摊人啊，还有二助理，二助理成了灯光师，更多管灯光去了，怕灯光出事情。大助理是把握全局。摄影师在那儿指挥，看戏，戏的应用，戏的表演合适不合适，更多看这个。导演就喊开始、停，喊这个。到后来导演有一个监视器可以看，原来就是凭眼睛看。所以制片厂这一套，花那么大的精力去了解。这里顺便说一句话，我们那时的工作状态可以说是日夜兼程。五六十年代，“文革”开始之前，没有什么闲工夫，尤其像我们这些人，管事管得又多一点，伸出的手又长一点，学习的机会也多一点。

**陈：**我知道您还到北京洗印厂去做研究。

**刘：**剖机械，看应用。

**陈：**研究目的是什么？过程方法是什么？

**刘：**很多人不了解电影，现在的很多老师也不了解电影，电影制片厂里头，相当大的一块儿在洗印厂，或者厂里的洗印车间。为什么说应该剖析机械，太多的技术问题要在洗印厂中处理。胶片是一大块儿，胶片你要运用好，运用胶片有多少技术性的问题？胶片方面最简单的问题是感光测定，胶片拿来了怎么用啊？首先你得把胶片的内容给测验出来，感光度多少，宽容度多少，都得掌握吧。它的颗粒性都怎么样？都要通过实际拍摄来掌握的。那么这个片子到了洗印车间以后，它是怎么运作的？从哪进来？从哪出去？拍片子怎么拍？怎么洗？洗印车间是什么样子，洗印车间的洗片机里头又是什么样子，怎么运行？光号带，看片子出来的效果怎么样，这都是一层一层的。他那儿有剪辑，原底片怎么剪辑，不包括导演最后的艺术剪切，主要了解他怎么做剪辑，洗印厂也要技术剪辑，要保证这个片子怎么能运行得好，这是一大套学问。我们的洗印工作人员一个一个干的都是具体的，总体洗印车间的主任掌握全局，比如我给你写的这个材料里面，施正宁就是技术领域最重要的权威专家之一。

要进入电影及摄影这个大圈子，我跟你说，一天空儿都没有，要全面地了解电影洗印、电影洗印厂，比如，最容易忽略的地方，照片洗完了，放出来了，效果很好，它就那么好吗？它要配光吗？要一个镜头、一个镜头地配啊，要调整啊。配光的这个工序，摄影师必须要了解得极为彻底，很深入地了解。我自己弄片子，或者跟着别的摄影师弄片子，我得跟着他的片子到洗印车间里面去，跟着走。

**陈：**摄影师都是这么干吗？

**刘：**相当多的懂行的摄影师，一定阶段一定会到洗印车间了解配光的情况，会去这么做的。我们现在学校里留下来当教员的，就经常往洗印车间配光室跑。你配光，我坐在旁边看，这还是指开始的配光，还不是指最后的统一调光。开始到配光室去看怎么样，通过光耗了解摄影处理得怎么样，光线的比例是不是很妥当，理论上我知道，画面怎么体现啊？看什么？看片子。你要深入了解。我们只要有空，老往洗印车间跑，片子送那儿洗了，我就跑洗印车间看我那个片子，聊聊，看看，把片子放出来我过过目，这是平常。后面还有较长的时间看配光，必须了解。至于说到具体技术问题，印片机出什么情况，那是绝对得了解，了解印片机，了解洗片机，最后出来光耗带是什么样子的，片子出来是一段一段的，你在外面可以看的，不但可以看，还可以停下来让你看。

**陈：**这跟摄影技术课的关联是什么呢？

**刘：**人人都该了解，摄影技术的老师更应该了解。可是并不是所有老师都能做到。包括这个片子最后怎么出去，怎么装箱，都应该弄得清清楚楚，包装怎么包装的，要注意哪些问题，作为摄影师的教师，他应该把这些问题原原本本地教给学生。所以我在这讲课，有一大段就讲了洗印车间的问题，洗印车间你还要了解环保。我写的材料当中，篇幅太大，没能写进去，有一个叫张淑卿的，就是我们电影系统专门搞环保的，管电影系统的。原来是洗印厂科研所的工作人员，她管全国电影环保，代表总工。电影总工这一块儿，委托我们环保组协管，电影局没有编制，张淑卿就专门搞环保，多次环保会议是她负责召集的，所以我们最近出书给她出了一本，就是电影环保。

**陈：**指的是哪个？

**刘：**文集，老专家文集，张淑卿文集。怎么写出张淑卿的文集来了，当然她的工作很重要。还有一个很重要的人没有出来，就是咱们的王佩芳，她应该写，但是她实在是太忙，很多材料不像你收集那么多，她没有时间写，我们老科协的全体同志，办公室的人，理事长包括我们这些人，都是一直动员她抓紧写出来。（她是）北京电影洗印录像技术厂的厂长啊，早期的电影学院的毕业生，是很好的同志。我就是讲必须要了解这一大块儿，包括环保都在内。学摄影的人应该了解，摄影的教师应该掌握好这个。

**陈：**您对电影准备和影视拍摄的移动设备也做过专题研究，是为什么？

**刘：**不要忽略它。摄影机不在那儿动，摄影准备最重要。摄影机要运动，就要有轨道，轨道太多类型了，摄影机绝对是一大块儿，下面只有摄影机是拍不成故事片的，必须包括大量的移动设备、辅助设备，必须要有的。而且必须是最精尖的，摄影机在咱们厂里要玩得转，转得要好，准备车间要准备好，靠准备车间帮你把摄影机维护保养好，摄影助理掌握好。这个摄影准备靠谁？靠准备车间，包括摄影机的准备，包括移动设备，移动设备里面包括移动升降，我曾管了一段时间的江西光学仪器厂，他们专门做升降设备。

**陈：**对设备的关注是60年代，是当老师的时候还是当总工的时候？

**刘：**当老师的时候，那个时候就注意，一直注意下来。到后来成为电影学院老师了还往那跑。我跟你讲，我不是对机械行业一直很关注嘛，你要有兴趣的话，我从家里能给你拿出这么一大摞关于摄影准备设备的各种各样的资料，国内的，国外的，都很重要。

**陈：**我们不关注具体技术，关注您怎么关注这些技术？

**刘：**你对电影技术、电影摄影只有全面了解，才不会忽略这一块儿，你忽略准备设备行吗？忽略电影摄影机的维护行吗？你忽略了移动轨道，升降机行吗？

**陈：**您做这个研究的时候，是跟《阿娜尔罕》做这个研究？还是后来做专题？

**刘：**“文革”期间一直就关注，在“新影厂”时也关注，包括刚了解电影不多的情况下。刚到“新影厂”不久，我就不断去准备车间，只有到那才可以了解电影摄影机，他会打开给你看里面。对于机器来讲，摄影机这么一台，你知道里面是什么？开了机能转，有胶片可以记录，不打开你哪知道。1953年、1954年那个时期，“新影厂”的准备车间我就经常不停地去，我都可以说出来最有名的一个人，全国出名的搞准备的段文喜。了解早期电影设备最有名的一个准备师，很老了。那个时候我刚刚开始跨进电影厂的大门就老往那跑，看到好多摄影机里头的状态，当然是为了它的使用啊，我了解是为了使用，我有工夫就到摄影准备车间去，所以跟他们也就交朋友，那个时候我多年轻啊。后来我就关心江西光学仪器厂做的移动车。

**陈：**专题关注是哪一年？

**刘：**好像是在1975年的时候，他们那里我都去了。

**陈：**关注它的主要原因是什么？

**刘：**了解，因为我关心这类东西，我也关心这类相应的资料。我关心那么多国外非常好的移动设备的资料。比如德国的，你有兴趣马上拿给你看，好多本，移动设备。

**陈：**这些资料从哪来的？

**刘：**阿莱公司的人给我的，他们到电影学院开展览会，我当院长期间搞展览，他们自动给我了，给了我好多，人家关心就给，因为他们是我们北京电影学院、中国电影电视技术学会请来做报告的，做报告的地点就在电影学院，电影学院多年来有这么一个传统，现在慢慢搞丢了，国外许多厂家到中国办展览会，就在电影学院办，包括你们的人都跑到我们那里去看。最近这些年少了，没有人关注这个问题。那个时候还很积极，我是中国电影电视技术学会的副理事长，我请他们到这来。还有一个，这也是有意思了，电影学院那么大的场地搞展览会，我这个院长一分钱不收啊，不但不收费，还为他们搞展览会的各类人员提供服务，有我们的外宾接待室，专门接待外宾的，有一个搞照片展览的地方。好多展览都在电影学院办的，北京搞任何活动都到电影学院去。这是好事情，但是好事情要坚持办。

# 第十一章　1963—1966年的生活

## 第一节　上海电影专科学校并入北京电影学院

**陈：**1963 年，上海电影专科学校并入北京电影学院，您记得吗？

**刘：**这个事我们知道，就来了几个领导，没有太多的学生到我们这来。它是北京电影学院一个部分，没有完全过来，就是一个名义，还在上海那儿继续办学，就是赵明副院长过来了。

**陈：**师生员工呢？

**刘：**没有看到多少人啊，没有感觉到有多少人在这边。长春电影制片厂有一个学校，也说要合并，名义上要过来，其实他们还在办班。导演谢晋，他还是继续办班。

**陈：**他是上海电影学校那些人。

**刘：**还是那些人，还在那儿办，但是院长过来了，没有看到什么设备过来，两个学校合并到一起，我们的确知道他们合并过来了，但是没有看到设备和人员合并过来。

**陈：**1963 年电影学院又一次职工工资调整，您记得吗？

**刘：**我告诉你很简单，我是系里的负责人，1963 年还不是系主任，是教研室主任。在我们组里面讨论，按照名额，按照摄影系的规矩，百分之百是照顾别人，都轮不到我们的头上，包括到 1973 年，拿 69 块钱的时候，要调至 78 块钱都没有我的名单。就是 70 年代后期，这次涨工资的时候，讨论名单也没有我，我是管行政的系主任，调整名单都是正常讨论。

**陈：**1963 年的时候，电影学院老师有职称吗？

**刘：**1963 年有职称了，助教都有了。但是那个时期，教授什么的好像都没有这一项。教授是 1978 年才开始有的，但你是助教，他是讲师，这个有。

**陈：**您 1963 年是讲师还是助教？

**刘：**1963 年我好像已经是讲师了，“文革”期间我已经是讲师了。

**陈：**“文革”前评过讲师吗？

**刘：**我印象当中好像没有。1963 年我记得好像是有助教的，真不记得评了讲师，那个时候的确就是讲师是没有问题的，按照那个待遇来的。

**陈：**1964 年摄影系决定招生两年制大专班，原因是什么？

**刘：**“64 班”就是那一年，“64 班”“65 班”都是大专班。孙明经教的“65 班”，“64 班”我们都分头教了。

**陈：**班主任是谁？

**刘：**就是韦彰。

**陈：**1964 年招了大专班，您肯定给上过课吧？

**刘：**好像是当时的负责老师还是什么。“64 班”的老师好像就是韦彰，“65 班”的班主任是王伟国，这两个是大专班。

**陈：**孙明经老师是给这个班上过课？

**刘：**上过课，那时候“右派”帽子已经摘了。

**陈：**不了解为什么会改大专班？

**刘：**没有什么，我没有给他们讲更多的课，给一个班里讲过曝光控制。

## 第二节　参加“四清”工作队

**陈：**1965 年的 10 月，您随电影学院第三批“四清”工作队到邢台搞“四清”，第一、第二批都没去，是因为您有课？

**刘：**主要是我有课不能去，外面也有学习。运动不能耽误的，那是了不得的大事啊，我当初就是班上有课所以没有让我去，我搞不清楚这个时期是不是留学生在这里的活动没有结束，总而言之，有工作需要没有去。

到 1965 年，我学习还没有结束，明确告诉我要去。北京师范大学学习外语还没学完，对此根本不考虑，很明确通知我做好准备去邢台。

**陈：**准备过程和心理是什么样的？

**刘：**当初很简单，仍然是“四清”。而且是学习农村“四清”工作 23 条，带着 23 条的问题，做好准备，随时出发。

**陈：**是在电影学院组织学习的吗？

**刘：**学院组织学习，传达文件，做好准备，宣布哪些人要去。明确讲我要去，而且特别点名了，“刘国典阳高‘四清’就没有去，这次一定要去，收拾东西，准时出发”。一出发就到了邢台，在邢台开了集体讨论会，邢台领导又接见我们。

**陈：**那时候家里儿子和女儿都很小。

**刘：**那都不考虑，父亲母亲都还在这儿，绝对不会考虑这个事。要真讲起来，在电影学院，我们这个年龄，或者略小一点或者大一点的都知道，去邢台“四清”之前的那个时期，主楼的右侧就是我们两排实验室，一个是搞放大照片之类的活动，学生一人一个台子，一个是物理实验室，在暗房里面给我准备了一间小屋子。

**陈：**做什么用？

**刘：**我放一台仪器在屋子里面，还摆了桌子，每天除了给学生上课要用这个设备以外，我老在这个房间里面办公。晚上，我就在这里待到很晚，学生那儿的活动完了，我就在这里做师范大学英语的准备。了不得的是第二天早上五点多，我就早早地跑到暗房去读英语，读到快七点了，回到家里，赶快吃点饭，得在八点以前赶到师范大学准备上当天的课。很多人都知道我早上老在暗房读英语，暗房是平房，我在屋子里读书的时候，外面路过都可以看得见，出声地读，外面的人也听得见，外语是不能默读的。

**陈：**你不怕别人说你“白专”道路吗？

**刘：**不怕，这个名称老早就有的，开会干什么老说我“白专”道路，这个帽子老戴的。

**陈：**您是共产党员，怎么也有“白专”帽子呢？

**刘：**我们那儿谁都可以戴，爱读书，爱专业，就是“白专”。

**陈：**您是又“红”又“专”吧？

**刘：**“红专”戴不到我头上，你爱读书，爱看外语，都是“白专”。提到过，但是没有戴过帽子，不要走“白专”道路，这么说。

**陈：**到邢台“四清”，是到孔桥小队，还是在大队部工作？

**刘：**“四清”工作队到邢台算一个总团，总团的团长是鲁明，总团底下有分团。我们这个分团叫做邢台分团，他那个团管几个县，我们邢台这个团分属的公社叫王快公社，里头大概是有 13 个大队，13 个小队，我们一个队是一个组。我大概是在第三组，我带两个人，我就管这个组。组里有个女同志，名字我忘了。我们王快分团的副团长是孙月枝。邢台公社是归鲁明管，他是王快公社的副团长，团长是当地的。我是孙月枝的助手，任何活动有她就有我。我协助孙月枝管这个分团，主要管我这个队。清查人，清查账目，就忙这么几件事。每天还下地，早晨要很早起床，先要扫大街，街道也都要扫。

**陈：**住在哪儿？

**刘：**孔桥大队。孙月枝也住在孔桥大队，因为总部设在孔桥大队。小姑娘跟孙月枝住在一起，活动就跟着我。较多的时间是找干部，把干部折腾得够呛。主要是找队长，小队队长、会计都是好人，没有查出任何问题来。捎带找副队长，副队长也不管更多的事，也没有那么多问题，就好像没有问过他一样。把队长跟会计留下，干吗？交代问题。哪有那么多问题好交代啊？交代不出来啊。折腾半天也没有查出他们有多少贪污和盗窃行为。会计是非常年轻、非常好的小男孩，我还住在他的家里。现在要回忆起他来，好像就是二十来岁，他在队里管账，你说他有什么贪污，老让人家交代，搞了好长时间，老留在家里写材料。他们老不下地就没有工分了，在当时来说是一个大问题啊。他们提出来，说每天学习工分怎么办？后来想了一个办法，还不让他们下地干活，照样记工分。这是后来政策改变了，开始还没有。是不是给他们前面耽误的工也补一点工分进去，算是一种补偿，或许也有。

**陈：**一开始没有工分的？

**刘：**嗯。后来给工分了，人没有下地，工分照拿。后来我们还开了几次比较大型的批斗会。大家坐在一起，叫他们交代问题啊。我们孔桥大队要好一点，对所谓的"四不清"干部，没有让他们站在桌子、板凳上头，都还是坐在那个地方，大家来围攻。围攻干什么呢？就喊："你快交代！你快交代！"也不知道让人家交代什么，也不知道交代哪个事情。我们这个队好就好在哪儿呢？开了几次批判会，没有材料还要开批判会，群众就不高兴了，情绪会激动。为了避免过激行为，开批斗会的时候，我和那个小姑娘把干部夹在中间，一边坐一个，避免群众上来打他们。

**陈：**有一个防护。

**刘：**有个别大队让站在板凳上头，孔桥大队是没有站过的，我们这个队一次也没有站过，顶多就坐在那儿，开会喊得激烈的时候，可能会"站起来"，他可能就站起来了。

实际上我们查不出人家的东西，我们那个队的小队队长也是个好同志。好在搞了四个月还是几个月的，到最后要选干部，我们这个队和孔桥好多队，选举的结果，原来的小队领导原封不动地还当干部。

**陈：**该是队长还是队长，该是会计还是会计？

**刘：**还是会计，你没有查出人家的材料来啊！人家哪一天把粮食带回去了，谁知道是真有还是没有，也没有太大的关系。我们没有清查出什么东西，没有哪个人就是"四不清"，所以我们所在队的干部全部上马，老百姓心悦诚服。最后一阶段叫组织建设，我们这个地方还是原封不动地照搬。孔桥大队 13 个队里面有变了队长的，而更多的还是好同志。

## 第三节　经历邢台地震

**刘：**那个时期农村的干部已经经历过两次“四清”了。正好这个时候赶上 3 月 8 号，我都记得清楚，邢台大地震，5 点 29 分，我那个房间里头震得最厉害。

**陈：**为什么？就是震感特别强？

**刘：**我那个房间震感特别强，会计还跟我睡一张床呢。三个人睡一个床铺，还有另外一个人跟我也住在一起，人工搭的炕，底下不烧火的，一长条，会计睡在里面，这还有一个工作队员，加上个我，三个人。我们的房间里还真是掉墙渣。

**陈：**当时知道是地震吗？

**刘：**知道。那个时候农村的晚上睡觉不关灯的，都是点一宿的，几点钟给你送电，就来电了，到明天早上几点钟给你拉闸，关了电了，我们都是点的长明灯。

**陈：**农村怎么会点长明灯呢？

**刘：**农村里舍不得钱买开关啊。

**陈：**舍不得钱，电不是浪费得更多吗？

**刘：**都浪费了。3 月 8 号的凌晨，脑子里还是有印象，早上 5 点 29 分，这都记得太清楚了，我们那个小年轻和我们这两个人都还穿一点衣服，3 月 8 号嘛，还挺凉快的，忽然之间听到地鸣。

**陈：**地鸣是什么意思？

**刘：**听到地下响。就像你坐在这个房间里面，新外大街，就你们这个大门口，过了一辆 40 吨的大卡车，嗒嗒嗒的汽车声音在那儿响。地震之前先是地鸣，“呜”地就响了，这一响，我们三个人都从床上溜下来，光着脚丫，那个门就在那个地方，距离这个床边顶多一米多到两米远，有这么点距离。从床上下来了以后，走不动的。两条腿迈不动的，就这么点距离腿迈不动的。一地鸣啊，地震来了，两条腿是走不动的，跑不出去的。

**陈：**引力特别大，还是腿发软？

**刘：**不知道，就是发软，人人都是这样，一下来站在床边上，想走到那儿都走不过去的。地鸣之后，马上房顶上掉大石头，农村的房子，房顶上架着房梁，房梁边上那些小砖头、小瓦片都搁在上头，都扫下来了，站在这儿，东西就噼哩啪啦往地上床上掉，可人已经溜到床边上了。一会儿我们就出去了，5 点 29 分，不到一分钟、两分钟，地鸣就过去了。我们这个村里头，一间房子也没倒，可王快公社有倒房子的，倒了个别的房子。没有什么人员受伤。但是那天早上 8 点钟要到王快公社开会，早饭都到公社去吃，所以大家收拾完了赶到公社去了。那个时候整个邢台那一大片地区遭受重大的地震，估计有很大的损失，上面指示一定要抓好抗震救灾工作。当时邢台的队委书记都带头，除了已经遇难的人以外，不能再死一个人，如果哪个地方死了人的，工作队委要负责，就这么讲的。

**陈：**为什么要“四清”工作队去负责呢？

**刘：**已经闹了地震了，你们要把人员管好啊，要维护好这个地区。

**陈：**“四清”工作队当时在各村像领导一样的？

**刘：**是的，都要负责。当初就把电话打到了我们孔桥，王快的大队队长那个样子我都还记得，他在会上讲。王快公社的书记跟我们讲，如果再有什么事你们要彻底负责的，一定要深入各家各户，要好好地清查。马上就提出来，要搬到外头睡觉，防余震。当初就由清查“三种人”的任务，一下就转移到地震问题上来了，抗震救灾了。而且提出来，一定要救人。你知道救什么人吗？一闹地震，肯定就鼠疫泛滥，就叫做防疫。所以既要抓修理维护，不要再受地震影响，同时又要防止闹鼠疫灾害，后来很快就起来了。在那个地方类似鼠疫的这种病就开始出现了，后来有一个多月甚至两个月的时间，从 3 月 8 号以后到 6 月，绝大部分基地既搞组织建设，又开始搞清查，而更多的精力是在维护老百姓的安全，把大家从房子里面请出来，包括白天做饭都到外头去做。3 月 22 号下午闹了第二次大地震，如果第一次是 6.8 级的话，第二次好像是 7 级左右，大家几乎就忙活在这些事情上。

**陈：**昨天您说了地震以后救灾，具体做了哪些事？

**刘：**更多地表现在对老百姓的安全方面，防范余震，特别是地震以后会发生疫情，为防止这几个方面出现问题付出了巨大的精力。老百姓怎么也不肯从家里出来，我们千方百计地把他们从家中动员出来。一定意义上来讲，这些群众也多多少少有一点应付我们，搬出来做饭应付我们。再一个一定要搬出来睡觉，不能在家里睡。

**陈：**这个能做到吗？

**刘：**相当困难，但是可以做到，白天他们都下地，晚上在外头睡。我们和老百姓一起动手搭庵子，就住在庵子里头，我们带头出来住，老百姓也得这样住在庵子里头。当然还要防止疫情的发展，不要有什么地下翻出来的垃圾留在外面。我们不是在很中心的地方，翻到外面的垃圾不是太多。这个事情一直持续了将近三个多月的时间，而我们作为“四清”工作，还是得照常开会，搞组织建设。

**陈：**您村子里组织建设还是原班人马？

**刘：**原班人马较多，我们13个队，只有个别队换了人，多数都是原班人马，继续得到群众的拥护。所以在清查“三种人”的时候，因为前面有过两次，前十条，后十条，这两条已经在连续一年多的时间内整顿过两次，我们那个村子里面也是有很大的动静的。

**陈：**您昨天提到那次余震，有危害吗？

**刘：**危害很大。正好我们就在我住的院子里面开队里干部的讨论会，大家提意见啊，谁有“四清”的问题。正坐在院子里头谈，忽然之间又地动山摇，这一次特别明显地感觉到震级很强。孙月枝同志住的那个队也在孔桥，隔了几条街，这个小年轻从那边过来开会，走在路上，旁边一条水渠，水浪这么晃啊晃，都晃到岸上来了，就像大海旁边那个浪。农村的沟渠不是太大，水面也不宽，浪都能打到地面上来，说明了当时的震级。

**陈：**您所见的余震危害是什么？

**刘：**在我们村区范围之内没有什么危害，没有倒房子。第一次大地震，在邢台，就在孔桥以外附近的村子里面，大清早房子垮下来。特别是第二地震，还有学生在学校，掉下来的东西真是能砸伤人。

**陈：**周总理去过邢台慰问？

**刘：**去了，但是没有到我们这个村。

**陈：**工作人员没有召集你们见周总理？

**刘：**我们相距太远了，他先到了石家庄，马上到了三县交界点，发表的照片和我们听到的情况，说在灾区震中心的地点，周总理站在装肥皂的木箱子上面跟老百姓讲话。而且当时跟我们讲周总理来看望大家了，到了抗震救灾第一线。后来在报纸上见到周总理站在箱子上的照片，跟传达给我们的是一样的。

# 第十二章　从事科研工作

## 第一节　抽调到国家电影工业协作指导小组

**陈：** 您跟吕国庆抽调到国家电影工业协作指导小组光学组工作，是什么情况？

**刘：**“文革”期间，我没有太多的事情。有一天吴印咸点名，说刘国典、吕国庆，我们现在要搞点光学方面的研究，有个研究性的活动，欢迎你们参加。当初提出来是做滤光片，说这是电影当中一个很重要的东西，而且还讲到我们国家做这个东西还没有。实际上当初有了。上海有一个同志做过滤色镜，我现在记不起来了，我原来记得他的名字的，他说我们先行一步。只不过国内没有做滤光片。他说你们两个人帮我一起做滤光片。吴印咸看得起我们，我们当然欣然接受了。

时间大概是 1969 年，也可能是 1968 年，还不到 1969 年，干了一段时间以后才进入 1969 年。经过一些运转工作之后，有了一点成绩了才到 1969 年。

## 第二节　全力加入滤光器理论研究及其系列化生产课题研究

**陈：** 刘柏罗是谁？

**刘：** 是科工委的，国防科工委。他是一个主任，肯定是相当于局级干部的主任。他到电影学院开会，通知我和吕国庆来参加这个会议。在这个会议上面，吴印咸谈到了他参与这件工作的计划，大概轮廓描述了一下，想请我跟吕国庆也参加这个工作。还讲到了一个人郑国恩，搞曝光表，说将来还有一些活动要请郑国恩也参加。大概吴印咸就把他定在了搞曝光表的另外一个组里头，开始不在我们这个组。很长时间郑国恩没有出现过，就我跟吕国庆。吴印咸讲我们要搞一些调查，搞一些研究，要写出计划，完了之后再进行科研。而且还提到，将来国家要给一点资金的补助，但是当时讲得非常含混。后来由我打报告来实现经济上的补助。这么大的科学技术性的问题，带有研究发展的科学性问题让吴印咸负责，太难为这个老专家了。他是搞创作的，又不是搞技术的，不可能管得很深入很细致。

吴老很明确，让我写一写搞这个东西的计划，还刚刚开始，会上就宣布了这么一个事，完了就散会了。就这么一次会，也没有叫成立大会。

**陈：** 电影学院一个小组？

**刘：** 一个小组，吴印咸挂着帅，也没说他是组长，也没说我是组员，就成立这么一个小组，会上布置了任务，叫我来写计划。吴印咸找我有一个原因，我讲课当中有一节就是滤光片与影调调节，他觉得我对这个问题颇有研究。

**陈：** 理论上应该是，技术上不可能涉及更多。

**刘：** 不可能涉及更多原理性的问题，不可能涉及生产环节，他说你写一个计划，怎么生产。当时很快，几天我就制订了一个很大的计划。按照我对滤光片的理解，也参考了国外的资料，柯达的滤光片的书，我经常用的教材啊，都与柯达这本书有关，但是我原来用的资料都是人家的。

**陈：** 人家指的是谁？

**刘：** 国外的资料，中国没有搞生产。我对条条款款的这些名称都极为熟悉，因为写书里面滤光片颜色、编号，什么标准，我搞这个活动之前讲课里面都讲过了，老讲义都有，我参考这个，都整理了。问题要如何实现，搞生产啊，要有生产单位，材料供应，这就牵涉一大堆的事情，就由我负责。我提出来一些问题。第一，我写出一些单子，哪方面问题，哪一类型的问题，我找国防科工委沟通，去找刘柏罗，他是我们这里面的大头儿，现在只要是科工委滤光片的研究开口就是刘柏罗，他说这个你可以找上海哪个厂，这个你可以找北京哪个厂，这个可以到四川的，一个一个的，好像没有几天都落实了。第二，我就赶快找别的材料，找了以后到那个地方去，所以我先后花了一个月的时间，提出一个较为深入的计划。

**陈：** 较为切实可行的计划。

**刘：** 切实可行的计划，调研的计划，还不是生产的计划。我们拿的都是国防科工委的信，到哪里找的单位都十分对口。

**陈：** 因为刘柏罗都指点过了。

**刘**：跟刘柏罗对过了，跟国防科工委联系了，这些地方的确是生产这些东西，有基础、有根据的，按照我们的要求制作出来就是了。整个路线的研究走了一个很正常的科研发展的正确路线，而且是有领导有根据的。虽然吴印咸不懂得技术问题，但他把关绝对是能工巧匠，绝对是好手啊！他当摄影师，他知道这些问题，他很懂，跟他讲他都一一点头。

**陈**：他不知道怎么制造。

**刘**：我说做，这个应该，那个需要，他都点头，等于对我们研究计划他是同意的。与此同时，我们还得打报告，还得要钱啊，怎么去啊？电影学院给了钱你就得到处跑？跑不了啊。后来很快一个报告送到刘柏罗那儿，要多少钱？十万块钱。

**陈**：当年可是不得了的。

**刘**：相当可观，够我们用，科研费需要十万块钱，各种费用都包括，列项目，那时候也懂得列项目，哪个内容要花钱，都属于调研的费用，各种各样的花销，与厂里面接头当中要求的费用。

**陈**：这笔钱直接拨到电影学院？

**刘**：拨到电影学院，花到底都没有花完啊。

**陈**：当年十万块钱是巨大数字。

**刘**：没有花完啊，我们科研小组也结束了，剩下这些钱都交给电影学院处理。财务部门肯定一分钱不会贪污，其实自己买个小电脑，或者小计算器这都可以的，我们这些人都不知道花公家的钱，连一个小零件都没有买，连一支钢笔都没有买过，都是干事情，真干事。我们不懂得可以用于这些，而且这些是科研小组正常的花销，这点都不知道。给吴印咸花 1800 块买的设备就是在科研经费里列支。另一套作为成果交给国家了。还有做得很好的一件事情，从 1969 年开始进入实际的工作，或者说 1969 年开始进入生产领域。

**陈**：1969 年开始进入生产领域。

**刘**：开始生产了，一边研究一边生产，生产跟研究同步进行的。到 1977 年，基本上都完善了。

完了之后，吴印咸提出来要拍一个实验影片，用我们搞的滤光片拍摄了滤光器与影调调节的实验片，拍了四本。

**陈**：内容是什么呢？

**刘**：到全国各地拍了相当多风景，加上一些人物，通过实际拍摄来实验滤光片效果。要在“北影厂”洗，洗片子要花钱，我不是说有十万块钱嘛，拍片子要花钱，买片子应该花钱没有花，为什么？我们跟化工部结合，跟第一胶片厂紧密结合，用你的国产胶片来做我滤光片的实验。拉片子都是一大车，一拉来就是一大摞，人家说要多少，我说给我 8400 米胶片，我写个条，厂长一画圈，片子就运到北京电影洗印录像技术厂来了。

**陈：**是保定那个？

**刘：**保定的，到那儿去洗，这一大块儿都包括在十万块钱的科研费里面。应该说将近三分之一以上或者二分之一都花在拍片子的开销上了，要不然怎么花那么多的钱呢。我和吕国庆，还有另外一位老师，长春电影制片厂过来的，三个人，我们跑了好多地方拍片子。北京当然是个点儿了，这就要花很多很多钱了。

**陈：**北京本地花什么钱？

**刘：**拍电影都得花钱。到了云南，到了中缅边境，在那儿住了很长时间。西双版纳还要过去，火车开到终点站就在那个地方，选了比较漂亮的村子，跟缅甸一江之隔，那时候还闹了笑话。

**陈：**闹笑话什么意思？

**刘：**拍电影，中国跟缅甸交界的那条江，叫瑞丽江，两个国家应以河流中心线为界。到了冬天拍日出日落的镜头，我们在江面上拍摄江的另一侧，其实已经算是越界了。问我们的保卫人员，我们到这里拍电影，这个地方能不能去？我们保卫人员说可以，我们就选了那个地方，一拍拍了好多天，也没有人干涉，我们在那个地方拍了很多画面。

还去了海南岛、三亚这些地方，7 月份还是 8 月份。

**陈：**七几年？

**刘：**1977 年，七八月份，到这些地方去拍，很热，但只要不在直射阳光下，在阴的地方还算清凉，不会太热。拍电影哪能考虑这些，都是选镜头选角度。而且我记得很清楚，我们去的时候，住在他们公社里面，都是下放的学生在那儿锻炼，是国家的知青点儿。我们找房子住在那儿，待了一个月。7 月中间去的，待到 8 月的后半个月。很有意思，我们奔着什么目标去？希望看到比较好的阳光，天空的云彩比较多，看了各种各样的资料，都说要集中拍云彩就是三亚最好。我们三个人，加上后来加的人，叫顾文凯。

**陈：**他也是电影学院老师？

**刘：**电影学院老师，也是“56 班”的，吕国庆是“57 班”的，我带着他们一块儿去的。不是要拍云彩嘛，不是没有云彩，都是大块儿的大朵云，太阳一出来照一会儿，云彩又盖住了，始终是云彩满天，太阳光只露出来一点，根本拍不了电影啊，拍不了成朵的云，所以在这待了一个多月的时间。我现在到三亚去，只忙着写书了，没有什么地方可玩的，我去了很多回。那次拍片就待了一个多月，而且住的是最好的地方。有一个地名叫小洞天，那个地方真是无风三尺浪，你觉得没风，但是浪花总不断，那个地方浪花是最好的，小山坡也挺好，椰子树也挺好，椰子树还长到水里面，涨潮的时候，椰子树有多高，有一半都埋在水里的。

在云南拍了很多兄弟民族，那个地方也很有特点，画面最好的内容是兄弟民族的活动，拍出来影调的效果会好一点。

**陈：**拍的内容是谁决定的？

**刘：**拍摄提纲是大家商量定的，拿着相当详细的提纲到云南去拍摄。这地方很有意思，每天都是阴天，9 点半或者 10 点开始，准出太阳。我们去了以后，住了半个多月，云南老百姓给我们一件大衣，像军大衣一样，裹在身上。每天我们早上做准备，搞活动都穿军大衣，看角度、看地点都是早上出去准备好。争取十点钟前回家里吃午饭，10 点半一定赶到拍摄现场，11 点准时开机拍摄，可以拍到很好的画面。我们在那个地方拍了将近半个月，拍了一大批片子。

云南、三亚、北京，北京来来回回跑得最多，拍摄了更多人物近景，那都是室内用灯光拍的。

**陈：**模特是谁呢？

**刘：**自己找人当模特。所谓的模特不一定是真正的演员，让办公室给我们找演员，一定要形象好的，这也要一段时间的。而且好多压根儿就是我们搞生产过程当中的工人，形象就很好。现在那个照片我还时常拿来做教材呢，某些人形象就是非常好，老工人，年岁很大了，看门的，形象也很好，轮廓都很好。有一次拍的就是他，不一定非要找电影演员。这么多地方的拍摄，而且完成影片是四本，包括各种各样的内容，有底片，有正片，有洗印，来回弄。后来吴印咸做影片最后的审查，他在三亚休养，吴老的后一个阶段，已经是文化部的高级顾问了，就不当电影学院院长了。

**陈：**他曾经做过电影局的副局长。

**刘：**他的根基是文化部，照顾他的是电影局的人，后来我当院长期间，找他汇报都是电影局的人出面一起到他家里去。他住在三亚疗养，我们先电话联系，说吴老，我们剪辑张兰芳正准备送片子到三亚来，请您做最后的审查。吴老说好啊好啊，我做准备。我就先告诉他，您是不是跟当地联络一下，搞一台 35 毫米的机器。凭他的身份跟三亚市政府打个招呼，说我要放映影片，拿来我的驻地放映一次，人家当时就给他安排。我跟张兰芳到了三亚，当天晚上就看片子，吴印咸充分地肯定这部影片。之后就做拷贝，送给“北影厂”一个，“新影厂”一个，洗印厂一个，当时我们就跟洗印厂说，这个洗印工作是“北影厂”完成的，当时“北影厂”有洗印车间，他们的洗印车间好晚才撤销，王雄就是洗印车间的负责人，全国搞洗印最有名就是王雄。后来以滤色镜小组的名义把影片拷贝分别送给了这些地方，也拿了一个拷贝送到胶片厂去放映。

**陈：**拉来十本，还有六本。

**刘：**我起码有一箱子拷贝，我又跑到胶片厂，我说你们曾给我一点片子，片子出来了，今天请你们看一看。人家也很慎重，厂长、总工程师、各方面人员，特别跟胶片有关人员都看这个片子，我跟他们讲片子是怎么拍的，哪个片子哪个轴号。他们太在行了，后来完成这个片子是拿国产彩色正片印的，用他们的片子拍摄了一个完成片，而且发到各个厂，等于给他们做宣传了。咱们当时不知道问人家要钱，没有这个概念。我要一大箱子胶片，完成了四本片子，这个任务就完成了。

**陈：**标准拷贝洗印是用柯达正片洗印出来的？

**刘：**正片是“北影厂”洗印车间洗的，我还没跟人家要拷贝，没跟人家要正片。看完了之后做大量拷贝的时候，有一个工序你知道吧，很简单，拿到国产的胶片，片子每一本前面有一个光号带，光号带里面包括一项内容，叫前置片。

**陈：**前置片是什么意思？

**刘：**就是做实验的，前面搁一个前置片，光号带什么都是完完整整一本，把片子再搁到片子性能这个里面，再印几条光号出来，效果好了，就按照这个效果把片子一次印出来。这个实践完成了滤色镜的实验，影片除了送给这些单位和向上面汇报之外，也留着它作为对外宣传的案例，比如，开会拿这个片子放放，放电影之前加放一点这个片子，也不收人家的费用。很多地方都放映这部片子，就起到了一个广告的效果。影片用的什么？国产滤光片，听懂意思吧！号码都打在上面，用了几号滤光片，都印在上面，宣传了滤色镜，宣传了胶片，宣传了国产彩底。“北影厂”洗的，多好。

**陈：**国产化。

**刘：**对，国产化。所以你刚才问到十万块钱经费的开销，这里面二分之一以上的钱用在拍摄活动，花钱花得最多。用在别的方面，比如镜头前面加的纱是在上海针织仪器总厂生产的，人家弄得挺好，这个生产费用当然只能从科研费用里出。因为用钱不是一下子好几万，而是适当的几千块钱，包括实验费用、生产费用。

**陈：**当年您拿的国防科工委的介绍信可以做。

**刘：**我到上海联系生产的时候，拿了一个国防科工委的介绍信，有国务院的章。当时还是很有影响，看门人马上打电话通知他们生产部门了。我们的事很快就办好了，上海针织总厂是当时了不得的单位。

## 第三节　参与海鸥 CL-A 型照相电影通用曝光计的研究

**刘：**与此同时，我还管了曝光表，海鸥 CL-A 型曝光表。

**陈：**照相机通用曝光计。

**刘：**国家生产的曝光表，比我们手机稍微大一点。最早这个任务给郑国恩老师，他在忙别的事情。我既管滤光片，同时又抓了曝光表的研制和生产。从开始的原始设计，到最后生产，再到做出表来开鉴定会，从头到尾全都是我参加的。这个事情是郑国恩开的头，很快就换成了我在那里管。

**陈：**从哪年开始？

**刘：**也是 1969 年，刚刚开始。我联系滤色镜相关问题的时候，与曝光表的生产厂就密切打交道。因为这里面的技术问题比起曝光表来更加精密，它里面有电流计，它的电流计跟你们现在用的曝光表不太一样，电流计里面还有感光元件，见光可以产生电，用什么样的型号，这是一大块儿，非常细致。除此之外，曝光表上面相当多按照摄影原理组织起来的技术，配置就更为精密。感光度的选型，光圈的排列。曝光表的选排，光圈、速度、感光度、光的强弱，这一大堆的排列是相当严密的科学配置，没有一点光学原理和光学基础，排都排列不准确。我的长处在于完全掌握机械的东西，我到北京工业学院学习过跟这个有关的技术，物理光学我都很懂，我对这个就很清楚了。后来转移给我来组织生产，在不断地跟上海照相器材二厂打交道的时候，我就是比较清楚，因为我讲课也是讲的这些东西。

**陈：**他可以使用，但是对技术原理……

**刘：**太困难了，我只能说太困难了，说一点不懂也不是。要考虑原理结构，要把这个东西讲出来，太难了。我跟他们打交道，做各种安置的时候，太在行了，后来很快就生产了。我在电影学院教学，我讲滤色镜，讲曝光控制，就得有曝光表，就得有滤色镜，我把这两个研究得比较精通了，包括今天你让我讲这两方面的问题，我可以讲得很简练很突出，而且绝对符合原理。所以你看我的书里头，今年是 6 月 7 号提出让我讲这门课，不太长的时间我就拿出很完整的教材来了。原理我极为清楚。

我就是讲过程，讲历史的发展。我搞的这些科研项目，与电影学院教学工作密切相关。所以电影学院教学组在人员安排、教学配置上就想到这一块儿，为了培养造就人才，搞各种各样的练习都是围绕着专业发展的需要。

**陈：**“文革”期间，科研小组会受到政治冲击吗？

**刘：**没有任何人碰过，吴印咸领导的科研，除了给予照顾以外，其他人都下乡了，就我跟吕国庆没有下乡，家里的人都给我们提供各种各样的方便，没有人阻拦，绝对是大力支持。

**陈：**没有受到政治运动影响？

**刘：**没有受到任何影响，相反，正好利用没有教学这个时期，跑那么多的工厂，搞那么多科研的事情。我从早到晚忙这个事务，才可以把这个事情一点点干出来。

**陈：**怎么会把电影工业指导小组放在国防科工委？

**刘：**要注意，电影工业不光是胶片，不光是机械，很多光学原理，很多做各种各样设备的，好多行业都跟电影界有关。“文革”期间这一大块儿谁来管？都是归口国防科工委来管。

**陈：**海鸥 CL-A 型的照相通用曝光计的研究，这个项目有多少人？

**刘：**我这有完整的资料，负责这个资料的工程师是一位女士，叫周培芳，她负责这个表的技术报告，现在看来，她对这个表还是有一定研究的，特别是开始之后不久，我们提供给她各种资料，毕竟她没有像我们经历那么多的曝光表，那么多的特性，完全从电影的特性、电影的特点怎么样把表用到极为精确的程度。她也是研制过程当中慢慢熟悉这个表。所以关系相处得就非常好。

**陈：**这个组的负责人是您？

**刘：**开始不是我，开头是郑国恩负责。刚一开始就离开了，因为他有别的事情。

**陈：**CL-A 型的曝光机研究的意义是什么？

**刘：**拍电影，包括现在为止，必须用曝光表。

**陈：**以前没有吗？

**刘：**以前用的是威士顿曝光表，叫做 WESTOIN，中国人较长期使用的大量都是 WESTOIN 曝光表，甚至可以说 WESTOIN 的各个型号国内都用过。那么我们研究曝光表的，就能够将各种各样类型的都搜罗到我们手里面。中国人都爱用 WESTOIN 曝光表。

**陈：**那干吗还研究国产的呢？

**刘：**国家特别提倡使用国产设备，包括摄影机。

**陈：**是面子上考虑，还是经济上考虑？

**刘：**经济上考虑。

**陈：**咱们国产的便宜？

**刘：**当然便宜，那些东西都很贵的。自己研究出来自己也好用，总认为自己能把这个东西做得很好。

**陈：**很好还是更好？

**刘：**很好，不一定比人家做得更好，包括现在，最后完成的海鸥，也不能说它超过了 WESTOIN，但是它是国产的，好用的，正式在社会上发行的，制片厂也购买的，达到这么一个程度。开鉴定会，我可以拿出一本一本的鉴定测试材料，因为后来全在我的管理范围之内，有问题要找人跟，就是一机部的同志也不见得熟悉，所以有问题找到我，我去上海解决里面各种各样的问题，比如三分之一增值的问题，就是表增加中间值的调整，应该怎么样安排和测试。测试是个很复杂的过程，研究设备首先要研究设备验收的仪器。没有这个，就验收不了。

**陈：**对，样品测试非常重要的。

**刘：**很重要，也要搞出相应的设备来，这些问题的测试也都是我在那个地方经营制作。1975 年还是 1973 年，大约有 31 个单位在上海正式召开了曝光表的鉴定会，国家鉴定会。鉴定会最后任命是我管，但实际上鉴定委员会里面的主任是一机部的同志担任，我还是个副主任的头衔。

**陈：**实际操作主持肯定是您做？

**刘：**我记得鉴定会议安排是副主任，因为我是项目负责人了。鉴定会本身的组织也是一个机构，一大堆人搞样品测试。拍摄实验，性能分析，鉴定会上就得有三大块儿，这得靠我来运作。这三大块儿都得向我报告项目测试的结果，完了大家共同讨论。而讨论会的人员更多是电影界的，他们结合电影使用来提意见，这是一个精密仪器，应该是精工工业他们主持讨论会，但类似这样的问题都是我们这样的人组织讨论会，因为他们组织不到这样深入的程度。上海开了好几天会，通过了鉴定意见，给了很高的评价。

**陈：**当时国际上曝光机研究方面有没有新的技术？比 WESTOIN 更好的？

**刘：**马上就出现了，很快国产鉴定就通过了，我们赶上或达到了国际先进水平。但是我绝对不同意说超过人家，达到就很不错了，我是不同意发言当中有这样的话，就是赶上或者达到国外同类产品的水平。我主持会，或者到会，只能讲到这个程度。因为最好的表在我手里捏着。

**陈：**您讲的最好的表是 WESTOIN，还是 WESTOIN 系列新型号？

**刘：**是美国摄影研究所，这里有一大批精密仪器的专家。

**陈：**就是美国摄影研究所？

**刘：**是，它生产的仪表，包括曝光表、色温计等。

**陈：**研究所的英文是什么？

**刘：**它的英文全称 Photo Research，我写的书里面较多地用了 WESTOIN 表的资料，也用了国产的资料。

**陈**：国产资料是什么？

**刘**：就是海鸥。

**陈**：海鸥原来也有。

**刘**：没有，我现在的书里面还用国产海鸥表的资料。就在这个书里面，同样有较大的篇幅介绍 Photo Research 生产的新型曝光表。

**陈**：除了 Photo Research 实物之外，有图纸或者其他技术资料吗？

**刘**：有一些论文类资料，WESTOIN 的资料，包括有些一般性的说明书。

**陈**：有什么用呢？

**刘**：了解它的性能特征啊，更多是我们从美国摄影杂志里面，可以看到新的文献，文献里头讲到它的某一方面的资料。注意，都是某一方面的资料。

**陈**：这些资料都是由谁翻译？

**刘**：都是自己翻译。

**陈**：您自己主持，另外承担了翻译工作？

**刘**：工作早就积累了，已经都掌握了。不是因为做这个事情才了解这些，而是把你对曝光表的理解，向吴印咸提出建议，而且也要跟吴印咸讲到，跟它相似类型的某一些内存值的设定是为什么。

**陈**：值是什么？

**刘**：它里面的控制指数，各种各样的参数太多了，包括表的量置，电流计的值数。这在我们的研究里都要充分体现。

**陈**：在您的科研研究当中，是否遇到过知识和技能方面的困难？

**刘**：是开发当中的困难，不是了解这个的困难，因为我们的东西里面的部件生产出来达不到这个水平和标准，所以我们有这样的困难，而这个东西我们是提供给生产单位的，生产达不到这个水平，指的是这个，不是指你懂得这个问题的程度。

**陈**：我能不能这样理解，曝光计研究的原理方面，实际上研究空间不太大，主要研究国产化，材料和生产工艺方面做一些研究。

**刘**：对，是这样。比如电流计，曝光表见光要自己产生电，我们叫做光敏元件，过去用的材料，现在都不用了，改用目前的曝光表，都开始过渡到硫化镉光敏电阻，这是一个大的跨越。这一跨越就不得了，它里面的电器元件不是一般的电器元件，而是硫化镉的电器元件帮助它运转，这里面的设备，许许多多的小零件，要按照这个东西来设计，而且保证在极小的空间里见光就可以产生电，把这些电送到计算机里能读出来，这里面问题就大了。

**陈：**材料工艺方面有很多技术问题。

**刘：**确实有很多技术问题。第一，不可能了解那么多；第二，我们也没有了解那么多。我改用硫化镉的光敏电阻，到上海专门做硫化镉的厂里面，请他们按照我们的特性制作这样一批东西。比如，什么样的特点，什么样的型号，它里面的阻值应该设置在多大，在什么样的光敏条件下产生多大的电流，而且把这些电流还要很好地送出来，我们要提出意见。所以我们曝光表的另外一头——指针摆动就好办了，表头的设计原理，从过去到现在都没有太大的变动，要变动的那一块儿也处理好了。大家看到的曝光表是这一大块儿，表盘、指针上面的读数，觉得很复杂，实际上那不是复杂的地方。

**陈：**表盘相对容易。

**刘：**我讲的意思就是表头的问题，找做硫化镉的厂里面研究。表的问题研究，跟上海照相器材二厂沟通，请他们按照我们构想的意图提出设计方案。

**陈：**这样实验性的生产，实验性做样品的话，跟厂里正常生产秩序有矛盾或者冲突怎么办？

**刘：**不会有矛盾。这是下达的任务，这个任务厂里面绝对要保证的。任务下达到上海市仪表局，仪表局接受这个任务以后，转移到上海照相器材二厂，那时候我们到厂里面办事，人家都讲这是国防科工委的，盖着国务院的章来的，人家是对国家项目很重视。

## 第四节　加入滤光器理论及其系列化生产的课题组

**陈：**您什么时候加入滤光器理论及其系列化生产的课题组？

**刘：**比曝光表更早。我们是光学组，副组长是吴印咸，我们只是吴印咸手下的工作人员。后来慢慢有了滤色镜小组了，吴印咸是我们的组长。

**陈：**滤光器组他也是组长？

**刘：**他是组长，我是副组长。吴印咸毕竟牌子大，这个大旗他是一扛到底的。

**陈：**然后是滤色镜，校色温滤光片，滤光器等一共十几种，您全部都参加了吗？

**刘：**全部，175 种，一件不少，包括做镜头纱，偏振器从头到尾，一项不少，都参加了。

**陈：** 方式也是跟机械部有关专业工程师合作？这个组一共多少人？

**刘：** 严格讲，组长是吴印咸，但是我和吕国庆，还有后来加入进来拍片子搞实验的顾文凯、张益福，这三个人都参加我们这个小组，还有电影学院的郭老师，他参加过一段时期的拍摄事业，拍片子很有经验，他介入是为了更好地帮助我们把拍摄片子这一块儿拍得更好一点。

**陈：** 这五个人都不是参与研制工艺。

**刘：** 他们都是研究工作者。组织领导就是我，各个地方的仪表局，比如上海市仪表局，他们有好多项目，通过仪表局下到各个厂。涉及材料的跟做滤光片的五机部联系，飞机里面一些仪表都归五机部管。还有一些项目归第一机械工业部，比如北京市做仪表的一个厂。

滤光片有一部分是在成都生产的，叫成都光明器材厂，飞机、大炮里面有关光学的材料都是这个厂生产的，就在成都的郊区。我们是通过五机部下去的，一机部下面是仪表局，到上海是上海照相器材二厂。北京市就是北京市委，管北京工厂里面的事情。

**陈：** 您从中协调，斡旋。

**刘：** 斡旋，计划，资金的调配，任务的下达，都是我在这个地方统筹以后，通过他们把经费下达下去。

**陈：** 谁掌管总共花多少资金？肯定有计划？

**刘：** 从刘柏罗那儿，国防科工委也只管计划，他将计划分配到各个部里面，由各个部列计划，需要多少钱，他们认定要多少钱，提一个数字，再把这个数字下达给厂里面。下达多少钱我们都不管，只管任务的完成。

**陈：** 当年没有受到过经济问题的限制。

**刘：** 没有。第一，不知道多少钱；第二，更不知道钱的方面有什么困难。如果遇到困难，跟一机部刘柏罗说，或者写一个东西给他，他马上就批个条，请一机部给予安排就完了。

**陈：** 滤光器一系列产品的开发，是不是跟曝光计的路子是一样的，并不是我们发明更好的科学方法或者生产工艺，而是我们要国产化。

**刘：** 第一是国产化，第二是按照设备的特点，我们提出相应的指标和要求。你说我要做这个东西，做什么标准？别人讲不出来，这个里头有太多的指标了。

**陈：** 技术指标？

**刘：** 技术指标太多了，经济指标都摆在次要的位置。比如曝光表，我说个最简单的，一块滤光片，它的标准值是多少，斜率是多少，时间参数是多少，这得靠我们来提，也只有我们来提。包括到最后的加工，加工出来的厚度是多少？各列表的厚度，你拿手上看是曝光表，是滤色镜，可各类表的厚度不一样，这些参数里的综合是靠我们设计实验者提出来，当然，有些参数我们就不用管了，比如打边，磨棱角，只是提一个整体要求。简单的机械加工好办，参数靠我们提出来。

**陈：**我查到的资料，您参与的滤光产品一共是175种，从研制到生产到测定再到拍摄过程您全都参加了？

**刘：**从研制到应用都参加了，最后都要应用啊。举一个简单的例子，比如三号黄滤光片，拍摄天空、朝霞、晚霞这样的一些景色，拍摄使用的情况，黄色镜就有五种，再通过我的实验把这五种黄滤色镜的性能表现出来，一个档系都要通过实验反映出加一号什么效果，加二号什么效果，而且同一个条件底下，加各种各样的色调后天空的变化。比如红滤色镜，日出日落是什么样的效果？通过滤光片看它的效果，参数你不用看，由计算器给你算出来。拍摄时候有电影画面，两者一结合，证明这个东西是好用的，都是这样的使用方法。

**陈：**那时候带着鉴定的性质？

**刘：**就是鉴定。鉴定通过了，吴印咸又提出来，拍一部完整的滤色镜片，到各个制片厂宣传你的成果，一个厂给他一本，就这样的情况。

**陈：**您提到1977年6月14至19日，一机部在上海组织了31个单位的鉴定会，鉴定结论是什么？

**刘：**没有什么意见，一致通过。

**陈：**有什么别的记忆吗？

**刘：**没有太多记忆。开会大家就讨论，成立了三个组，好像也是住在不太大的小宾馆里面。

**陈：**这上面讲四个部分，一个成品测试，一个设计图纸审查，一个零件工装审查，还有实拍性能研究。

**刘：**各个部分都要在会上做报告的，成品是什么样的，零件检测结果是什么。成品测试是通过哪部影片来看实际拍摄的效果，性能的鉴定靠大家会议上讨论再来做鉴定。等于是四大块儿，都在会上报告情况。电影工业当中许多产品的鉴定会，差不多都是这个类型，有成品的，有性能测试的，有实际应用的，都差不多。

**陈：**也有图纸审查的？

**刘：**图纸更要审查，工装都得符合要求，只有符合要求，一机部才让你参加各种各样的比赛。

**陈：**曝光器研究在1977年9月进行了科技成果登记，这个是谁登记的？

**刘：**就是把表格填好了以后通过仪表局报出去。

**陈：**您要参与填表吗？

**刘：**我参与填表，随着表格的签字，把滤光器系列化和海鸥 CL–A 型聚光的各种各样材料附在后面，上报仪表局，报请有关方面，实际上就是一机部里面的仪表局，上级主管部门。

## 第五节　全国电影工业展览会和中央五七艺术大学

**陈：**1978 年获文化部重大科研成果奖。

**刘：**我们报出去的东西都是先报文化部，这两样东西都先获得了文化部重大科研成果奖，就是曝光计和滤色镜系列。当时会议上审定，要把滤色镜报到全国科技大会，那个大奖状不得了的，那个时候没有给资金，只有奖状，精神鼓励。

**陈：**曝光计研究有专利吗？当时要登记专利吗？

**刘：**你问得很在点上，当初不讲究登记专利，我们都没有报国家专利。所以现在别人要拿我们的研究成果生产，运用我们的资料，都白用啊，因为没有专利。后来我们研制的产品都报了国家专利。

**陈：**获奖作者的排名是什么情况？文化部表彰，或者全国科技大会表彰，表彰的奖状排名是什么？是课题组还是个人？

**刘：**有参与这项工作的排名，发给奖状没有排名，写课题组。

**陈：**没有个人的名字？

**刘：**就是滤色镜小组，曝光计小组，只有单位名称，没有个人署名。那个时期所有的项目都没有个人署名。

**陈：**申报材料当中，比如报到文化部，或者科技大会，是怎么署名的？吴印咸老师也在吗？

**刘：**吴印咸写在第一位，第二位是我，第三位是吕国庆，参与拍摄实验的同志就不单独列名字了。不管怎么样的弄法，在电影系统，在电影学院都算是一个重大的科研项目。

**陈：**滤色镜系列 175 种，都没有专利？人家用都是白用？

**刘：**都是白用，教材也是白用。在这之前，这些基本系列都写成书了，在电影系统，国防科工委系统，包括化工部系统，这个材料不知道用过多少次了，都是个人去打印。

**陈：**都是免费的，没有著作权。

**刘：**没有，全都是免费的。

**陈**：1972 年 6 月，电影工业生产协作小组在北京举办了全国电影工业展览会，历时两年，您对这个展览会有印象吗？

**刘**：我们滤色镜的资料就是展览会的材料，盒子现在还在，做了两套，我手上留了一套，展览会那儿有一套。资料送交到展览会，没有拿回来的。我们写了很多材料，每一个类型的滤光片都写了单向材料。你看我的资料里面，有曝光表的，有滤色镜的，有渐变滤光片的，都是分向写的单独材料，所有东西都报到展览会去了，而且都打印了，供大家参阅。而且我们正在进一步拍摄更多画面资料的同时，这个材料已经在展览会上展出了。

**陈**：展览材料还是展览实物？

**刘**：实物。我们写的材料是附在实物当中给大家看的，都有资料的，供大家参阅的。

**陈**：电影工业展览会，原定展览两年，为什么这么长时间？

**刘**：具体多长时间我不知道，反正这个东西拿过去在那个地方展览了很长很长的时间。

**陈**：您也去展览会参观过？

**刘**：我们的设备在那个地方展出，我们都要去看，究竟能搞多长时间，这个不是特别清楚。最后这个材料送到哪儿我们也不知道，反正我们手里有一套。

展览会持续那么长时间，我们的曝光表拿出去了，滤色镜拿出去了，多份说明材料统统拿出去了。都留有底稿，我们的工作照样进行。展览会归展览会，我们干我们的，所以这两块儿并不交叉。

**陈**：1972 年以后中央五七艺术学校又改成五七艺术大学，您和学校的关系是什么？

**刘**：1969 年 6 月份，电影学院的人，具体哪一天忘了，大批人员都到三十八军去了，我们是到 4802 部队去锻炼。电影学院两百多人，包括老师、学生，全部都到三十八军去锻炼。11 月份我们在一机部开会，搞我们的科研和调查，或者说吴印咸、我、吕国庆，加上我们搞设备的另外六七个人，一直都留在电影学院。就在这个时候，我们还在全国各地调查那么多项目，跑那么多工厂，成天住在旅馆里头，要调动很多人参与这项科研，包括北京、上海、成都，到处都得去。

到这一年的年底，1969 年的冬天，吴印咸就领着我和吕国庆两个人，又到了"五七艺校"，当时已经挂名"中央五七艺术学校"，我们这三个人，那边因为人力不够，从"北影厂"调来了两个人，还有照明的，有七个人，还调来了一个领导，当我们"五七艺校"摄影班的领导，但是很快病故了，他就是杜子。他是很有名的，在电影制片行当里面是很有名的，是老一辈的同志。他是我们正式的领导。

**陈：**有吴印咸在，您也在，他怎么能当领导呢？

**刘：**他算是“中央五七艺术学校”的，吴印咸的头衔是国务院文化组的成员。

**陈：**比艺校要大？

**刘：**大，是那儿的成员，他管这一摊。这一摊里面负责的，一个政委是部队调来的，吴印咸和杜子他们两个是技术负责。

**陈：**杜子是艺术学校的负责人？

**刘：**“中央五七艺术学校”的负责人。先期只有“五七艺校”，分了三个专业，摄影专业谁负责？搞不清，应该是吴印咸，又像是我负责，没有别人了。实际上严格讲就是吴印咸在这儿负责，他监管了这一块儿。除了摄影专业以外还有照明专业，因为那个时候，上面特别提倡要抓好照明，搞好照明的教育。还有一个美术专业，所以“五七艺校”有三个专业。

**陈：**不对，“五七艺校”包括电影学校，戏剧学校。

**刘：**那是以后了，一开始就这三个专业。

**陈：**那戏曲学院、舞蹈学院都没有过来？

**刘：**都是别人在那儿挂帅，吴印咸都不到那边去。到第二年，开始改名字，改“五七艺大”，这个时候有了音乐学院，有了舞蹈学院。

**陈：**中央戏剧学院也并过去了？

**刘：**中央戏剧学院也来了，还有中国音乐学院，这三个学院都到这儿，这时候我们名字改成了“中央五七艺术大学”，也不知道谁是校长，合并以后是于会泳、刘庆棠，还有上海一个搞音乐的。还有一个天津的，他们是副校长。

**陈：**您在摄影系还教课吗？

**刘：**教课啊。

**陈：**当时“五七大学”电影学校还教课吗？

**刘：**主要靠我，靠吕国庆，为什么呢？吴印咸这盘棋运作不开了，我们既要管电影工业耽误了的那么多事，又管这么一大摊学校的事，学校把我们调回来当领导，我和吕国庆管摄影系，“北影厂”来的两个管照明专业，还有美术专业的领导是中国京剧团还是什么，就是新街口过去一点那有一个他们的剧场，从他那儿调一个人管美术系。

**陈：**电影学院原来美术系老师为什么不撤回来呢？

**刘：**在那儿锻炼改造啊，一个都不让回来，后来看这么多人，这么多事，实在搞不过来了，到 1972 年的冬天，才把他们从三十八军撤回来，我们的人员才开始分配，增加人了，按照原有的机构回到各个系，但是没有地方待。

**陈：**那个时候“五七大学”校址在哪儿？

**刘：**不在小西天，最早的校部就在文化部，就是在沙滩那儿。后来合到哪呢？这摊人原封不动的，包括相继调进来的人员，就在美术馆的斜对面，民航公司后面的那个楼，就是“中央五七艺校”的校部。那个地方原来是个中学，把那个中学做了“中央五七艺术大学”的校部。

**陈：**您兼课到什么时候？

**刘：**一直兼到在摄影系当了系副主任，有学生毕业了，包括张艺谋他们都毕业了。

**陈：**张艺谋来的时候您的研究已经结束了？

**刘：**还在进行，登记过了，基本结束，就回院里了。

**陈：**1972 年到 1977 年一直在院里上课。

**刘：**一直到我当电影局总工，当总工后还回电影学院上课。

# 第十三章　经历的重大社会事件

## 第一节　关于“78班”招生情况

**陈：** 1977年年底恢复高考，您怎么想的？

**刘：** 当初定下来我们要招摄影“78班”，通过统一高考招一个班，而且这个时期来报考的必然是“文革”期间有志于搞电影摄影的一大批青年，他们肯定会抢先报名。我们登出去招生广告，而且讲明了几个招生点，有长沙、西安、上海、北京四个点，大家一起讨论口试的考题，笔试的考题由我一个人作主。

**陈：** 笔试的考题您一个人说了算？

**刘：** 我一个人作主，我有自己搜集考题的办法。广告在当地登出来，招生简章印好，于是学生便分头在各地报名了。报名后名单都集中到电影学院来了，再组织班子到各地去考。

考题都从我这儿出，大家一起讨论一起商量，做记录，整理之后由各个考点的负责人把关。我在北京，我虽然不是管艺术教育的，但考试是归我管的，因为我是系副主任啊。北京的，上海的，西安的，长沙的，都是由我这里管。

**陈：** 您四个点都管，还具体负责北京的点。

**刘：** 都是由我出题，把题目分若干类，一类类题摆在那儿，到正式考试的前一天，对不起了，打字室的打字员留在学校不能回家，也不能打电话，我也不能打电话不能回家，绝对保密。题目泄露了那可是了不得的大事啊。上海的考卷，长沙的考卷，北京的考卷，都是明天要考，今天晚上我才印。

**陈：** 西安、上海那么远怎么办？

**刘：** 定好航班啊，定的考试日期正好那班飞机能到那儿，比如今天上午考试，一定是早班飞机飞到那儿，那边就接题，然后到教室，就这样的。

**陈：**上海、西安、北京考题不一样吗？

**刘：**不一样，不是同一个时间，先几天，后几天，都是错开的，所以考题不一样。考题不外乎：关于胶片，关于电影技术，还有关于通用的数理化方面，就这三方面的题，不会有太多的数学题，考研究生就有数学题了。我告诉你，我们这些人经办这个事，包括出题的人，送题的人，打印题目的人，都是怕在这个问题上面出大事。非常谨慎。

**陈：**您是 1978 年恢复高考北京考点的主考？

**刘：**不是。更多是韦彰主考。

**陈：**您跟韦彰老师没有分开吗？两个主任都在北京考点。

**刘：**小考分开几个考场，都在北京。

**陈：**为什么不把领导分到西安考点？

**刘：**那里也有负责人，比如曹作宾、孔祥竺都是负责人，都是作主把关的同志。

**陈：**北京报名有多少人？还记得吗？

**刘：**不记得，一共只招了 25 个，加上张艺谋 26 个。

**陈：**招生 25 个，报名的呢？

**刘：**全国各地报名加在一块儿也有两百多人，10:1 的录取比例。

**陈：**您考的时候录取北京哪些考生记得吗？

**刘：**不太记得。原来是十个老师，集体都在北京考，都掌握了一定的标准了。

**陈：**先在北京考，再去外地。

**刘：**对，都掌握了一个标准，一种做法了。

**陈：**您给“78 班”开过几门课？

**刘：**曝光控制，影调调节，照明技术，电影摄影机，只有胶片不是我上的，是另外两个老师上的，摄影物镜是裴治讲的。我讲了四部分的课程，讲的是最多的。

**陈：**还是老习惯，每次讲课都重新写讲义。

**刘：**重新写，给“78 班”后面的讲课，《曝光控制》《影调调节》这两本书已经出书了。

**陈：**给“78 班”上课时已经出书了。

**刘：**讲起来就更方便了，但是到这个班我又另外写的，因为班的教学内容不同，又重新做了调整。

**陈：**您是任课老师，又是系领导，对“78 班”的学生做一个总体的点评？

**刘：**“78 班”的学生 26 个人，我可以这样说，人人都学习得非常好，非常认真，而且成绩也是最佳的，这是我总体的评价。当然里头会有一些差异，这个人在这方面更加突出一点，那个人在那方面更加突出一点。比如张艺谋，他就比较全面。现在任广播学院（后改名为中国传媒大学）摄影系主任的梁明，[①] 他的学习也非常好，我还介绍他到美国学习过，回来以后又到了电影学院，电影学院没有留他。后来他到广播学院当系主任，也是相当不错的学生。他们三个人很突出。

**陈：**是张艺谋、张会军和梁明吗？

**刘：**对，其他人都是相当不错的，他们这个班级特点就是学习创作的问题，极为认真，电影学院大范围之内，讨论起创作问题的环境也就越来越好，胶片课和电影技术，只考一个及格的人都不多的，都是良好以上的水平，而且优秀占绝大的比例。

## 第二节　恢复职称评定

**陈：**1978 年您第一批评上副教授，之前您评过讲师吗？

**刘：**“文革”前有过评讲师的活动，但没有开评审会，评完讲师以后工资就定为 78 块钱了。

**陈：**讲师是哪一年？助教是哪一年？

**刘：**1969 年一恢复工作就定为助教，不需要评审的。

**陈：**讲师呢，是什么时候？

**刘：**讲师大概是“文革”开始之前，搞“四清”之前就是讲师了，明确得很。工资就是 78 块钱，下乡一直拿的 78 块钱。

**陈：**1978 年电影学院总共评了 11 名副教授，评审过程记得吗？

**刘：**好严格的，评审教授比较容易，评审副教授的时候反而比较严格。具体数字不知道，当时申报以后，有很多人竞争要当副教授，都要讲自己工作的业绩，包括写的书，发表的文章，书就是明明白白指教科书之

① 梁明，中国传媒大学摄影系主任。1982 毕业于北京电影学院摄影系并留校任教。1990 年赴美国芝加哥艺术学院攻读电影制作高级硕士学位（MFA）。在美曾创办华夏电视台任台长、总编导。1997 年回国从事创作。1999 年调到北京广播学院任教。作为摄影师曾拍摄电影《路》《远古猎歌》《黑眼睛》《女帅男兵》《棒球少年》《背水一战》《两个人的芭蕾》《荷香》等；作为导演拍摄过电影《黑楼孤魂》《假期》，电视连续剧《城市边缘人》《热血痴心》《生活的一课》等。

类的书，要有科研成果。当时多数的人是没有太多的科研成果的，后来就发展到了拍了片子也算科研成果，研究项目也可以，就把这一条算上了。当初具备这些条件的人，就没有什么好争议的。我评起来非常简单，几乎是一次就过。

但是要经过投票的，系里面讨论的时候要投票，多少人参加，大家一致同意通过，就这么一句话。院里头那是投票，一条一条地写，放在票箱里面，在这个小范围，我记得我们是 21 个委员还是 22 个委员。

**陈：**您参评副教授，您又是评委吗？

**刘：**不单单是评委，我还是领导小组的成员，除我以外的成员，都是院长、党委书记、教务长这些人。

**陈：**您自己是办公室主任，您自己参评，会不会有人说不公平？

**刘：**不会。

**陈：**1978 年就是这样？

**刘：**就是这样。我三项职称大权，全院的申请都到我这里来监管。

**陈：**那次评职称，既然您这么重要，有老师找您吗？

**刘：**没有用的。反映意见的肯定有，找我谈的也一定有。而且为了职称问题找我谈话，不管找得对不对，我从来不一个人处理，绝对无一遗漏地告诉沈嵩生，他是整个领导小组的组长，是他挂的帅。而且也告诉孙月枝，她也是领导小组成员，是党委书记，但直接管事的是沈嵩生，大大小小的事都告诉沈嵩生。

**陈：**1978 年他还不是院长，成荫以后他才当院长，您有没有记错？

**刘：**没有记错，绝对是他管，评委会这一类型事情成荫没有管过。

**陈：**1978 年的时候成荫还没有来。

**刘：**还是沈嵩生，评委会的领导工作，肯定是沈嵩生。

**陈：**评上副教授以后工资提了一级是多少？

**刘：**八十九块五。所有涨工资不开评委会，不开讨论会，完全按照职称走。

**陈：**1979 年电影学院大规模工资调整，您调了吗？

**刘：**没有调，遇到什么问题了呢，摄影系是四个指标还是五个指标，到了组里经我们研究，定的是一位女士，当过“右派”，她的工资比较低，到这个时候还是 69 块钱，所以决定推荐李丽麟同志。

**陈：**是您提的？

**刘：**当然我提的。其实应该是报我，当然有人说了这个话，说你是系里的领导，还管那么多事，而且按你的科研成果，也都还是挺多的，一定要提我。我说根据我们组的实际情况，早一点晚一点没有太多的关系。好像涨工资过程当中，我历来都是主动让位的。

**陈：** 您让了以后您太太不会找您麻烦啊？

**刘：** 不会，我们家从来没有。我就告诉她说我们组有一个名额，茶余饭后谈到这个事，理所当然提到李丽麟同志，她工资比较低。我爱人表示那是应该的。

**陈：** 1981 年 6 月，电影学院招生了内蒙古和新疆两个自治区的民族班。

**刘：** 我没有参与，也许我就是在外面拍片子，片子都通过了，给各个厂送一些拷贝，给吴印咸送一送，他在海南岛疗养。

**陈：**“78 班”跟民族班有什么差别？招考什么的。

**刘：** 当然水平不一样，你要知道，“78 班”是“文化大革命”漏掉的一大批人，这个怎么讲呢？有志于搞摄影的一些人，因为搞运动，没有机会来报名。而他们有志于搞这个，我们中间招的班都是工农兵学员，都是在职的或者不在职的这样的人，真正正儿八经的招考是“78 班”。

## 第三节　出访加拿大及其成果

**陈：** 现在说您 1982 年 5 月份出国访学？

**刘：** 至今我都认为，电影学院的出访，这是最成功的一次。为什么这样讲？1981 年的冬天，我在中共中央党校读书读到第四个单元，一共四个单元，第一个单元是“中共中央关于建国以来若干历史问题的决定”，第二单元“历史唯物主义”，第三单元“辩证唯物论”，最后第四单元“政治经济学”。正在学第四个单元的时候，周末回来，大概是 1981 年快要放寒假的时候，那天学院的领导来家找我，说经过研究，这个班学习完了之后派我到加拿大去学习，当初到加拿大学习就是到威尔森，回来仔细一查，英文就叫 Ryerson Polirechlec Insfifufe Canada，加拿大一个非常有名的学校，到临走的时候，我才知道是两个人，我没有想到去那儿学习是两个人同行，那个人是张永安，没有人提前告诉我。没有别的意思，就是说你们是两个人去学习，一道而去，你要抓紧时间做准备。我说我党校学习还没有完成，那个时候就是看书，开讨论会，“文革”以后开讨论会有一条规定，可以开讨论会，不做记录。

**陈：** 就是不做公共记录，保证畅所欲言。

**刘：** 对，保证畅所欲言，所有会议全都不做记录。好多报告不在党校听，因为人太多，我们第七组是文化部的，还有别的部也都有分校。我们这个组经常听的都在8341部队的办公室，天安门旁边靠后边的地方，很漂亮的大会场，在那个地方听课，后来发现到哪听都是听录音带，干吗不把录音带找来，我们就在党校听呢，后来很多报告就在党校听。何必跑那么远，这就是学习过程，把这一段抓紧学完。

**陈：**回到电影学院，1982年5月份之前还上课。

**刘：**还上一个班的课，但是做了很重要的事情。我抓紧这一段时间，学习外语，因为说了不带翻译。外语准备太简单了，我家有太多的外语材料了，我在北师大当过学生，各种各样的书我存了不少，课本、书都有，还有两本口语的书，这还不够，我还到街上买了一点有关口语对白的材料。现在买书太简单了，那个时期不是太多的。

**陈：**这回是自学？

**刘：**完全自学，就是看一看，复习复习。我学外语有一个习惯，人不多的时候，大声朗读，在党校就不能朗读了，因为旁边有人，我周末回家以后就这样。得到这个消息到走大约有三个多月时间，一个月我放假，稍做准备，上一个班的课，这个过程当中，除了讲课以外，早晚我就是看口语书，包括看教材，所以按道理讲，我有充分的思想准备。今天来你这儿之前，我翻了一下，第一个重要准备，就是外语的准备。到那儿去当访问学者，我仔细一琢磨，仅凭自己对专业的了解，外语能够通畅的话，专业上自认为没有问题。所以这个期间就是准备外语，做了充分的思想准备。就在这个过程当中，跟文化部有适当的联系。

这个事情的来源电影学院的领导都不一定很清楚，是丁峤在访问加拿大期间，跟加拿大政府达成一个协议，要送人到他们那儿学习，也没有讲怎么学，跟什么人学。后来研究丁峤访问加拿大材料的时候，把名额定在由电影学院派人，但是要派两个人。我一直不知道，我到文化部干什么事的时候，到“五七艺大”才知道有这么个情况，就这么一个过程。

那个时候不是现在这个路线，我们是从大西洋过来，到法兰克福，要转加拿大的飞机，坐到渥太华，到大使馆的所在地渥太华。大使馆派了两位同志到机场接我们，在大使馆住了三天。

**陈：**三天干吗？

**刘：**没有别的，强调外事纪律。讲中加关系挺好，但是一定要注意外事方面的纪律，他们陪我们在渥太华进行一些必要的参观，包括加拿大领导的驻地，都可以到总理休息的地方去，可以随便到房前屋后看看，领着我们到处看。之后就告诉我们，今天我们准备跟多伦多联系，明天你们就到学校去。我们很简单，东西就那么一点，也都收拾好了，都是围绕学习带的东西，上午十点左右飞机就到了。

分管我们院的院长，还有主管我们具体事务的教师，两个人到机场去接我们，非常热情。接我们到学校以后，没有参观，安排我们先住下。上午刚住下，下午两点钟，渥太华大使馆的人开着车子到了学校。校长办公室给我打了一个电话，说请你们赶快到办公室来。我们也没有车，坐着小公共汽车赶过去，相距十几二十分钟路程。大使馆上午刚将我们送到机场，下午就飞到多伦多看我们，我们很感动的。使馆的同志们怎么对我们这么好，跟我们工作是有关系的，我们是文化部安排的，跟一般派遣学生是不一样的。但是给了加拿大学校一个很大的惊讶，这两位同志怎么回事，上午刚到，下午大使馆就派人从渥太华开车到这来看他们，可能开车也要两个小时啊，问我们住得怎么样？我们说都挺好的，两个人住两间房，有厨房、卫生间。

**陈：**学校帮您租的，费用都是他们承担？

**刘：**他们承担。而且告诉我们，你们先住下，过一两天，会给你们送一点零用钱到这个地方。当天晚上还有宴会，还赶上他们学校搞一个大型的展览会，恰好那天晚上开幕，开幕式完了，还给我们搞了招待会。当天晚上就开了招待会，大家围着坐一圈。那个时候刚刚去，对自己的语言还不太自信，找了一个华人翻译。会上问我们两个人懂不懂，我说基本上还可以，完了还让我讲话。因为第一次，分院的院长到了，管我们的教员到了，还有三四个教员，加一起十个人。所谓招待会就是聚餐会一样，在一个中餐馆里面搞一个招待会，做了好多菜，搞到了凌晨一点多两点才睡。

第二天我印象当中还是安排我们走一走，看一看。好像是 5 月 7 日正式开始学习，而且是先讨论，就是我和分院的院长，管我们的教员，加上张永安我们四个人。

**陈：**张老师也是摄影系的？

**刘：**摄影系的，他教特技摄影的。四五个人一起讨论，你们的学习准备怎么安排。这两天翻东西，忽然之间翻出来，我还有这么详细的记录，等于是记录了在加拿大许多的重要经历，而且没想到都是用外文，当初都没有注意到，可能完了就记录下来，当初就是这样。第一天就讨论教学的安排，时间不太长，我们有个感觉，按照他们的安排先走。往后才发现，我们在电影专业方面不是什么都不懂的访问学者，而是很了解电影。

**陈：**尤其电影技术。

**刘：**对电影技术非常了解。比如第一次交谈当中，我们跟他讲到，中国电影有很大的发展，有 19 个电影制片单位，还加上不少地方电影制片厂有 13 个，有 5 个电影洗印厂，我是电影局总工下来的，沟通非常多，因为电影局的事情我都是不断介入进去的。

**陈：**我们有 5 个电影洗印厂？我就知道北京电影洗印厂……

**刘：**上海、长春、西安、广东“珠影”有洗印厂，还有一个专门搞磁转胶录像的厂，专门把这样的磁带转成录像的厂，这不就是 5 个？这是大的洗印厂。我说我们有 5 个洗印厂，19 个制片厂，加上地方小厂，还有中影器材公司。

19 个制片厂里面有西安、潇湘、峨眉这些，除了这些之外，还有地方小厂，这样加起来一共是 19 个，加上你们的，加上器材公司、发行公司，而且都已经比较明确了，中影公司底下有 17 万个放映队，我就提到这些问题。这个人一听，说这两位同志来这学电影，他们对于电影事业的大框架是了解的，是很清晰的，给他们这么一个印象。后来调整我们的学习计划，先讲了加拿大的电影机构，电影教育机构。不像我们讲中国情况，我们很了解，什么事情都如数家珍。他讲的时候，讲到许多的问题，都觉得不细。比如讲到加拿大的教育，用他的话来说，他们是加拿大最大最好的电影教育机构，不是光教电影，教的东西多了，电影与照相是他的一个分院，他一共有十个分院，加在一起有 50 个系。在这个分院里面有电影教育，电影与照相是一个系，这里面分成两大块儿。

**陈：**电影是一块儿，照相是一块儿。

**刘：**都分成两大块儿。这么一听，感觉他们这个机构都比较小，毕竟是两个系合在一块儿。对于我们的学习活动，是这两个系里面的老师在共同参与。当然不是给我们讲电影基础了，因为我们都懂，而且很内行，谈话当中就很清楚了，那个时候也算稍微老一点的教师吧，所以讲得比较概要。我看授课的提纲里面，包括了这样一类型的内容。他们的电影历程，他们的电影是怎么发展过来的，那显然不能像中国的电影历程，我们不是专门有一门课吗？专门从最早的电影开始讲起，从什么时候开始有电影，都很清楚的。他讲他们电影历程就讲得不特别清楚，更谈不上自身的发展。

**陈：**什么叫自身的发展？

**刘：**电影自己的发展壮大，设备都是美国的，机器是美国的，胶片是美国的，他要讲到自身的发展。谈到自己电影情况的时候，讲到若干个问题，都是从国外引进来的，消化的，吸收的，发展的。他们在应用问题上面谈得比较多一些。

在教学过程当中，讲发展历程的教师年纪稍微大一点，讲到有些课程的时候，我看都是很年轻的教师，比如谈到胶片的应用，讲得很概要，极为简单，我们听起来觉得太容易了。

**陈：**没人讲胶片啊？

**刘：**也提到啊，注意这个注意那个，并不能讲清楚，起码没有说到点上，讲得非常概要。

**陈：**后来改成什么样的？您刚才说讲课很少。

**刘：**有若干次的讲课。主管我们的教师主讲摄影机，那个人叫阿维罗，架了一个大型摄影机，那是从美国买来的摄影机，架着那台摄影机，给我、张永安讲这台摄影机。

**陈：**他比您熟吗？

**刘：**不管熟不熟，他得讲给我们听啊，我让他讲摄影机的，他讲的这个机器我不熟啊，具体问题不熟，内容是一样的，只是具体操作步骤不一样。我跟张永安也是很认真地站旁边听他讲。讲摄影机，讲胶片，一句没有提到滤光器。滤光器在当初是极为需要的，我们用的某一种胶片必须用滤色镜来使用，他根本没有提到这茬儿，他知道用胶片必须加上它，他不懂它的原理，更不懂制作，我们是连制作都知道的啊。

**陈：**讨论吗？

**刘：**讨论不起来啊，没有深入讨论的问题。也不可能深入下去，因为没有讲出太多的深入理论来。但是作为老师去考察，听听他们是怎么讲的，不也是一个了解嘛。

胶片这一大块儿做了介绍以后，很快提出来去看胶片是怎么生产的，他也不生产胶片，就一个下午，领我们到多伦多柯达公司的总部，在某一个楼上，楼下那几层是柯达胶卷的一个分部。也就是看一看，看他的分装，不如看保定胶片厂，而且保定胶片厂我了解底细啊，它里面的细节我都了解得太清楚了。我到保定胶片厂做客的时候都不住招待所的，是睡厂长办公室的床上面。他领我们看，我们就看啊，听啊，这包装那包装，怎么运到楼下，怎么运走啊。简单包装他都没法讲里面的细部，就包装这一块儿都没有提得很细。但是我们参观了，进一步了解了胶片，这是一大块儿。

接下来讲了东西的应用，并且说陪我们去渥太华看他的应用。去看什么呢？照片展览和图片展览，并不是看设备展览，看了看摄影机。我们就问他们有没有细致的生产电影设备的机构，他没有给我们讲，也许就没有像样的机构，加拿大没有搞这个方面。但是我了解了，加拿大就是这样搞教学的，对我们访问学者还算是比较细，别的学生也就是了解一个概况，就是很浅显的。我带越南的学生时还带他们到保定胶片厂去看，让他们了解中国胶片是怎么生产的，可能别人教还去不了，也就是我教才可以带他们去看，因为我跟保定胶片厂关系比较特殊，一般也不会让你看。

有一条是最突出的，他的摄影设备，各种类型的照相机、曝光表，其他的一些零件，大大小小的附件。他有一个大的展览室，一个大器材库，非常大。

**陈：**学院的？

**刘：**学院的，摄影系的，这个器材库相当大，比电影学院当年的器材库还要大。但是器材库里就少量的摄影机，摄影设备不多，我说这个话就这个意思，不像我们电影学院摄影设备好多，新的旧的都有，而且我们集中了很多旧的东西，可以让学生拿出来看的，解剖的。他这些东西并没有，照相设备挺多。学生看这些设备，都可以付钱租用的。租用很简单，能租走说明你是有手续的，把东西往那一搁，一填表，交了就没事了，租还手续很简单，便宜设备很少，是这么一个情况。

**陈：**后来给您颁发了证书，一共三个月？

**刘：**前后四个月，8月下旬回来的。颁发了一个证书，是分院的院长亲笔签名。证书里头写了，只发给在本院进行访问的学者某某，中国名字，发这么一个证书。由谁发呢？不是分院的院长发，也不是摄影系的教师发，是最后要走的前一两天，在他们附近一个岛上面，开了小型的座谈会，搞了好多设备，包括摄影机、照相机，在那个地点请我们吃饭，颁发证书。学院董事会的董事长，分院的院长，系主任，主管我们的老师，包括我们两个，都来了，像开小型招待会一样。都讲了不太长的话，我也讲话，把翻译也弄去了。讲话的内容是加强两个国家电影界的交往，这仅仅是一个开始，然后给我们两个人一个人发一个证书。发完了之后，开始进餐，菜还是按照外国人的习惯一道道上来了。

中间还有一次，正儿八经的开学了，分院院长请我们两个人在加拿大的威尔森教授俱乐部，也是类似这样的中餐会议，欢迎大家来，类似这样的讲话，也不颁发证书也不干什么，就请我们吃了各种各样的糕点，然后回学校。教授俱乐部只有教授到那儿去，平时门是禁闭的。他事先打电话通知了，你到那里去大门就自动打开了，走进去以后一个客厅之间是隔开的。

**陈：**您去加拿大去了渥太华和多伦多，还去了哪里？

**刘：**蒙特利尔，去那纯粹是开会，没有任何活动。到了白求恩的家乡。到了白求恩的家里，是阿维罗领着我们去的。人家到了周末都会去乡村俱乐部，周末都不在城里，到礼拜五下午，就回乡下的家里头或到别的地方去住去了。阿维罗请我们，他跟他的夫人都去了，我跟张永安住在隔壁的一个楼，两座楼隔得很近，这一大片园子就是阿维罗家的，有桥，可以坐船。那天天气有一点点凉，到那儿以后，就把两座楼的暖气打开，不是电暖，拿柴火弄，壁炉都打开了，他很讲究。我们也没有去桥上逛，晚上聊聊天，讲讲中国的情况什么的。第二天的中午，他开车送我们到白求恩家门口。

**陈：**现在有一个纪念馆是吗？

**刘：**有纪念馆，楼上楼下，他出生以后住的床铺，我们都去看了，在这个地方都照了相，里面有很多的小板，写他的简单历史，大型的图片，包括中国的图片，都在那个地方展览。我们拍了很多照片，都留在家里。蒙特利尔什么都没有看，主要是开会，别人请我们吃了一顿饭，当地也要招待我们吃饭，很正常的工作餐。

**陈：**除了这个以外，您跟张老师有没有自主旅游？

**刘：**没有。我们不是到渥太华去了嘛，看了展览会之后他们就走了，我们就回大使馆住，第二天跟大使馆讲，明天早上我们坐车回多伦多，就这样。

**陈：**学校发给你们每月生活费是多少？是每月一发？

**刘：**一个月一个月发工资，你讲到这条我讲点题外话。周末，他们各自回到郊区住了，城里没有人了，学校也没有人了，老师都走了。我们怎么办？他们安排了许多的教师，在周五的晚上，我们都要参加宴会，今天是张老师请我到他家里，下一个礼拜就是李老师请我到他家里，有的请得很盛大，各种菜肴做得很多，还请了好多朋友，中国朋友要到家里来了，有的野餐，就在他们家的院子里，拉着灯泡，在院子里宴请，一边吃饭一边聊天，搞到深更半夜，然后送我们回驻地，周末都有这样的活动。

**陈：**学校发的一个月多少钱？

**刘：**记不得了，相当于现在钱的比例，总有三四百块钱人民币，发给我们的钱还是比较多的。一个礼拜一个礼拜地发。管吃饭，我们吃的都自己买。绝对够。

**陈：**我想知道您怎么省钱？

**刘：**我们两个各拿各的钱，搁一块儿用，买了东西先拿回宿舍，家里买回来的食品相当丰富。我们还不买人家的周末食品，到周五的上午开始就便宜卖，卖到傍晚卖完，明天休息，后天休息，周一的早上上新货，是这么一个规矩。我们都是在周五买东西，还从来不去买周末要下架的食品，尽管很新鲜，总怕它不新鲜，还是买像样的刚上来的食品，还是很讲究的。就这样还是省了很多钱。

**陈：**回来以后买多少东西？

**刘：**什么东西都没有买，花光了。人家天天晚上宴请我们，那么多教授都请你的客，我们都是被请到家里的客人啊。后来我们到大使馆去了，跟使馆说天天被宴请，我们要走了，这怎么办啊？大使馆很有意思，你们得请人家啊，虽然说我们是学生，但我们是访问学者，是教师，那我们宴请没有那么多资金，大使馆说，只要你在大使馆宴请，大使馆一切都给你报了，你开单子就行，但是你要从我这拿走钱，就不符合规矩。我说那怎么办？多伦多又没有领事馆，领事馆又不搞这些活动，大使馆说要宴请，我们也认为要宴请，后来怎么办？只好宴请，就利用我们两个人的积蓄，几乎是剩下来不是百分之百也是百分之八九十了，差不多是全部了，就是用我们自身的加元付给了宴请的地方。

在哪儿宴请呢？中国人还讲究面子，那有一个北海仿膳，是在仿膳宴请的，中餐馆。大圆桌坐得满满的，基本上两份菜，备了三只烤鸭，在桌子边上当场给你片成一片片的，光烤鸭都一大堆了，菜相当的丰富，而且事先给他们拉了一个单子，二三十人的宴会。

**陈：**怎么会那么多人？

**刘：**凡是请过我的人都请来，而且还带夫人，还打了一个单子，按照中国目前的做法有冷菜、热菜，热菜就是主菜了。我们第二天到学校，当时没有去的管理人员见到我们都讲，说（英文）16 道菜，说我们请客是 16 道大菜。的确，我们考虑这个重要性，那个餐馆也搞得比较好。

**陈：**1982 年的时候，回来都会带免税商品。

**刘：**告诉你，一样没带，张老师也没带，我们各自买了一个照相机。因为我们的钱都花了，吃饭很贵啊，全花的是自己不多的一点津贴。

**陈：**国内没有补贴吗？

**刘：**极少，干不了什么的。还挺有意思的，把钱全花在这儿了。我买的照相机相当的好，后来金驾东搞实验都用我的私人照相机，我的相机镜头比较好，别的问题不太大。

**陈：**没给太太买东西吗？

**刘：**没有买，任何东西没有买。没有钱买，剩下一点钱都不够使用的。小玩意买了一点，没有一个像样的东西能当礼品的，以后出去会买一点，都成习惯了，那个时候没有钱啊。

**陈：**80 年代出去的人回来都要买电冰箱、电视机啊。

**刘：**那个时候没有，后来有了。屠明非是我的研究生，她回来四大件全买齐了，电视机、录像机什么的。

**陈：**加拿大带回来的材料现在要补充吗？

**刘：**比如关于我去加拿大的问题，两校在中加关系上有比较大的发展。哪一条有发展呢，沈嵩生在规定电影学院好多做法的时候，就把我们从加拿大学习到的问题融汇进去了，比如关于器材设备的管理，多多少少注意到了加拿大的器材设备是怎么管理的，器材设备管理最重要的一条是租借，不是像电影学院过去那样无偿的拿取，这一条在电影学院的政策当中，就变成了设备可以租可以借，但不是无偿拿走了。这一条就是听了我汇报以后改革的，当然，人家有值得我们学习的地方，不一定完全照搬。

比如拍摄电影得靠自己，不是靠无偿免费地提供。我们过去什么都给，拍照片，外出打了出租车，坐公共汽车，那点小票还要报销，人家就不。电影设备要租，摄影机可以借用。过去是无限制地给他们做准备，所以电影学院准备的东西太多了。从长期的管理上看应该是有效的。沈院长在管理学院、指挥工作当中，我们感觉他有收获，而这个收获跟我们学习回来谈到的情况是吻合的，这之前没有人提到，总有人给人家放映机、放大机、摄影机、照相机，现在不给了，可以跟我借，片子你自己买，不要电影学院给你准备片子，还要准备冲洗费，冲洗费都是摄影系掏的，实习处管学员报销各种各样的费用，我指拍片子的费用，拍完了之后交给他们，那一块儿还是要电影学院掏钱的，钱是往制片厂里拨，这些都在我们教学里面改变了。

还有一个，我们参观柯达公司是有效果的，电影学院也可以组织学生去看保定胶片厂，去看场地啊，更加丰富学生的学习内容了，这些都是从加拿大带回来的经验和见识,起码丰富了电影学院,你说改革,这就是改革。

我们从加拿大学回来很多有用的东西，或者我自己可以作为参考的东西，院领导也很重视这些。当然，我们回来不久，管我们的两个教师，一个系主任，一个主管教师，就来回访电影学院。到电影学院参观，我们接待他们也是非常隆重的，让他们了解我们学校的教学情况。当然他们有什么收获我不清楚，他们看了很多片子，包括学生拍的实验片子。

后来沈院长又短期地访问了威尔森，他有我们去的基础，再加上自己实地去看，觉得我们看到的是真实的，了解的是清楚的。校际之间的交流加强了，后来他们又来了一个教授，因为沈院长去了嘛。之后，我们又派了张爱华到加拿大威尔森学习，他是一个外语教师，在那边待了五六年，好像还有一个短期在那儿工作的经历。中国人住加拿大好多年，搞语言的，你说他再回来当外语教师，得有多大的进步，天天在这个语言环境里面滚打，本身又是语言教师，当过翻译的，到那个地方又攻的是语言，几年待下来，回来还不是了不得的英语专家了。经过这样培养的专家，当然是很有才华的。所以校际交往就一步步加深了。

电影学院经我手派出去的出访人员太多了,真正认真地放下架子去学，还是我们这批收获最大。我们已经是电影学院的讲师、副教授了，开始去的时候没有讲头衔，后来到了中国大使馆，跟大使交谈当中讲明是副教授，所以后来人家规格就越来越高，董事长都出来给我们颁发证书了。

**陈：**1983 年，卢梦、钟敬之、申伸、张客、赵明等学院领导离休，您谈谈对这些人的印象？

**刘**：上次我就讲了，对这些人印象都是很好的。他们退休后，有什么事情我们一定照办不误。

**陈**：离开学校，没有退休宴什么的？

**刘**：没有，都不知道哪天走的。卢梦住在部长楼，中央电视塔的旁边。

**陈**：1984 年摄影系有一个改革方案，您参加过这个改革吗？

**刘**：我告诉你，改革方案就是教学计划的调整。哪一次我都是积极参加者，这个活动我也是积极参加，没有什么重大的变化。我个人这样认为，不外乎课程多一点，课程少一点，加强哪个方面，这是我们的改革方案。也不增加设备，没有钱，也不要调整编制，所谓这些改革方案，就是指的教学计划的调整。

## 第四节　《摄影曝光控制》《摄影滤光器与影调调节》出版

**陈**：1984 年您出了两本书，《摄影曝光控制》《摄影滤光器与影调调节》，这都是作为教材？

**刘**：都作为教材，而且一直当成教材发的。

**陈**：跟您的两个科研项目有关？

**刘**：当然有关，是什么时机？就是党校期间最后完成稿，这两部教材都是这个时期完成的。第二部是回电影学院来上课的时候稍做调整，基本是在党校的夜晚写的，是 1981 年冬天到 1982 年年初完成的。所以我到加拿大去的时候，书在那儿开印，在搞最后的文字编辑，从那儿回来，编辑工作也都完成了。

**陈**：是电影学院统一教材？

**刘**：都是正常的教材出版了，我的教材早都出版了，写了新的就再搁里面，不受限制。

**陈**：稿费有多少？

**刘**：有稿费，也是不多的。如果说那本书我那年拿到三千块钱的稿费，那算是大数，那是 1963 年出版的，这是了不得的财主了。这一本的话，也就是五六千块钱这么一个水平，两本书，一本五六千，或者两本加一块恐怕不到一万块钱，就是五千左右这么个情况，很少。但是那个时候三千块钱感觉是大数，1984 年三千块钱不是大数了。

**陈**：那时候“万元户”在中国社会流行。

**刘：** 两个书的稿费也就是一万块钱的样子。

**陈：** 这时候稿费还交党费吗？

**刘：** 交党费，没有那么高了。

**陈：** 80 年代还这么要求？

**刘：** 对我们这些人就这么要求。1984 年少一点了。

**陈：** 少一点是多少？

**刘：** 总有千把块钱以上，交党费绝对是一两千块钱。拿这么一大笔钱不交党费哪行啊？你要注意，第一没有人硬性规定你，我们这些人写这么多东西，都是有相当数量的钱交给组织，交党费的时候多一点就行了。

**陈：** 正常党费，一个月没多少钱吧？

**刘：** 我的党费最近给我调了一次，调低了，我原来交党费差不多一个月要交二百多块钱。

**陈：**《摄影曝光控制》获得广电部的优秀教材一等奖。

**刘：** 这个有奖金。

**陈：** 评奖过程如何？

**刘：** 评奖过程我不知道，投票我参加了，广电部的人评的奖。

**陈：** 又是您既当运动员又当裁判？

**刘：** 不，广电部开评委会，不是我们开。我不是评委，我是陈述人，在广电部的一个会议上讲我这两本书的出版情况，广电部给《摄影曝光控制》优秀教材一等奖。

**陈：** 您不是评委？

**刘：** 绝对不是评委。我参加了发言，评上了，得奖状了。

**陈：** 有 1500 块钱奖金？

**刘：** 后来在我们学校财务处，拿到了上级拨下来的 1500 块钱。奖给我个人的，这个才归个人的。

**陈：** 这钱怎么处置的？

**刘：** 拿回家，上交太太。

**陈：** 这本书还获得了教育部的优秀教材奖。

**刘：** 钱是教育部给的，1500 块钱。那时候交党费，估计是 100 块钱。

**陈：**《摄影曝光控制》有一百多所学校用它作教材，您有版税吗？

**刘：** 连知道都不知道，我的书出了印了讲了课的，他自己拿去打印，出他学校的教材，非正式版本。

**陈：** 他自己打印出来非正式版本，内部使用？

**刘：** 内部使用，招呼都不打的。

**陈：** 那不是抄袭？

**刘：**印教材，也不署名，上课要用就印了，印了分发给大家。

**陈：**不是电影出版社印出来供一百多个院校使用？

**刘：**不是。这个书是大量被印，这是肯定的，哪个地方都印，而且你都不知道。

**陈：**没有您授权印的吗？

**刘：**没有，我出去讲课都把讲义带过去，事先会告诉他们，他自己就印了。有的就是我带过去的原始讲义，拿去翻印，提前给他印，这算是授权的。你说一百多个学校，许许多多学校都印了，我给你说一个最典型的，国防科委的 11 院，他们老印我们的书，光学研究院，谁知道搞什么，他也讲课啊，他们人在那儿讲课，不用我去，但是用的是我的教材。

**陈：**给钱了吗？

**刘：**给什么钱？至今没有一个人给我钱啊，别说他们，都没给过我钱。

**陈：**另外《美国摄影师手册》，第四版、第五版您都参与了翻译？

**刘：**这两本书是由另外一个地方翻印的，我应该署名，我校阅了全书，他们给我稿费了，书都是从我这儿拿走的，他得给我稿费。

**陈：**《美国摄影师手册》的印量通常会很大，您所得到是稿费还是版税？

**刘：**（稿费）好像也就是几百块钱的样子，挺厚的书，一本书都这么厚，两摞啊。我到哪去都带着这本书，坐飞机、坐火车，都不停地看书。所以我出差的时候有活儿干，要看书稿。

## 第五节　招研究生

**陈：**1984 年电影学院开始招研究生，摄影系只招一名，为什么？

**刘：**不知道，历来都是招得少的，那还是郑国恩带的吧，就招了一个人，我知道。

**陈：**您评教授在郑老师前面，但是他带研究生在您的前面，为什么？

**刘：**我太忙了，所以没有工夫带研究生。

**陈：**1985 年资料馆跟电影学院联合招研究生，摄影系没招研究生，为什么？

**刘：**我不知道，那是沈嵩生老师负责的。我好像是讲过一次课，就是“85 级”结合《曝光控制》讲过几次课，印了我的资料。没招，原因我不知道。

**陈**：1985 年电影学院又实行一个改革，叫二四制和创作日制，对这个改革您有什么印象吗？

**刘**：有两年制有四年制的，班上分开了，教学活动没有太大的变化，但是有一部分课程，两年制的就取消了，比如绘画作品分析，两年制就不上了。我现在记不得了，两年制的，特技摄影可能就不上了。实习会安排得少一点，构图课肯定有实习，非有不可的，别的课实习就会少一点，技术课的实习量会少一点，大型的摄影机就会侧重于学生来掌握，要给他介绍，要给他讲，就不涉及操作掌握，他在那两年就不去搞故事片了啊，会在项目课程的安排上有调整。还有实习的内容有调整。有的项目可能就减少了，艺术课有的实习不搞了，摄影棚里面拍故事片的短片，他的实习就安排不了了，或者只做示范性的表演。

**陈**：二四制都得学技术课。

**刘**：都是技术课，都是由最简单的开始，都得要这么一个方法练习操作。构图课也变化不大，都得讲照相构图，都得拍画面。二四制变化最多是艺术课，可能讲课的分量和讲课的比例有变化，时间减少了，这是肯定的。

**陈**：创作日志？给创作假？

**刘**：给他们创作假，让他们周末去拍。严格讲，看不到电影学院的创作日，看不到什么重大的成绩，因为拍摄不够多，数量不够大，电影学院的条件还不够，咱们摄影棚没有了。所以电影学院的条件还不如以前，“55 班”“57 班”“58 班”，那个时候拍片机会多，洗印的胶片多，后来连胶片都买不起了，胶片太贵。

**陈**：80 年代初期买不起胶片吗？

**刘**：压根儿买不起了，那个时候靠什么呢？当初的胶片是我手上掌握的，各大公司的胶片，因为我跟他们联系比较紧密，他们支援我们一些胶片，还有柯达。

**陈**：送给您私人还是电影学院？

**刘**：送给电影学院，都是我出面联系的。

**陈**：您说 80 年代初期反而不如 50 年代，买不起胶片了？

**刘**：买不起了，靠人家送，但是我们也有，我就有 Agfa 胶片和柯达胶片。

**陈**：您觉得创作日志成效不太大？

**刘**：创作这一条上成效不太大，主要是我们的胶片条件不够，经费太少，还有暗房没有了，咱们的青年电影制片厂没有了，还怎么搞实习啊。

**陈**：1984 年、1985 年还有。后来没有了。

**刘**：也是“奄奄一息”了，资金运转不起来了，所以电影学院往后的教学，包括现在往后的教学都遇到这个大问题，不拍电影哪能学出点人才来？

## 第六节　第一次教师节

**陈：**1985 年第一个教师节，还有印象吗？

**刘：**那时候的教师节，有一届是在北京人民大会堂开的，邀请我去了，不是电影学院的，而且是教师节那一天，日本一个公司还给全体到会的教师每个人发了一个血压计，别看是 1985 年发的，我到现在还在用。

我记得很清楚，纪念章一直保留到现在，血压计用到现在，仍然是很好用的。

**陈：**您说纪念章是什么？

**刘：**电影学院经常是在教师节这一天颁发三十年的纪念章。一个大牌子，讲你为教育工作了三十年，都有的。这项活动经常是教师节这天办，有没有哪一年不办也是有可能的，可能跟哪个活动一起办也有可能。

## 第七节　对"第五代"导演和作品的看法

**陈：**1985 年"第五代"登上电影的历史舞台,《一个和八个》《黄土地》是"第五代"的标志性作品，当时您和老师们对这些片子是怎么看的？

**刘：**我们认为这一批人拍了那么好的电影，的确是电影学院的光荣。绝对是一个光荣。

**陈：**这个像院长的话，不像老师的话。

**刘：**他们拍出来的片子那么受大家的尊重，的确是光荣，绝对的。这一批学生都是"文革"期间成长起来的，真是学有所成，而且也真实地感觉到，他们来电影学院学习真的很优秀，而且脑子里自然会想到"78 班"，想到同学们，真是很刻苦，很努力。他们能做到这一步，对他们个人来说，真是太有成就，作为老师来讲感到太光荣，这是没有问题的。

还有，看了一些影片以后,《一个和八个》《红高粱》，第一部看的《红高粱》，拿到我们这里来看的。尽管好评如潮，但是电影多多少少不可理解。你像《红高粱》，酒里头尿尿这样的镜头，转来转去的画面，觉得这个电影怎么……而且一走出电影学院的大门，看了《红高粱》的有相当多的人说拍的不好，大家不见得都很认同。包括我们当初也都有这样的感觉。

**陈：**您对《红高粱》评价不是很高？

**刘：**也都有这样的问题。

**陈：**《黄土地》《一个和八个》呢？

**刘：**没有看，当初没有看。后来看了。

**陈：**从摄影的角度？

**刘：**《红高粱》摄影是很好。《黄土地》也同样，摄影很好，但是这个影片当初不可理解。后来包括我出国访问，带的影片就是《红高粱》。

**陈：**您出国访问还带影片了？

**刘：**带影片了，还得电影局批准，电影学院带拷贝出去，而且还有一条，要拿片子的对方，他们的院领导给我们写一个条，保证这个片子在他们学校不做商业性的公开性放映，可以在学校到处放映。我们要跟电影局打报告拿走片子，送我们影片的也要打条，条要交的。影片交了，给人家，人家打了个条了，是这么一个情况。

**陈：**1985 年和 1987 年，您出席日本电影电视技术学会年会，两次经历如何？

**刘：**第一次出去是参加日本的电影电视技术学会的年会，会上有不少人做报告。

**陈：**您第一次去是代表团？

**刘：**中国电影电视技术学会的代表团。第一次团长好像是邸世杰，他是总工，第二次我就是团长。第一次代表团我是作为成员去的，第二次是我们拍了片子《龙王》，这次我是团长，在一个研讨会上介绍《龙王》是怎么拍摄的，这是外事活动当中一件比较大的事情。讨论《龙王》的小会，我谈是用“国产胶片”拍的，大会主持人也在台上讲，还有一个日本摄影师也在台上讲。

**陈：**《龙王》摄影师吗？

**刘：**别的摄影师，国外的，谈他的认识。我们有三个人在会上发了言，底下坐了好多人听。

第一次是听别人讲，听完讲以后，我们跟日本的电影电视技术学会交流。到他们的驻地访问他们。而且后来的时间，他们负责，他们掏钱，还安排了我们的住处。

第二次呢，我们带代表团去，各种费用都是我们自己来出，由电影局掏钱，包括马昌华、何品莹、邸世杰和我，这些人都是第二次代表团的成员。我们的翻译是电影学院的毕业生，在日本打工，参加各种有关摄影拍摄的活动，不管谁去，都是他当翻译，我们活动当中的翻译就是由这个学生来担任。

我们到的那天，日本方面晚上宴请我们吃生鱼片，说今天请你们吃好东西，一端上来好多菜都是生鱼片这些，别的还可以吃一点，好像也没有什么别的，有几个青菜，炒肉片还可以吃一点，他搞的海味根本吃不下，这在日本是高规格的宴请，当然我们想以后再也不吃这个东西了。

**陈：**1987 年的会上，您作了《充分发挥高清电视的制作优势》的发言，跟《龙王》介绍是一回事吗？

**刘：**就是这个会上介绍的。那个会上我专门讲这个，人家听这个。

**陈：**《龙王》这个片子谁拍的？带去目的是什么？

**刘：**很短的短片，两本还是几本，没有太多的技术内容。故事短片，是京剧演员在里面演，请他们当我们主要拍摄对象，就在剧场里请他们搞一些演出。他们拍摄的东西用国产胶片，也用进口胶片同时拍下来，再剪辑，录音带、录像带都是用技术剪辑，用国外剪辑的方法剪辑好，等于是这个拍摄的情况。

**陈：**《龙王》拍摄不在于内容而是在于材料？

**刘：**它的材料，它的拍摄方法，拍摄技术，部分用了高清摄影机，给截在里头，再把它凑合成一部片子，用了这个方法，后来在好多地方演讲里面都讲到过这个片子。

**陈：**主要特点是什么？要达到什么样的目的？

**刘：**实验用高清晰度摄像机来拍电影，就这个意思。

**陈：**《龙王》压根儿没有什么特技？

**刘：**没有特技，特技多了演员多了也花不起那个钱，就是拍摄实验片，组织一帮人，用一个方法，把它拍下来就行了，用更多技术，没有那么多钱填补它啊。

**陈：**难怪我查不到《龙王》这个片子。

**刘：**只有我们资料里面有。电影局也许有这个片子，它不进入资料库。

**陈：**两次去日本带回来什么礼物了吗？

**刘：**带回来一点礼物，买了两个电视机的音箱。

**陈：**电视机还要带音箱的？

**刘：**我带了两个索尼的音箱回来，把它接在我的电视机上面，用了一个阶段，声音效果更好一点。这个时候局里头有经费，每天都有补贴，而且我们不太花自己的钱，日本招待我们，总是这个宴会那个宴会，这宴请那宴请。

**陈：**招待之外，日本的影视技术协会发给零用钱吗？

**刘：**不可能。研究生他绝对发，发得很多，因为他到那儿当学员。我们是代表团，代表团都是高级人员，哪会给你发那个。

**陈：**买了两个音箱，1987 年吗？

**刘：**没有了，都是小玩意了，你说家里哪些东西是那次买回来的，没有印象，记不得了。当初我们这些人，出去没有什么太多的费用，买不起任何像样的东西。我这几次（出国），没有带很多东西，带了一个照相机回来，在多伦多机场，坐飞机之前，我还填了一个条儿申请免税。免税不在那儿办，回来再办。回国以后，那个单子没给我寄回来，应该退给我一点免税款，结果没有给我寄回来。

**陈：**始终没退？

**刘：**不知道啊，交了白交了啊。始终没有看见那个条儿。

**陈：**第一次出国，置装费 700 块钱？

**刘：**置装费是有的，一分不少，出差补助费，这是中国特色。金驾东跟我一块儿出国（第二次），报名的时候有他，科研所就是不给他报销。我带一个人出国，没有置装费，买飞机票都没有人给钱，怎么办？我写一个报告，滕进贤画一个圈，由电影局报销，等于算电影局的成员了。

**陈：**1986 年招生计划当中，摄影系招收新闻电影摄影本科生 20 名，新闻图片摄影师专科生 30 名，电视摄像 30 名，这些学生经过高考选拔吗？

**刘：**好像没有经过高考，这三个班我都没有参加。这个时期我大概就是拍这个片子的后期，我应该到电影局当总工去了，后来这些活动我全都没有参加。

## 第八节　招收第一个研究生

**陈：**1986 年，您带的第一个研究生是谁？

**刘：**我带的研究生叫屠明非，这回电视台要播的节目当中，可能有她的画面，电视台的人去找过她了，郑国恩也招一个。告诉你，我招的这个研究生被电影学院誉为最佳研究生，她来的时候学习的基础好。她在学校里头已经毕业了，她已经在工作了，在北京一个做电唱机的工厂，就在三环路的旁边。她报考电影学院的研究生，报考人员当中，大概是七个人考试，她的成绩最好，而这个考试是要考数理化的，口试，谈对电影的看法。面试该有别人参加的，各种问题都要问，回答得也最好。考笔试，那么多学科，她考的分全都是合格，我记得清清楚楚，不是满分，那不是电影学院一般的考题，是高等数学的考题。

**陈：**学摄影技术课为什么要学高等数学呢？

**刘：**因为我带的研究生将来是要留校当老师的。必须要有（高等数学），摄影系就怕学生没有文化。都要有（数学），都列在我的考题范围之内。不单单是我出题，我还偷偷地跟师范大学的老师研究我的题目搭配比例深浅是否恰当，最后再印成考卷。这个考试是单独的，考卷等于是发给他们，到复试就三个人考，就发给他们三个人，有的口试已经刷下去了，她的考分是最高的。后来就录取了，口试好，笔试效果也最佳。还有政审。

**陈：**1986 年招研究生还政审啊？

**刘：**绝对政审，我带着教务处的老师曹丽生，两个人去政审，因为她是女同志，就在工厂看她的档案。

**陈：**屠明非是女生？

**刘：**女生。找她的领导谈，谈完了以后，厂长找我们谈话了，你们政审是干什么事？当然他后来知道她考了研究生，考得相当好，所以进入政审。他说她不能走啊，她是我们技术最好的很年轻的一个女同志。我说你单位都已经同意她报考了，电影学院已经进入政审的程序了，她考试成绩最佳，已经排到最前面了。其实那个时候就是她了，当时三个人，她是最佳的一个。到了这一步，就看她政审合格不合格了。

**陈：**政审合格不合格的标准是什么？

**刘：**看她有没有家庭历史问题。

**陈：**1986 年还有家庭历史问题？

**刘：**有，家庭当中有什么人都要考虑进去的，有没有人有问题，就是看她的各种各样的表格，结果一切都是正常的。

后来入校学习，她成绩最佳。我的研究生三年期间学习没有离开过我，我带研究生按照现在的方法，是不是有点太原始了，我一天到晚就是给学生安排各种活动，非常周到，所以她的三年学习有很大的收获。她学了 21 门课，有考卷的，老师给她单独讲课，一个人讲课。

**陈：**她跟郑老师学生不在一起？

**刘：**学不到一块儿。但是别的老师的课程，后来她也挑着来听别的老师的课，讲技术课别的学生也到这一块儿来听，就是我给她讲课，别的学生也来听。

三年有六个寒暑假，最后一年毕业了，拿到证书那不算，还有五个寒暑假，屠明非五个寒暑假，没有歇一个假期，春节那两天歇，假期都给她安排了活动，我安排的。比如，第一个暑假安排到洗印厂做滤光片，既了解滤光片，也了解原理。第二个夏天到了，拍照片，现在还留着她的照片，到甘南地区拍各种各样的照片，一是艰苦锻炼，更主要的是那个地方有特色。第三个暑假到广东，有好多是我工作当中的同事，我跟他们商量安排我的学生要听哪些课，我只安排她一个人，结果电影学院摄影系给我安排三个人，两女一男。因为安排了这么一个学习机会，我找老沈批钱，请他特殊地批点学习的费用。他说你怎么又要学习费用，我说我学生要到广东去，既交费又有火车票什么的，你多给我一点钱吧。

**陈：**他就搭了两个人？

**刘：**就搭了两个人。第四次，又返回电影洗印厂，这次干什么呢？做生产过程，电影胶片洗片子的全过程，从感光测点开始，洗片机，各个片的洗印，上印片机，全跟。王佩芳厂长下达任务请他们给她开一个实习计划，这是第四回。到“北影厂”这一回，这就第五回了。干什么，拍个故事片，正儿八经挂摄影师的名字，这个影片的摄影师就是屠明非。

**陈：**是什么片子？

**刘：**忘记名字了，这个能查到。查得着，正式上映的影片，她挂的摄影师，真拍得不错，是关于音乐的一个影片。五个假期，她都是这么渡过的，学习期间有 21 个老师给她上了课，为什么这样安排？道理很简单，要把研究生带好，带出个像样的。这个学生也的确是好。她毕业以后留校任教，没有经过助教的过程就当讲师，讲师不太长就评上了副教授，之后按照年份提了教授，现在退休了。讲一点题外话，她毕业留校当老师了，没地方住。我说你别住在家里，住在家里没有房子。我说你就在学校找个地方住一下。她不知道我什么意思，就在我家楼底下有一个不太大的小房间，电缆开关什么就挂在那个屋子里，我说你住在这儿，她说老师你干吗让我住在这儿？我说你就住在那儿，我这个话里有话。住一个阶段以后，这个地方要拆修，他们给她安排到一个临时的棚屋。不久电影学院就盖了新房，她属于搬迁户了，我们七个搬迁户都分了好房子，她现在住得挺好的，两室一厅。

**陈：**现在才住两室一厅？您不是说教授吗？

**刘：**有些教授没有分房，都是两室一厅。我包里面有她出国考察拍摄回来的电影系统主持的各种各样报告的原件。她研究生期间，第一次出国到日本。

**陈：**您刚才说带四大件是第几次？

**刘：** 第一次，四大件，从日本回来。报告会由钱筱璋[①]主持，在洗印厂的一个小会议室，派到日本学习的人，回国以后举行报告会，请电影界的各方人士参加。

**陈：** 钱筱璋时任电影局副局长吗？

**刘：** 不仅是副局长，还是我们影视学会的会长，他来主持当天的会，很隆重。她跟另外四个人去的，在那儿做报告。这是影视技术学会派出的代表团，人家是接待影视技术学会的学员。

**陈：** 所以您作为她的老师也非常骄傲。

**刘：** 非常骄傲。她通过学习提高了水平，马上让她拍故事片，她在日本待过一个阶段，她来拍片子，"北影厂"的人很信任她，而且名字不是挂电影学院，影片是北京电影制片厂出品。

## 第九节 1987年被评为教授

**陈：** 1987 年您被评为教授，评职称过程记得吗？

**刘：** 这个记得。沈嵩生是组长，副组长是孙月枝，我是领导小组的成员。我是职称改革办公室主任，同时是评委会的副主任，实际上我是主任，很多事情都是我在主持。

这次活动，我个人认为搞得比较完善。第一，没有出现重大的问题，评审很顺畅地进行。第二，评委会也开得非常正常，预先评有一个很长的

---

① 钱筱璋（1918.2.5—1991.5.24），纪录片编导，电影事业家。安徽芜湖人。1933 年入明星影片公司学习洗印、剪辑技术。1935 年后相继担任《乡愁》《船家女》《生死同心》《清明时节》《十字街头》《马路天使》《夜奔》等故事片的剪辑。1937 年在武汉加入中国电影制片厂，为新闻纪录片《抗战特辑》做剪辑工作。1938 年加入中国共产党。1939 年参加香港大地影业公司，担任纪录片《保卫大四邑》和故事片《孤岛天堂》《白云故乡》的剪辑。1941 年赴陕甘宁边区，后入中共中央党校学习。1942 年调任八路军总政治部电影团秘书、编辑，曾编辑纪录片《生产与战斗结合起来》（又名《南泥湾》）。1945 年赴东北，参与接管满洲映画协会及筹建东北电影制片厂。1946 年担任东影新闻片组组长，曾编导纪录片《民主东北》《东北三年解放战争》，后者于 1950 年获第五届卡罗维・发利国际电影节纪录片荣誉奖。1949 年任北京电影制片厂新闻片处处长、副厂长等职，编导长纪录片《百万雄师下江南》《打击侵略者》，前者于 1950 年获第五届卡罗维・发利国际电影节纪录片荣誉奖，并于 1957 年获文化部 1949—1955 年长纪录片一等奖。1953 年到中央新闻纪录电影制片厂，历任副厂长、厂长兼党委书记等职。1975 年后任文化部电影局副局长。历任中国电影家协会第二至四届常务理事，第五届名誉理事，中国文联第四届委员、中国新闻工作者协会理事。

过程，各个系开始推荐，报名单。教授只是其中一部分，还有副教授、讲师、助教。许多同志都在底下很好地酝酿，特别是妥善地处理了职称进展比较慢的同志，否则总评不顺利。比如裴治，教学多年的老同志，总是在教学问题上面一层层地过关，容易引起大家一些这样那样的看法。还有一个李瑞南，是工程系的，也是老同志，几乎都是从金陵大学过来的，比我的资格还老。

**陈：** 裴治也教过您。

**刘：** 教过我的，他们职称进展都比较慢。沈嵩生站的位置比较高，善于处理这些问题。我事先在摸底过程中，在各个组推荐的过程中，就遇到了这样一些问题。所以我们把这些都定好位了，一定要将他们评成副教授。

**陈：** 1987 年裴治和李瑞南还不是副教授。

**刘：** 此前还不是副教授。裴治太应该是副教授了，在基层老是通不过，我们施加各种各样的压力，下面说话也好，在评委会里面进行评定也好，总是对这些同志进行大大的表扬，组织上做了很多的工作。因为我是教学多年的同志，他们具体的教学情况我也都是很了解的，充分肯定了他们的成绩。当然也指出哪些方面没有做好，比如裴治的教材就没有写好，到那个时候还没有写成很好的书面教材。前两年还是三年，他病故了。

**陈：** 他年龄比您大啊？

**刘：** 大啊，他过去在国民党的军队里面，还是航空兵一类的军队里头工作过，但是他评不上去，与这个无关，绝对不是因为他过去参加过国民党的军队。就是教学效果不好，教材没有，这也是一个大问题。

**陈：** 他的科研成果也少。

**刘：** 也少，没有更多的著作，但是教学还是勤勤恳恳。评审既讲他们的成绩，也讲他们的缺点，没有写教材。两个人教学效果不好，但是贡献很大，几乎摄影系所有班差不多都有他们的课。

**陈：** 您 1997 年要下来，提名谢飞老师当院长？

**刘：** 我们那时候的院长多次个别征求我的意见，我总觉得谢飞[1] 从多

---

① 谢飞（1942.8.14—）导演、教授。原籍湖南宁乡，生于陕西延安。1965 年毕业于北京电影学院导演系，后留校任教。曾任导演系主任，1985 年任副院长，同年被选为中国电影家协会第五届理事。曾与他人合作导演影片《向导》，获文化部 1979 年优秀影片奖。1986 年与乌兰合作导演《湘女萧萧》，于 1988 年获法国第四届蒙彼利埃国际电影节金熊猫奖，第 26 届西班牙圣塞巴斯蒂安国际电影节堂吉诃德奖。1989 年导演《本命年》于 1990 年获第 13 届电影百花奖最佳故事片奖、第 40 届西柏林国际电影节银熊奖。导演的其他作品还有 1993 年《香魂女》（导演、编剧）、1997 年《黑骏马》（导演）、2000 年《益西卓玛》（导演、编剧）等。

方面来讲是最佳人选，因为我不知道他别的问题，到底在创作上，他有什么问题？你上面老不认可他？王凤生在征求意见的时候知道我要下来了，我要下来是肯定的，那个时候我已经66岁了，65岁就征求意见了。我始终坚持提他，从创作从各方面来讲，我总认为谢飞是最佳人选，创作的影片拿国家大奖的、柏林大奖的，拿过金熊奖，参加国内各种各样的会、活动都是找的谢飞，从来没有找过别人。张会军是极好的同志，我当院长，他是院长助理，不单单是院长助理，就在我的任期之内，他当了副院长，而且主管教学，主管研究生的，你说重要不重要？当然非常重要，说明他的贡献很大，教学中起的作用也很大。

**陈：**1988年，王伟国、李宁、何宝通等晋升学院领导，原先是做什么的？

**刘：**王伟国是摄影系的教授，当“65班”的班主任，他的夫人是那个班里的学员。他带班带得很好，后来我当院长的时候，他先于我当副院长，任命我当院长的时候，他已经是上一届的副院长了。他当副院长当得挺好，我们两个人管教学这一块儿。张会军是院长助理。

**陈：**1988年的时候，他是直接提拔成副院长吗？

**刘：**好像是直接提拔，他是教员。是不是当过教务处的什么领导，不清楚，没当过系主任，也没有院长助理这样的职务。

**陈：**李宁呢？

**刘：**他当过实习处的处长，（后来）到香港银都机构，在那儿管理，因为去香港银都机构，在这儿管教务处，(1988年)做了副院长。

**陈：**当教务长之前是哪个系的老师？

**刘：**表演系的，没有看到他有太多的表演的影片，因为讲表演还是要看影片。相当多的老师有影片，也有没有的。但是没有看到他太多的影片画面。

**陈：**何宝通老师呢？

**刘：**美术系的系主任，而且管了比较长的一个阶段，在任副院长期间不久，我回来刚要上任的时候，他就卸任了。年龄也不是太大，他就是不愿意当领导。

# 第十四章　到电影局任总工程师

## 第一节　总工程师的职权范围

**陈：**1988 年您从电影学院调到电影局任总工程师，这段经历是怎样的？

**刘：**要说经历，我告诉你绝对不愿意。当这么大的干部，绝对不愿意。

**陈：**为什么呢？

**刘：**不愿意当官啊，那么大的官，管全国啊。没有当总工程师之前，我就知道电影局的总工程师相当不好当的，管理工作太复杂，技术性强是一块儿，还不在于技术性，头绪太多了。电影局派代表跑到我们学院说了两次。到电影学院（那个时候搬到黄亭子了）找了我说了一回，到电影局说两回，五次跟我谈这事。我就始终不肯去，觉得这个工作不好做，太困难。当然我的水平不够，要管理全国的电影工艺，我知道电影工艺管的事情很复杂，面儿很大，条条框框又多，在这个情况下，我没有同意。后来一说再说，沈嵩生、孙月枝一个院长一个党委书记，两个人单独找我谈话，强调对国家来讲是一个大事，还讲了一句话，对个人的发展也是一个大事。

我就很不想去当总工程师。后来沈嵩生说我们也不愿意你去，电影学院很需要你，你也看得出来，让你学这个学那个，上党校，去加拿大，那么年轻就学外语，而且有那么多教学的经历。但这是国家大事，我们认为对你个人发展也很有前途，你还是去，在他们一而再，再而三地动员之下，我给他们写了一个报告，报告都是通过院党委转电影局的。

**陈：**您还写过不愿意的报告？

**刘：**不愿意当总工程师的报告都报上去了。后来实在不得已，我就上任去了。那个时候滕进贤、邱世杰是副总工程师，都非常欢迎。我都忘了，在我这个过程当中，是不是都包括有田聪明让我当总工程师的意见，那个时候丁峤都快要上任了，他原来管电影那一块儿，好像还有他们的意见，一定让我担任总工程师。

**陈：**您当总工程师的时候田聪明还没有到吧？

**刘：**陈昊苏副部长管这一块儿，他不太过问这件事，丁峤管得多一点。

**陈：**总工程师管多少事？

**刘：**从大块儿来讲，四到五块儿。第一，电影技术，电影系统对电影的定义，一般人不是特别了解，去查英语词典当中，film 的专业名词是 film industry。电影工业啊，让我当总工程师，那就是做工业的领导，我不是管创作了，不是管生产，不是管发行，而是电影工业这一大块儿，这一大块就宽了。电影生产，制片厂，制片厂的摄影棚这一大块儿。除了导演以外，摄、录、美都归电影工业管，都归总工程师来管，这就不得了了。制片厂，准备车间，摄影车间，洗印车间，还不包括做机器，做机器搁到纯粹工业系统去了。

**陈：**电影机械厂不归电影局管？

**刘：**不归电影局管，归工业系统管。第二，电影质量是很重要的一部分。我当电影系统总工程师期间最大的成绩是把质量抓得很好。我不单单是每一部片子要看，最后的审查拍板是让我签字才算数的。

**陈：**您有一票否决权。

**刘：**要签字的，要不然这关过不了啊。电影局三个人跟我一起管电影质量，三个人当中都是我来签字，但是有时候就委托他们代替我审查，代替我来签字了。90% 以上的影片，在终审之前我都是要先看的，先要通过技术审查，技术审查不过关，绝对打回去，这是很重要的技术，当然重要是艺术审查了。

第三，放映这一大块儿，中影公司这一块儿由我管，有 17 万个放映队，我倒不是管具体的，我管系统管放映啊。后来一下子砍一刀砍掉将近十万个队。

第四，还有标准，制定标准是电影局来管，管理工作委托科研所协助我们管这一大块儿。

**陈：**电影科研所是技术咨询，管理还是归电影局管？

**刘：**归电影局，代表我们管，科研所的人下到各个厂，是代表电影局讲问题，“北影厂”的问题、“珠影厂”的问题，他讲什么意见都是代表电影局的意见，要不然我得就跟他们一块儿去了。

第五，管环保，标准制定。这五大块儿，都归总工程师管。这么一个工作，我怎么能担当得了呢？这还不包括外事，技术当中外事是太多了，“请进来，走出去”。

**陈：**谈合同？

**刘：**合同我不去谈，但是合同的定制我要管啊，定单管理。去了以后，这些工作都相继地管下来了。

一去电影局，马上宣布我是电影局的总工程师，分党组成员。分党组成员要管整个电影系统，许多问题是在分党组会议里面研究，局部会议大事小事要拍板、定案，干什么具体事情拿到局务会议上讨论。

**陈：**有副局长不是党组成员啊？

**刘：**有的是管外事、管创作的。

**陈：**除了局长、副局长、总工程师以外，还有别的人做党组成员吗？

**刘：**没有，列席就一个，总会计师列席分党组会议。

**陈：**您总工程师办公室有多少人？邸世杰老师是不是在那里？

**刘：**我来没几天他就退休了，我又把他拽回来上班，给他安排了桌子，他来得有地方坐啊。很快局里成立技委会了，那时候提技委会的领导成员，第一次在技委会里面不是局里的领导，而是退休了的邸世杰作为技委会的主任，我是副主任。

**陈：**您是新上任的总工程师，谦让吗？

**刘：**不是谦让，给他责任，给他应有的待遇。只要有事情一张罗他就来，而且派车去接。

**陈：**电影局一开始就这么安排的吗？

**刘：**我一来就这样，一开始他还没有退，退了以后改选技术委员会，就把他选为主任，这样协作下来很好。把各方面力量调动来为电影技术工作服务，他很熟悉下面的情况。各个电影制片厂的情况他都比较熟悉，这是当好电影局总工程师最重要的素质，不能光凭官衔说这个怎么办那个怎么办，管理技术问题就需要大家谈。他很尊重我的意见，我也会听取他的意见，开会都坐在一起商量，还由他主持，可报告是我来做。主持管理是他来做，所以工作非常和谐。

## 第二节　关于青岛技术会议和《电影技术政策三十条》的制定

**陈：**1988 年 3 到 4 月，技术会议及第二届电影专业委员会二次会议在青岛开，您参加了吧？

**刘：**这次会议我做重要报告，没有当总工程师的时候也一直参加电影局的会议。我们第一次会议是头两年在成都开的，是司徒慧敏[①] 主持的。这是第二届，在青岛。我在会议上做报告，讲电影技术政策，题目就是关于“电影技术政策讨论通过与审定”报告，传达上一个会议的精神。这次会议讨论到电影局的许多工作，因为我是总工程师，那个时期当没当总工程师啊——可能刚开始做。我就传达那次会议的精神，传达国家电影技术政策讨论审定通过情况的报告。这个报告怎么制定的呢？还是我担任总工程师之前，或者是任命我当电影局总工程师的过程之中，我老在电影局活动。邸世杰各种各样的会议都让我去，而且部里面的技术委员会，电影局是几个人当委员，有我、邸世杰，还有长春的一个同志，我们几个人到电影技术委员会开会，后来扩大进去了。我们去参加这个会议。会议上面就明确了广播技术政策，电视技术政策，唯独没有电影技术政策，是这次会议前的一次会议。

**陈：**成都是司徒慧敏主持的会议吗？

**刘：**那次会议以后我就当委员了，那次会议是在桂林附近一个大城市开的，临桂紧挨着湘江边上。而此之前，广电部里的总工程师，专门带了一个班子到电影局访问。因为我们刚合并进去，而且任命我们几个人作为电影专业委员会的委员。希望我们把电影这一块儿按照部里面的要求，制定一个电影技术政策，而且讲希望我们在临桂开会的时候，很好地看看对其他技术政策进一步审议的情况，按照那个蓝本来讨论好电影技术政策。我、邸世杰，还有长春那位同志，我们三个人出席这个会，好好听听这个

---

① 司徒慧敏（1910.2.16—1987.4.4），导演、技术专家、事业家。原名司徒柱，广东开平人。1925 年就读于广东工业专门学校附属中学并加入中国共产主义青年团。1927 年加入中国共产党，参加广州起义。1928 年赴日本，在东京上野美术学校学习时参加留日学生的“左翼艺术家联盟”和“社会科学研究会”，还参加日本大学电影研究班，并在早稻田大学电子系当校外生。1930 年回国。后在上海投身左翼喜剧运动，相继参加上海艺术剧社、大道剧社和四十年代剧社，曾任舞台装置、舞台监督和导演。1932 年开始从事电影工作，后成为党的电影小组成员之一。曾参与研制“三友式”光学电影录音机。1934 年组织成立电通影片公司，任摄影场主任、制片人兼导演。使用“三友式”录音机为四部影片录音，并首次导演影片《自由神》。1936 年任联华影业公司导演，执导《联华交响曲》《艺海风光》等。1937 年至香港，组织拍摄《孤岛天堂》等影片，并导演影片《血溅宝山城》《游击进行曲》。1941 年参与组织旅港剧人协会，主持演出《雾重庆》《马门教授》等话剧。1943 年在重庆担任中国艺术剧社的领导工作，同时任中国电影制片厂新闻纪录片主任。1946 年赴美国，在好莱坞学习电影技术和电影管理。后赴纽约，入哥伦比亚大学学习电影，并入雷电华公司纽约厂实习。1947 年拍摄由中国旅美舞蹈家戴爱莲主演的纪录片《中国民族舞蹈》，1948 年获英国爱丁堡纪录电影节优秀奖。1951 年回国，任八一电影制片厂厂长、文化部电影局副局长、中国电影科学研究所所长、文化部副部长、中国电影家协会副主席、全国侨联第三届委员会顾问。第四、五届全国政协委员，全国人大华侨委员会副主任委员。

政策，以便将来制订电影技术政策，这是起因。广播电视技术政策定面定得很宽，很具体，很细致，讨论得非常深入，真是面面俱到，电影技术政策要按这个来制定。

打那次会议回来，邸世杰[①] 就很客气，讲话当中直接或者暗中希望刘国典同志多负一点责任，来讨论这个政策，因为我是部里面专业委员会的委员，而且我们22个常委，电影局有三个常委，我是常委之一。

电影技术政策，这就太大了，电影领域里面，几乎是方方面面，都属于技术政策应该管辖的范围。

**陈：**相当大的行业规范一样。

**刘：**技术规范一样，太大了。所以我们后来开始讨论了，左一次搭架子，右一次搭架子。这是集中了电影技术界多年研究、执行的多项技术规范、规定，再次约请大家规范、讨论。约请讨论先召开了在京人员的会议，我都记得很清楚，像北京的王雄，是“北影厂”负责搞技术的，“八一厂”的同志，都请到电影局开会。大家说电影技术包括哪些方面呢？看项目啊，然后再扩大它里面的内容啊，你说这个事情还得了啊？有洗印的，有摄影的，你看最大的材料规范里面，我写了一章。电影到底搞哪些项目？宽银幕？世界上那么多宽银幕，搞哪些？不搞哪些？宽银幕的标准呢？还有环幕电影，还有球幕电影，立体声电影，项目要列得清清楚楚。得有人起草。还要进一步发展到电影拍摄，故事片到底怎么拍？技术上应该什么做法？新闻纪录片该什么做法？科教片该什么做法？美术片？还有中国的传统电影戏曲片。各类的影片该怎么拍？技术规格应该怎么定？声音的录制，同期录音搞不搞？哪些同期录？哪些不用？哪些后期可以补？这都在你制定技术政策的范围，全都要规范。参照国外的标准，用你的头脑对国际情况进行归纳。看技术政策里面的第一、二、三条，都包括这些段落，把这一块儿弄好了，后面大事小事就可以靠拢了。洗印怎么搞？环保怎么搞？录音怎么搞？太多了。所以我们左归纳，右归纳，大条小条，大条我们搞了三十条——电影技术三十条。三十条我打了一个初稿，这是集中了大家的成果，我们在北京开会，这是第一年啊。那次会议回来就筹备，争取下一年会议我们能交一个本本。青岛会议是传达，下一个会议是第二年在乐山，那本乐山会议《纪要》里面一个大的章节就是讨论“电影技术政策”，把这个东西报到部里面，部里面收到了关于“电影技术政策”的讨论稿。我们知道后面还得改，不是你报出去就完事，这是电影界要讨论的重要东西。

---

① 邸世杰，时任电影局副总工程师。

这个事情更多我负责整理，我就各种各样的会议，完成了一个本本。临走的前一天，还打印了多次，都打印了三轮。

**陈：**怎么不是北京讨论稿呢？

**刘：**我们在开会之前，“电影专业委员会”再一次审查我们的稿件，重新讨论，又重新修订，上报广电部科技委员会，然后在现场分发给大家，大家再讨论。会上又提了很好的意见，有的是提法，有的是修辞。电影局去了七八位代表，包括会务秘书。各个委员提各种各样的意见，我们当场修改。会议开了八九天的时间，就讨论这个文件，所以他们说你们电影委员太忙了，太累了，都是加班加点做最后的修订，通过了《广播电影电视部电影局电影技术政策》并且正式向“电影专业委员会”下达了上述决定。随后，举行了电影专业委员会“青岛会议”。正式公布，按照《电影技术政策》的规定，在电影系统严格按照规定实施，卓见成效。

**陈：**那时候您还在电影学院，还没有调动？

**刘：**还没有调动，正在考虑我调动，还是再左讲右讲。那时候我是广电部的委员，所以我管事，要不然怎么管电影局这么大的大事。你看我的报告材料，我还请到会的专业委员会的委员们提出意见。这个过程当中，搞得我像到电影局工作的样子了，要离开电影学院了。“青岛会议”，我还请他们提出意见，因为他们是那个会议的参加者。那个会议就是认真地传达“三十条”，电影系统从上到下。“青岛会议”，（我做）主报告，还是邸世杰主持。我是以专业委员会委员的身份做报告，传达部里的意见。会议当中对这个报告是一致肯定，参会者都是电影技术界的精英。

**陈：**这次算是讨论通过了《电影技术政策》。

**刘：**贯彻这个文件了，以局里文件的形式，下发给全系统。

**陈：**这“三十条”就变成国家政策了？

**刘：**这之前就是国家政策了，只是没有公布，这次是下发文件公布，正式生效了。因为第一，许多做法是电影界成型了的做法，是经过电影界广泛考虑的做法，许多东西通过那次会议得到大家认可，所以那些条规现在拿出来，严格讲没有否认的，也许会有修订。比如关于电影格式问题的修订，可能还会有变化，那是修订。我还没有到电影局，能参与这样一件重大的工作，反复讨论其中各种各样的提法，因为广电部的技术政策有它的说法，慢慢我就越来越熟悉了。

**陈：**所以您当总工程师是必然的。

**刘：**所以任命我当总工程师，我在执行电影技术政策方面，这不都是现成的嘛，当然政策是大家帮助制定的。

**陈：**但是您非常熟悉。

**刘：**对，不熟悉我就当不好这个总工程师，要从头熟悉太难了。通过制定这些政策，东一点西一点的积累，放映政策我也了解的，只不过不是那么系统。国家政府对我个人的成长进步，在实践之中帮助我提高，这个话我老讲。事实上，我们现在许多的同志，总是过分地夸大个人的贡献，有点鼠目寸光了。的确在事业的发展过程当中，人就是这么成长起来的。

## 第三节　对1988年中国影视技术学会交流会的记忆

**陈：**1988 年 6 月 27 到 29 日，中国影视技术学会交流会在中央电视台采编中心举行，对这个会议有记忆吗?

**刘：**影视技术学会的例会，每年都有一次，这次会是在采编中心能坐 300 人的大放映室开的。艾知生部长主持，报告是委托我作的，还是讲一些甲乙丙丁之类的事。钱筱璋是理事长。他当理事长以后，我当常务副理事长。大概就在这个会议当中，我们电影学院的屠明非和另外几个人参加了这次会，在会上还讲了用高清设备拍摄的过程，放了两小本《龙王》，亮亮相。尽管拍的不是完整的故事片，有这么一部影片片段，有头有尾有录音。拍摄对象是中国京剧团演员扮演的，串起来，讲给大家听。所以屠明非作为高等学校的学生，去大会上面讲话，规格就相当高了，是一次难得的学习机会。

说到她了，那个时候还没有毕业，正在这个时候，德国又邀请我们派人，影视技术学会派了两个人，我还没有当院长，我把任务给沈嵩生，我说有一个去德国学习的机会，需要你派人，他说广播学院派一个，电影学院派一个，还有中央电视台派一个。电影学院派的还是屠明非。

**陈：**她是您的研究生，有关系吗?

**刘：**没有关系，她已经接近毕业了，学得很好，院里看重她。

**陈：**1988 年 12 月底，电影局在天津召开国际标准技术审查会议。

**刘：**我没有去，天津召开会议没有去。

**陈：**您是总工程师怎么能不去呢？审查国家标准。

**刘：**你说得不对，在济南开过一次，是由中国影视技术学会和感光学会两家联合召开了一次会议，审议了四项技术标准。由王佩芳召集，找了全国搞电影洗印的若干位同志到洗印厂开会，讨论修改这四项标准，参加会议的都是电影技术的行家，将讨论结果拿到济南的会议当中，大家再讨论。讨论之后确定了这四项标准指标，然后将其报到国家，变成国家标准后将文件再发下来。一个学会工作得这么细，行家集中反复讨论，至今仍然是很重要的材料。那是济南会议，不是天津。而且我是主持之一。会议还讨论了很多电影技术方面的其他问题。

**陈**：不是电影局主持的？

**刘**：不是电影局，是中国电影电视技术学会和感光学会联合召开的，两家的委员都去了，所以有七八十人，将近上百人了。

**陈**：1989 年电影技术工作会议在安庆召开，这个会主要议程是什么？

**刘**：没有特别重大的问题，还是常规会议，作报告，谈情况。安庆会议部里好像有一个领导去了，部里的副总工。电影专业委员会开会，部里面都来代表的，他觉得我们会议开得好。所以我这个电影专业委员会的委员、副主任一直当到现在。大概五年之前，委员身份才拿下来。

## 第四节　与中国电影资料馆的渊源

**陈**：1990 年 8 月，您到电影资料馆临潼库去视察，还是去开会？

**刘**：开一个你们系统的会议，在临潼开，目标是要把临潼库建得更大。比如低温，要把低温做到零下五度到零下十度，考虑到库容怎么建设，要制订一个标准。当初有一个什么背景，一大批香港的影片从香港运到北京，运到你们库里面来，在香港装了车，没有运走，耽误了，既没有马上运到北京库，又没有马上运到临潼库，结果这一大批胶片就酸了，从里头都往外头流水了，用你们库里的话来讲，这批胶片已经完全毁坏了。最后的清查结果就不知道了。我作为总工程师了解你们这个地方要加强建设，当然都是你们自己制订的，提出了一系列关于总库和北京库的建设问题。好像你们只能到五度，夏天五度还到不了，保存彩色底片，一定要保证零下五度到零下十度这么低，这是一个很大的项目。要建库，要提高标准，非做到这一步不可，考虑这个事情，都写着纪要的。

我是代表电影局去的，作为一个总工程师，协助你们胶片库管理胶片是立了大功的，为什么呢？当初各个厂把胶片送交给电影资料馆也不是太容易的，你们不掏钱，让别人送交胶片，包括海报、文字记录、剧本，在你们馆里立档。我去那里一个是检查立档的情况，再一个还要清楚要搞哪些设备，制定当年的计划。每次电影会议之前，局电影专业委员会在大会上面，要散发你们资料馆的材料，主要是各厂还欠哪些影片，多少拷贝没有送来。配合得非常好的。要制定送交各种材料的标准，作为内部资料颁发给各个厂，这个会议上通过的资料，各个厂必须要遵守。当初我记得很清楚，“潇湘厂”拍片子不是太多。电影学院“青年厂”的总工叫赵凤玺，她自己跟随押运车子，把他们欠缴的影片亲自送到临潼去。素材很复杂的，有原底，有深胶片，好像第一胶卷拷贝运往临潼，第二胶卷拷贝留在电影局，电影局看了以后，就交付到电影公司。送拷贝到你们这来的时候，有通过令，加上一个拷贝，送到中影公司那个厂里面，这样才可以拿到一部影片能拿到的各种各样的发行费用。从中影公司拿钱。这权力都在电影局。今后是要加强这个管理。

**陈：**一开始 70 万元，后来 104 万元。

**刘：**当初就是这么一个状况。制订了这个方针，而且跟国家提出了要建临潼库的计划，还要降温，都要很多的经费啊。

## 第五节　《电影科技十年规划》和《电影科技八五计划》

**陈：**您参与过《电影科技十年规划》和《电影科技八五计划》吗？

**刘：**我们是讨论十年规划这个文件。作为电影技术这一块儿，肯定要参与讨论。可以说这个讨论不在于技术，在于加强行业的管理，使这个计划能够很好地实施。我们讨论主要都是个动员的性质，先是讨论部里面的文件，电影局召开各种各样的小会，我记得有一次会议，是讨论这个文件如何进一步贯彻。我的印象之中，就是小会讨论，大会讨论，最后按照这个东西很好地组织实施，没有什么太多技术性的内容，主要讨论影片生产的课题计划。

**陈：**1990 年全国电影技术会议，有什么特别的记忆吗？

**刘：**也是常规会议。这些会议全都是集中了当年存在的技术问题，比如其中一个重要项目，影片审查当中存在的技术问题，一般的三十几条，哪些类型的问题，存在哪些影片之中，而这个影片在文件上面不一定写，电影局采取了什么样的措施，从而起到动员大家的作用，这是一大类型的问题。环保，因为电影历年的讨论，环保是个大项目，比如在过去一年的电影环保当中，“上影厂”“北影厂”“八一厂”都存在哪些问题，这些问题都要在这次会议上进行报告。两个会议都是讲概况，电影技术生产的概况，影片发行放映的概况，讲存在的问题，影片生产当中具体要解决的问题，每年的项目略有不同，总体不外乎这些方面的问题。大政方针，严格讲，在这个文件里面都还提不到。这些人还没有权力对影片生产搞大型的动态性的东西。

**陈：**这个决策谁做呢？

**刘：**电影局。电影局分党组去做，召开大型会议，我们讨论是贯彻落实某些标准，贯彻某个意见，而这个讨论严格讲谈的是实施，每年还有不同的内容，有的都涉及各个厂的实际问题。

**陈：**您的报告是依靠科技进步。

**刘：**都是谈的《电影技术政策》的问题，各个厂是不是按照这个标准来做的，所以部里面说电影技术是最有规范和标准的。我们干什么都按标准来谈，按照哪一个标准来衡量，这个地方不对，那个地方不足。所以我们得到了部里面各方面的认可，部里面对我们的工作真是非常关心，更加支持。所以到现在电影科技委的许多事我还要管，总觉得要为电影做更多的事情。

## 第六节　率团访问苏联

**陈：**1991 年 6 至 7 月，您率中国电影技术代表团去苏联访问了二十几个电影机构，这次访问的经历和背景是什么？

**刘：**苏联国家电影委员会的副主任一行四人访问中国，我作为广电部的代表，代表徐崇华副部长接待他们。首先是以电影局为主体，开各种各样的研讨会，到全系统需要去的单位，比如到“北影厂”“上影厂”保定胶片厂这些地方参观考察。在北京，首先在电影局召开座谈会，那次会议特别隆重，把我们的会议室改造成了一个能坐很多人的大会场，电影局本来有很漂亮的小会议室，能坐二十多个人，这回人多一点，三十多个人，那个会议室坐不下，就把大会议室临时用凳子、台子搭起来接待了他们，给他们介绍中国电影的情况，也让他们看了一点影片，比如我们拍的效果比较好的实验影片。电影局的局长还举行了大型宴会宴请他们，部长也来了，因为来人是国家电影委员会的副主任，我方是副部长徐崇华主持的宴会，局长跟我们是参加部里面举行的宴会。双方签署了合作协议。电影局具体操办的，名义是广电部的。

**陈：**访问苏联是回访？

**刘：**回访，我们是五个人，我是团长，王佩芳是副团长，孙延禄是团员之一，他是电影科研所的。还有上海一个搞电工的，还有“北影厂”的总工程师蔡明。我们五个人组成了一个代表团。

我们访问的主要目标是莫斯科电影制片厂，莫斯科电影大学，他们最大的洗片厂，比北影洗印厂还大，在梁赞。还访问了几个地方。这次回访代表中国电影界签署了多项合作协议。后来我领着夫人又参观了列宁格勒。

**陈：** 不是这次？

**刘：** 不是，是后来旅游陪夫人去的。参观的地方包括列宁逝世的地点——列宁格勒。苏联一些大官员、了不起的专家们埋葬的地方，像我们的八宝山一样。也参观了他们搞电影机械加工生产大型计算机的地方，中国工厂里面都不是大型计算机，他们把大型计算机用在生产设备上面，就是机械厂，既有洗印厂又有机械厂，参观梁赞的时间比较长，看了当地教堂这些地方，茶余饭后走一走，过了一个白夜。

**陈：** 到彼得堡了。

**刘：** 到彼得堡了，天老不黑，一直等到晚上。还真是这样，最暗的时候，在窗台底下能看得见书上的文字，读起来可能不是很顺畅，但是一看外面是一个夜景，是白夜。我们当中有个别的人跑到列宁格勒大桥合拢的地点去看白夜了，特别要提的是看了列宁出生的地点，他的房间，东西的摆法，列宁的头像还摆在那儿，凳子还可以去坐一坐。

在莫斯科红场见了斯大林的墓，是在列宁墓后面的墙脚底下。这个地方肯定去了，也拍了一些照片。

**陈：** 与苏联之间只是文化、技术交流？

**刘：** 签署了协议。购买他们的胶片。

**陈：** 咱们买苏联的胶片？

**刘：** 买胶片是外贸部门做的。互访，我们欢迎他们的人来，他们欢迎我们的人去。没有派人学习的项目，《影视技术》杂志和我们杂志签署了交换杂志的协议，影视学会要建立学会之间的关系，因为我是学会的常务副理事长，个别协议是我签的，孙延禄就签署了杂志交换的协议，然后交换文本。

**陈：** 那时候正在苏联解体前夕，有感觉吗？

**刘：** 苏联解体，我正从莫斯科回到北京，一个月，或者是半个月后，我又带一个代表团去美国访问，这是带有教育性质的代表团。在美国签了五六个合作的意向，随着合作的深入，两国关系的深入，签署合作的意向有的实现了，有的没有实现。比如他们有的要到电影学院参观实践，就来了。有些单位虽然签署了协议，但是没有能够坚持经常往下做，只是谈到合作的意向，签署了一些协议，看了他们的讲课，比如在纽约大学。

**陈：** 这个代表团是教育界的？

**刘：** 教育性质的代表团，是我带领电影学院的人去的，没有别的方面的人，全是电影学院的。我，黄式宪[1]，还有后来当管理系主任的那位同志，我们三个人去参观他们的学校。黄式宪此后经常跟他们搞教学活动，都还有活动的深入，学校跟他们建立校际之间的联系。我们出去是单位访问，还是惊动了纽约领事馆，我都忘了是什么渠道联系了纽约领事馆。

**陈：**1991 年去了两次美国？

**刘：**有两次，一次到美国就是到了纽约，简单地看了看纽约，就去参加波士顿的标准化会议，跟金驾东（一起），主要是交流摄影技术的情况。

**陈：**您是怎么听到苏联解体消息的？

**刘：**在领事馆听到的，大使馆把我们从机场接到领事馆，安排我们住在领事馆里面，刚去吃饭的时候，大使馆的官员跑来了，赶快听中文新闻。在大使馆收听到的中文新闻。戈尔巴乔夫下台，就是在这个时候听到的。

**陈：**再说您跟黄老师在纽约签署了很多协议，也是学术交流？

**刘：**学术访问，了解美国教学的情况。到美国去一切都是电影学院付费的，列了我们的学习计划。当初学院外事办的主任，一个男同志，他负责办理这个事情，我按照教学计划签署意见。

**陈：**您说哪一次？那时您还是电影局的总工程师啊。

**刘：**电影学院院长，这次绝对是院长，不是院长我不可能去访问。

跟黄式宪去的那次是在金驾东的后面，那次就两个人，直接到了纽约，是跟金驾东一块儿的，纽约的事完了又到波士顿开了一个会议。还到了另外一个地方，是美国的西部。金驾东有一个亲戚住在旧金山附近，到他亲戚家，都没有游玩，在那里坐飞机回北京，这是第一次去美国。因为咱们除了了解摄影设备、摄影器材，别的一般都是走马观花看一看。

**陈：**1992 年，您带着一个代表团去访问德国、比利时？

**刘：**那就是有王佩芳这一次，德国、比利时、苏联是一次。从苏联去德国、比利时是一次下来的。

**陈：**这次在德国、比利时经历有什么特别的吗？

**刘：**第一是参观，参观电影工业生产的情况，更多是看看电影工业，比利时参观的是布鲁塞尔这些地方。第二，在这个地方没有签署任何协议。在德国，就是集中精力看阿柯法胶片。

---

① 黄式宪（1935.1.16—），评论家，上海人。1950 年任南京文艺工作团、上海中国福利会儿童艺术剧院演员。1956 年入北京大学中文系学习，1961 年毕业后在北京电影学院任教，先后任助教、讲师、教授，讲授电影剧作理论与技巧、西方现代电影流派以及电影理论等。曾发表电影论文及影评文章。主要论著有《中外电影佳作赏析》，是《电影剧作概论》一书的副主编和撰稿人之一。

**陈：**先到德国、比利时，再到苏联？

**刘：**有一个反复，先到了比利时入境，办了签证的手续，马上到苏联看苏联的这些东西，完了再返回比利时，再看布鲁塞尔，再返回德国。

**陈：**最后又从苏联回来？

**刘：**还从苏联回来，是按照这么个路线来走的。在比利时还出了点小小的差错，签署入境的时间和离开比利时出境的时间超过了，因为在那边待的时间长了。返回去的时间超过比利时签证的时间，他们说我们签证过期了，有那么点要收罚款的意思，后来说了两句也就算了。苏联是签署了很多协定，比利时阿柯法签署买他们一种正片，现在记不清了，是以王佩芳他们的名义申报买 8 号还是几号的胶片。那都是看到人家的胶片，看到人家生产加工出来的影片了的。王佩芳跟他们达成书面的协议要买这个胶片。德国是签署了合作的协议。

**陈：**到波士顿，是跟去苏联、比利时在同一年？

**刘：**是在同一年。

## 第七节　遵循国家大政方针 积极支持国产设备的研发与生产

**陈：**您在支持国产设备材料开拓创新和自主生产方面，做过哪些工作？

**刘：**这个是国家非常重要的大政方针，比如胶片要用国产片，真正把国产的电影底片，推到了能够生产的境界，用国产的底片拍了三四部以上供发行的电影。国产电影胶片“青年厂”拍了，“上影厂”拍了，“云南厂”也拍了，我们自己先搞了实验，这都跟我们一连串的技术实验是有关系。

**陈：**保定胶片厂不能做底片拍？

**刘：**不能做，但是生产过程当中，努力把国产电影底片做到了可以拍摄的水平，而且还由化工部颁了奖，在电影局举行颁奖大会，我主持，电影局局长、田聪明、化工部的领导也都到了会，就在电影局大院里头，给这些做国产底片有功的单位颁奖，“西影厂”拿了奖状，“昆明厂”等单位都拿了使用国产底片的奖励，起码这个片子达到相当可用的水平，这不是大大地提高吗？制做摄影机就困难，它比做摄影机要难得多，把电影胶片搞到这种程度，而且当初提出来要生产中间片，中间片的比例更困难，这说明水平在提高。大量的拷贝片都是用的国产底片，很少有美国的底片，美国底片买不起啊。实际上你有了一定的水平，可以生产国内的胶片，不管是底片，正片，一次片，都可以做，底片达到了一定的水平。后来，美国的电影底片也不行了，人家宣布倒闭了，不搞电影底片了，都是数码了。其实，美国早在20世纪80年代就感觉到这个“气候”了，好大的一栋楼专门研究数码化的生产设备，就准备转产了。当然转产讲了好多年了，转转停停，到今天停止底片生产了。停止底片生产，美国胶片还在生产，出了最好的照相胶卷，把做电影底片最好的方法用在照相胶卷上，做得相当好。本来人家不特别喜欢数码相片，现在我们看他的片子，仍然还是不及原来电影的底片那么好。

现在照相胶卷大概是五六十块钱一卷，也就是说，照相机来照相又被复炒起来了，又开始改用胶卷了，北京有一两家洗它的片子洗得最佳的，洗出来的质量比过去的彩色胶卷拍的又提高了一大截。

**陈**：您主持电影技术工作期间，在洗印环保方面做过哪些具体工作？

**刘**：这个没有别的，王佩芳提出的标准就有洗印的标准，洗印质量总体提高了，中国的环保事业逐步加强。像“八一厂”在环保问题上面搞了好几个标准出来，他们觉得这些标准对洗印的环保就提高了一大截。所以整个行业都在发展，底片发展了，提高了，胶片也发展了，也提高了，洗印也逐步在提高。尽管这样，还是看不出有明显的进展。做得不好，还是有明显的困难，生产的片子总是老样子。没有看到他们做的摄影机，大型的摄影机，像1101这种摄影机相当好，1401相当高级，虽然有提高，但是总体来讲，中国摄影机的生产水平仍然进步不大。国外搞数码设备根本不在这个领域里搞了，我们就更加望尘莫及了，在摄像方面更不如人家了。后来发展到我们都是买机器，而不是做机器了，这就发展不快了，进展缓慢了。说停滞也不是不可以的。

**陈**：您在任总工程师期间，如何推进放映技术研究和开展场馆技术改造？

**刘**：这个就太简单明了了。比如放映机，由于社会的发展，8.75彻底被淘汰，我介入之前它已经被淘汰了，现在各个地方的影院建设是按照新一套标准，比如银幕要做得更好，环境要更好，场地的质量要更高。影院建设当中，环境这一条是最重要的一块儿。本来农村放映要搞影院建设，现在也不特别提倡了，影院里面都放电视了。

**陈**：80年代末基本改行做电视，甚至租给人家开店了。

**刘**：对，我们当初往这个方面转化，而且的确有不少地方已经转了，之后又缩回去了，不搞电影放映了。

**陈**：您做总工程师时，对电影译制片的质量管吗？

**刘**：应该也管，说得多，管得少，没有什么具体的事情。实际上管得很少。因为这一块儿他们依靠自身的发展，国家也很强调这一块儿。比如，中影公司用数码的方法来打印字幕，字幕工厂在打印方法上都有很大的提高，他们自身都在正常地沿着这个路线发展，现在这些方法也都更加简单明了，属于这么一种情况。

**陈：**您在电影局对电子技术改造传统工艺方面做过哪些工作？

**刘：**我们还是从总体来讲，在局机关这个系统，主要还是设备的更新，科研所人员的添补，科研所引入了不少搞电子技术的人员帮他们搞电影科学技术研究，也买了很多重要的电影设备。搞电影技术研究，要做电影摄影机，在科研所范围之内活动，就是数码电影摄影机。

但是应该说，这一块儿在科研所的范围之内，有重大的研究进展，有重大的研究拍摄实验的成果，但是还没有看到拍摄出来的具体影片，有待于进一步观察。另外，对于这种类型的东西，电影系统能不能研究好，我认为还是挺困难的。添置了不少设备，花了不少资金，还是有点像过去搞东西，努力很大，投入精力很多，研究出来的成果不太容易见效，还属于这种情况。

**陈：**原因是什么？

**刘：**不太了解这个情况。

**陈：**您离任总工程师的时候，在中国电影科技这方面还存在哪些问题？

**刘：**在生产工艺的发展上是一个追赶的形式，从洗印，包括现在的洗印，这一块儿动静比较小，现在说我们的洗印厂洗印得不好，质量不够，还是生产发展方面的问题，当初是如此，现在还是这样。

我离开那个地方的时候，整个的行业是在一种追赶之中。

**陈：**您很重视人才，在电影科技方面，当时有哪些看法？

**刘：**比如，我在职期间，电影学院向上级的报告还是我跟赵凤玺签署的意见，电影学院要办洗印专业、制作专业，现在还在办，那个时期开始，我刚刚离任的时候，就参与了要制作这样的影片，要办这样的专业，这是适应国家发展需要的，这是第一大方面。

第二大方面，也是最重要的方面，从别的行业引进我们需要的电子技术方面的人员。

**陈：**别的行业引进？

**刘：**别的学校毕业的学生，作为电影技术人员引进到我们学院，现在许多都是外单位调进来的，不是电影学院培养的。

当初以邸世杰同志为代表的电影局的一些人，作为电影专业委员会的委员，代表我们或者代表我们这个集体，举办了多期的电影技术人员的培训，就在“北影厂”里面开辟了一个专门的教室，为电影学院培养人才，也为电影局培养人才。做了这样一些努力，使得我们这个系统人员技术都在逐步地提高，这是很有进展的事情。在行业当中是很见效的，但是人员多多少少有一些缩小，因为整个行业在缩减。

## 第八节　担任《电影技术》主编和《电影放映技术》编委主任

**陈：**今天谈您担任《电影技术》主编和《电影放映技术》的编委主任，这是总工程师分内事吗？

**刘：**不是，一般的规律是这样，总工兼任《电影技术》的主编，这是一个。《电影放映技术》是编委会的主任，两个头衔不太一样。

**陈：**《电影放映技术》编辑部是在中影公司？

**刘：**不在中影公司，都在中国电影科学技术研究所。两个杂志都在科研所。我管过一个比较长的阶段。我当总工程师是五年，任总工程师期间兼这两个杂志的主编和编委会主任，两个刊物开会都是联合在一起召开。除此以外，每一届的编委会，你看杂志当中有一届是我在编委会上面的一个发言。我认为当初管的效果还是较好的，不是说我较好，是说编委会的同志们做得比较好，多次讨论了电影界的一些重大问题。

最重要的问题是，我们小会套大会，大会来通过，好多会议差不多都是这样的。会上大家都说国家四十周年纪念，我们应该比较系统地发表电影界电影技术文章，包括放映在内、工程技术，有这么一个议案，而且提到了一个大体的方向，那是在一次编委会上提出来的。我就多次地跑到电影科研所跟编委会的同志商量，关键是制定具体的实施细则，刊出内容的题目，想论述哪些问题。我记得当初我们提出来，到国家成立四十周年纪念大会的前一个月，要把这些登载完毕，我做一期登一篇，二十几个人，包括两年的刊物要登，就在封二上面登。

**陈：**刊登什么？

**刘：**国家电影技术的发展，一个方面一个方面地介绍，概述国家在领导这个事业一步步往前走，包括机械方面的，而且杂志内容基本上是电影技术界的领导人士写，老专家一部分在上海，一部分在北京。还有胶片厂，比如说“保定厂”，也同时参与了一起写作文章，但是他们只有两三篇，这二十几篇全是我们电影界的同志撰稿。

**陈：**二十几篇，要登两年多？

**刘：**就是两年啊，二十几篇文章要登载完毕，要有一个结论。那一次是最系统最完整地讲述了影视技术的发展成就，包括胶片在内。这都是在编委会上面来讨论定的大的方针。

当然每一期还登了国家电影技术方方面面的成就，首要是有关国家发展技术方面的一些重大论文，这样就形成了这个杂志越来越多地跟电影技术界关系更加紧密。我主编当了将近十年的时间，下来以后过了一段时间后才从主编的位置上下来。

**陈：**您到电影学院当院长还兼任着？

**刘：**兼任了一个阶段，他们关心这个问题，我也提出这个问题。我到电影学院当院长，当过副局长的陆兆亨开始兼管《电影技术》，大概七八个月，那时候我还继续抓，还没有人接手，后来鲍林岳上任了，才交给他。所以《电影技术》在较长的阶段，反映电影技术的政策，刊载了国际电影技术一些重大的发展动向，或者必要的文章。比较多的是电影技术行业之内方方面面的具体成就。刚才那个目录，也只是登在封二上面，还发了各位作者本人的照片，我的那期也留在那里了。有一年的第一期还登载了我的文章。

**陈：**当主编每期审稿吗？

**刘：**不审稿，出来之前我认真看，但我不负责审稿的任务，每期我必然要看。每年都有选题计划，而且我主持做选题计划。

**陈：**您管每年的还是每个月的？

**刘：**每年的，登载哪些东西，一年的选题计划分配下去，由编辑部执行。因为管这个杂志，都是直接过问的，不是挂一个名的，当一个主编或副主编，挂一个名，一个官衔搁在那儿，是务实的，我经常在科研所开会，就是开有关杂志的会。

**陈：**您发表了二十多篇电影技术方面的学术文章？

**刘：**对，但不都在《电影技术》上面。

**陈：**还有哪些杂志呢？

**刘：**《中国摄影》上面发表了，《广播电视》上面也发表了，都发表在这些地方，外界发表的都比较多。

**陈：**包括您主持那些会议的报告吗？

**刘：**肯定都有啊。还有电影技术本身出的刊物，比如，我们在"北影厂"办的学校里面办培训班的结业论文集上登载了大家的文章，也包括我的文章。

**陈：**"北影厂"办的什么学校？

**刘：**就是培训啊。我当总工程师期间，我们在那儿办了一个短期班。出文章啊，大家都写文章，登载这些。更多是在我们系统里头发表的这些东西，大量的都登载在这里。把这些文章弄在一起将近一百多篇，直接关系到电影技术方面的有二十多篇，把其他都融合起来了有一百多篇。

**陈：**有些学术文章，有些学术政策。

**刘：**学术政策，《电影技术》登得太多了，有署名的，有不署名的。大会内容报道、大会简介啊，要我写，摘录我的话，关于我讲21世纪的电影技术政策，等于是报告会，我主持报告会，我致开幕词，也是通篇登在封二上，都登载有这些东西。

## 第九节　享受国家特殊津贴

**陈：**您是国家有突出贡献专家，这是一个什么样的称号？

**刘：**一直延续到现在，就是有突出贡献的政府津贴。

**陈：**什么时候获得的？

**刘：**正式开始的第二年[①]，具体哪一年我忘记了。我还是广电系统讨论这个项目的定稿人，在电影局开的会，好像中央电视台的台长也参加了这个会，是杨伟光。开会过程当中，他还打电话给中央台，叫他们快把中央台的纪念章（写的中央电视台CCTV纪念标，像座钟一样）送几个到这儿来，我们在这儿开会，给我们发了纪念章，他还去了。就是讨论电影界的人，定哪些人享受特贴待遇。

**陈：**定稿人做什么？

**刘：**我参与定稿，这些人都是单位提上来的，会上大家进一步确定同意提上这些人。就是确定，经过审定单位就承认。第二届因为我在上报的名单中，定稿人没有定我。当初拿津贴，我们那两届是给钱，一个人一万元[②]。第一批每个月100元。第二届有我，第三期涨50元，根据电影界的情况。当初我们根据“新影厂”报来名单的情况，有100元的，也有50元的，你可以查，有一个阶段只拿50元。现在我们头几届的人，一个月600元钱，不跟工资走，单独有一个卡，就是领政府津贴的卡。这是政府津贴单独给制定的卡，钱还是从电影学院拨过来，但是从那个卡上走钱。那个钱拨给电影学院开支了，我记得后来实际上纳入工资范畴之内，但是

① 国务院政府特殊津贴从1990年开始评选，隔年评选一次。

② 此处记忆有误，国务院政府特殊津贴，开始时是每人20000元，免征个人所得税。

不走工资的步骤。第三届还是第四届就是用这个方法。

**陈：**您当总工程师过程当中，还有补充的吗？

**刘：**任电影局总工程师期间，总工程师与局长、副局长是协作得最好的，我不是说别人有矛盾，大家在工作当中的协作是最佳的。

**陈：**那时候局长是滕进贤。

**刘：**对，副局长是包同之[①]，还有后来到香港去银都机构的窦守芳三个人，中间有一个是后来广电部调过来的，这四个人协作非常好。首先一条，我记得很明确，电影技术工作一定是在局长或者党组的指导之下进行的。我要开展的大事小事，特别是经过小组讨论同意，或者是党组拍板。这些问题是我提出来的，我汇报给他们的，而所有这些问题往下来贯彻，都是党组的意见，都不是总工程师个人的意见，所以协作得是最好的。比如，每一年电影专业委员会上我的讲话，滕进贤都要一一点头的，因为技术文字我一写写一大摞，他不一定改我具体的文字，但是要过目，而且是认认真真地请他过目，听他的意见。他的意见我都会记录在我的稿子的边上，而且在开会之前，我都会先讲，他们对我们这次局里面会议的主要意见，基本意见有哪些方面，都要给大家做一个简要的介绍，然后再讲报告的第一、第二、第三点，或者报告的过程当中，我讲一讲滕进贤的意见。但包同之、窦守芳的意见比较少，因为他们一个管外事，一个管党务工作，一般都不太发表意见。滕进贤[②]说关于这个方面应该注意哪些问题，总是会提到一些方面，大部分讲他的意见，不一定讲原话，所以协作是最好的，没有哪一件事情我讲出来他们不同意的。

最典型的是电影技术政策，认认真真看我的文件，30条都要看，最后有分党组意见，正式下发文件。你知道吧，有了这个文件摆在那儿，贯彻的时候只要讲到某一个方面，大家谈起来就非常顺畅。还有对于电影质

---

① 包同之（1931.8.30—），电影事业家。原籍山东蓬莱，生于吉林临江。临江中学肄业。1947年入东北鲁迅文艺工作团四团任演员。1949年入东北鲁迅文艺学院戏剧系学习。1950年入东北人民政府文化部任职，1954年转任国务院文化部计划财务司计划处秘书，后任副处长。1972年入国务院文化组电影组，曾任电影局办公室主任，1982年任副局长。曾组织起草《电影法》等，并撰写推行电影体制改革和加强电影事业管理等文章。

② 滕进贤（1937.5.24—2022.3.7），导演，电影事业家。河北蓟县人。1959年毕业于重庆清华中学，后入四川省戏剧学校表演系学习。1951年毕业后任四川省人民艺术剧院演员。1973年入北京电影学院导演系干部进修班学习。1975年任峨眉电影制片厂导演。后与毛玉勤合作导演影片《神圣的使命》获文化部1979年优秀影片奖。1981年后独立执导《内当家》《海盗的女儿》等影片，并作有电影剧本《末代皇帝》《塔格莱丽赛》等。1984年后任峨眉电影制片厂厂长，1987年任广播电影电视部电影局局长。中国电影家协会第五届理事。

量标准的检查，在电影节和电影行业都是感到为之震动的一件事情。为什么呢？检查的严格还符合实情，要做的修改还是能做到，没有说稀里糊涂质量就过关了。而且还不是我个人的意见，是电影技术审查委员会大家的意见。我们审查的时候，的确是大家看片子，当然我是第一个，郑景全是第二个，还有另外一个同志，那个同志现在在美国，我们三个人，在我们这个组里面，还有电影界的电影技术方面的一位最老的同志，当然我们各种活动他都参加，而且理所当然是成员之一，老跟着我们一起活动。我们拿他当长者尊重，但是严格讲，他不太管更多的技术性的问题。一直是我们三个人跟党组联系得特别紧密。

**陈：**审片是每部影片三个人都要看？

**刘：**谁也不愿意一个人看，至少是两个人看，更多是三个人看，必须在那个地方。90% 以上是三个人看。

**陈：**一年审查 100 部影片？

**刘：**基本上看 100 部，有时候只有两个人，那是偶尔的。都希望年底以前能有通过令，能到中影公司把钱拿走。所以到了年底，9 月、10 月份以后看片子特忙，到 11 月份，几乎是天天晚上都要加班，总是夜里十一二点送回来。有一段时期，我跟包同之两个人经常是坐一辆车回来，滕进贤坐一辆车走，广电部的同志坐一辆车走，因为包同之住在马路对过，住在“新影厂”的大院里面，我们两个人老是一块儿去，一块儿回。他们是经常给我单独留车，我要看片子，经常搞到深更半夜。

还有一条，因为有邸世杰，我要强调，邸世杰虽然退休了，不在位了，但我们委托他做电影专业委员会的主任委员，所以许许多多的事情经常把邸世杰也请来，有了他在里头，以电影专业委员会的名义联系各个制片厂的老总们，关系不是很融洽吗？所以那个时期我们跟电影局分党组对各项活动的总体意见是非常协调的。

**陈：**分别说说您对邸世杰、滕进贤、包同之的印象？

**刘：**这些都是电影界的重要人物。先讲滕进贤，我个人认为，不管在创作上，还是在领导上，滕进贤局长跟部里某些领导在看法上也有不相一致的地方，他是搞创作的，广电部还要管他啊，所以有些问题上还是有一点点不同的看法和意见的。不光是这样，他在领导电影局这一领域中，可以协调各个方面，把这些工作都能够做好。关键一条，他能够尊重我们工作的各种渠道，比如很多事情跟上海有关，很多事情跟长春有关，与下面有关的时候，他也都是极力支持，不容易的。所以我们工作都能得到局长很多的支持和具体的指点，或者原则上同意，放手让下面去干。外事工作更是如此，我去找包同之，他也是很支持的，没有什么矛盾纠葛，总是很协调一致的。包括我们跟邸世杰的关系，都能够在统一的领导之下，整个班子工作得很协调。我离开电影局也没有开什么欢送会，还是进进出出常来常往啊。

我到电影学院上任，昨天到任，今天就听汇报。首先听财务汇报，那个时候电影学院的资金极为拮据，工资都开不出来。财务的同志没有汇报几句话，说刘院长我可告诉你，下个月工资开不出来。我说你这怎么搞的？他说账上没有钱了，而且下个月要发两个月工资，因为正赶上春节放寒假。他说你有什么好办法，能给我们借点钱吗？我说我前天上任的，今天开大会，你让我借钱怎么借啊。他说你到电影局借啊，找你们总会计师，我说你还给我出主意来了。我说你给我找一辆车，他说院长你不听汇报了吗？我说下午再听，就跑到电影局借钱去了。

我到电影局，不要找局长点头，不要副局长认可，直接到会计科找李纯，他说你还真想我们，不是前天刚走嘛！我说是啊，找你借点钱，他说别开玩笑了，大院长的跑到我们这儿借钱。我说不要太多，电影学院两个月工资以及年底必要的开销。他问我什么时候还？我说七天就还，财政拨款七天就到了。李纯说你下午让会计来列账，我都没敢让会计一块儿去，多难为情啊。办完这件事车子马上就回学院了，下午会计就打着刘国典的旗号去局里办了相应的手续，钱很快就拨过来了。就是说我跟电影局的关系极为密切。

**陈：**您上任没钱是因为以前资金亏空，还是财政部拨款不及时？

**刘：**首先是账上面没有钱，如果说光是拨款不到位，别的资金可以贴补进来。没有钱了，出现亏空，拨款又没有按时。后来又有一次快放暑假了，又没有钱了，会计说还得你出动，我说干吗啊？他说下个月够呛，要发两个月工资。我说当院长也不好意思再去找电影局借钱了，我跑去洗印厂找王佩芳，我说借给我发两个月工资的钱，他说你院长怎么当的。我说我上任第一个月就借钱了，他们说电影学院有这么大的困难，你当什么院长啊。

那年的冬天运转开了，开展各种活动，包括国际培训，收了大批美元，每个人不仅涨了工资，还有年终补贴，相当多的数额。各种活动累计下来的钱，发给我这几百人，还有结余，以后再没有借过钱了。

# 第十五章　任北京电影学院院长

## 第一节　任命背景

**陈：** 您 1992 年 12 月被任命为北京电影学院院长，背景是什么？

**刘：** 沈嵩生同志病了，而且看起来他的病状和病状发展，不能给他再加上院长这样一个负担，因为院长的责任跟当局长责任一个样，也是非常的重。院长责任讲起来是五大块儿。沈嵩生同志身体不宜操劳，这种情况下，部党组决定任命一个院长，让老沈好好休息。那时候王凤生已经到任了。孙月枝离休，沈嵩生同志要好好休养。还是把刘国典调回来。我估计，因为我回来后跟他谈起一些事情，除了任务艰巨外，上头也得有这个意思，没有一个人提到我是 61 岁，接近退休的年龄。我上任了，没有人说你那个时候离开电影局是因为你到年龄了。

其实到了 61 岁就是该退下来，因为电影学院院长们 60 岁都退了。全国电影展暨长春电影节期间，滕进贤作为局长当然得去了。从长春回来以后，火车好像是早晨到的北京，他早上五六点就坐在办公室了，给我打了一个电话，他说刘总，今天到局里来吗？我说一会儿就来。到了以后，他跟我说在长春，田聪明拿了电影学院很多人的意见，部里面从电影局到电影学院内部，找了好多人到局里去谈了话，说要选一个院长，就是刘国典回来最适合。我说是不是糊涂了，我已经 61 岁了。滕局长还跟我开玩笑，院长是正局级啊，你在我这儿是总工程师啊。我说我这刚干出一点眉目来，当时没有想到 61 岁还要下来的问题，开了几次会议，文件刚颁布执行。因为回去要接，而且很急促，又是没完没了的谈话。同样地，我说当总工程师不肯来，当院长就更不肯去，太难了。艺术创作多少问题啊，艺术处理，影片生产，也有基本建设啊，学院的发展不比电影局的局长更加困难，包括学生问题。我说好多问题我干不好呢，我说不去。左一次谈话，右一次谈话，还到部里谈话，说你一定得去，部长谈了，我也只是听听。我说我担任不了，当总工程师干了一段时间感觉还比较好，其实刚上任不久，还不到五年，刚刚熟悉哪能离开呢？我不肯去，说了多少回，部里不松口啊。有一天开北京的电影艺术创作会议，地点我忘了，靠近苏联大使馆附近的某一个宾馆，东直门附近。田聪明开电影局的会议，中间听汇报，一抬头看到我。说刘国典你怎么还坐在这儿？我说电影局听各个组的讨论情况汇报，我是电影局的总工，理所当然坐在这儿。你不是要上任吗？当院长吗？我说不是在办公室讲我不当电影学院的院长，我当不了，当不好。谁说你当不好？你得去，马上叫他的秘书打电话告诉人事司的司长，告诉教育司的司长，人事司和教育司，今天下午三点我陪刘国典去上任。我说你陪我上什么任啊？下午三点你做好准备，收拾收拾，会不用你开了，电影创作会，我们这些人还开不好啊？结果下午去就宣布了，处以上的干部会，任命刘国典同志为电影学院院长，人事司带着通知。

**陈：**此前没有吗？

**刘：**没有下来，后来才给我的，都准备好了。你看通知还在那儿，任命刘国典同志为电影学院院长，免去电影局总工程师职务。

**陈：**除了中层干部宣布任命会以外，后来的会叫什么？

**刘：**电影学院职工代表大会，后来进行宣布了，第二天我继续参加职工代表大会，这个大会上就说一下，因为我的任命书跟大家见面都是在这个会议上头，不是在那个大会当中见面的。田聪明，人事司的司长，教育司的司长王凤生，我，我们几个人，宣布任命那天也留着照片，电影学院的同志也参加了任命的大会。

**陈：**您到电影学院当院长，领导班子成员有哪些人？

**刘：**没有调整，我当场宣布，各系处的同志，请大家坚守岗位，继续工作。我没有跟王凤生商量，一个都没有调整。后来下去的人，隔了一定的阶段，因为当初自身的原因，比如宋洪荣就不当副院长了，他退下来起码是半年以后了。

**陈：**他不当院长原因是什么？

**刘：**没有别的，搞创作的干部愿意把精力搁在创作上，不愿意当副院长，太多管理学生的工作，而且他管的是行政处这一大块儿。首先他自己不愿意干，免除他的原因，就是他比较热衷于到外面拍片子，甚至有人反映意见，耽误了学校的工作。我的意思是说，他虽有这么一个问题，但是百分之百的好人，至今还是我好朋友。除此以外，讨论下一届享受政府特殊津贴人选的时候，我就建议他是首位（第二批）。

## 第二节　院领导班子的分工情况

**陈：**1992 年 12 月份，院领导班子有哪些人？怎么分工的？

**刘：**院领导的分工没有做调整，比如王伟国还是管教学、研究生。宋洪荣管创作。何宝通管行政。总体的是我管。

**陈：**王凤生管党务？

**刘：**管党务。但是有一条，电影学院有两个会议，一个是院长办公会议，绝对是谈学校的一些重大问题实施的大事，当然是我来召集。院长办公会议一个礼拜总有那么一两次会，很少一次不开的，而且相关的处室，教务处、行政处也都参加院长办公会议。系主任他们是必须要来的，因为是院长办公会议。还有一个会是书记办公会议，就党委书记、副书记，我是副书记。

**陈：**是院长负责制还是书记负责制？

**刘：**院长。事情都是院长办，但是这些活动都必须是在党委里头讨论通过，决定拍板的，所以党委领导下的院长负责制，不是一般的院长负责制。各个单位都是这样的。行政上的事情还是院长说得多，人事上的事情绝对是以书记说为主。

**陈：**院长不管人事吗？

**刘：**副书记当然得管，但是以他为主，他是书记，我是院长，这么一个情况，人事是他说了算。

**陈：**工作好做吗？两驾马车。

**刘：**我的看法，不像我们在电影局协调那么好，还是可以工作到一块儿去，因为涉及行政方面的决定，我总是跟他通气的，开会他都参加的，还是可以协调好。

**陈：**您当院长期间还在摄影系上课吗？

**刘：**上课。原来有课。

**陈：**总工程师期间有课吗？

**刘：**总工程师期间没有了，后来招的研究生里面我担任一定的课程，经常回去。比如后来屠明非招了研究生，她不断请我回去帮助她讲讲问题，这样的活动还是有的。后来我当院长了，她有一部分课程还是让我来。我就讲这个期间还带课。

**陈：**您希望专家型院领导都到教学第一线带课吗？自己愿意吗？鼓励吗？

**刘：**我赞成。但是工作量绝对不能太大，起码不能当主任教员，不能当班主任，因为班主任的事情的确太多太忙了。院长兼任一点课程，而且在课程问题上面能机动一点，灵活一点。但是讲课的酬金是很高的，如果你这不灵活，多讲一点课，不能拿更多酬金，那就麻烦了。所以，院长兼任一点课程是好的，但是量不能太大。

## 第三节　摄影学院成立的背景和目标

**陈：**电影学院和摄影家协会联合成立摄影学院，背景和目标是什么？

**刘：**我是签发的这个文件，主持这个会议，开学典礼也是我主持的，招待全国影视界3000人的大会，在中国大饭店。各地记者到北京开年终大会，3000人，中国大饭店的桌子坐得满满的，3000人绝对能容纳下，那么多餐桌，我在那讲话。稿子在《电影技术》上发表了。

**陈：**为什么成立这个摄影学院？

**刘：**当初认为，电影学院要办摄影教育，第一，电影学院有实力。第二，国家市场有需要，而且陆续在外地办了不少小的摄影学院，我们还到他们摄影学院里去讲过课，市场有这个需要。而办这种学院条件最好的就是电影学院，许多基础课和设备是现成的，拿过来就用。教师的条件好，而且是多位，许多人都能给摄影学院讲课，这是最好的条件。其余的，摄影界他们可以组织教师，我们可以聘请教师来讲专门的课程，比如风光摄影、地理摄影，类似这样的风俗文化、肖像。可以请摄影家协会的同志到我这开十个二十个小时的课。

**陈：**摄影学院是照相学院，不是电影摄影？

**刘：**对，拿照相机的。

**陈：**跟您摄影系的老师当院长有关系吗？

**刘：**首先是国家需要，社会需要。需要有这么一个学校，不管谁来办，你不办摄影学院可以，别的地方办。

**陈：**一届招多少人？

**刘：**二十五六个人。一切都是国家办。学照相，但是控制要求不同，拍摄要求不同，使用的设备、使用的条件要求不同。

**陈：**摄影学院和摄影系是一套班子？

**刘：**两套班子，我上课就在摄影学院的教室。电影学院不是各个系都有办公室。各个系上课都在共同的教室，有人专门管教室的教务。

**陈：**都归电影学院管吗？

**刘：**都归电影学院管。等于是一个部门，不过这个部门使用工具是照相机。

## 第四节　自主招生、自主择业、缴费上学

**陈：**电影学院缴费上学、自主择业、不再包分配，是您的新政？

**刘：**你不能说是我的新政，电影学院运行到这一步，就自然要提出自主招生、自主择业、交费上学，运行到这一步。

**陈：**是您当院长时期开始的？

**刘：**当时大家都在讨论，都在实行，不是我一个人的意见。比如，加拿大有没有影响？也有影响。自主择业，设备的应用也是加拿大的影响，不能说是因为我学习回来带来了电影学院的改革。是把对外界的了解、对社会的了解、对各个学校的了解自然融汇在一起了。我们考察了国外许多的大学，他们怎么应用的？设备怎么管理？人员怎么招进来的？最后怎么分配？后来运行到这一步。高等学校像我们一切都包、一切都管应该早下来了。

**陈：**电影学院是非常贵的，平民子弟，没有经济条件啊？

**刘：**申请奖学金啊，可以补钱啊。

**陈：**您当院领导时，奖学金可确保有艺术潜质的贫寒子弟上学吗？

**刘：**我当院领导时没有人因为没有钱读不下去的。

**陈：**会不会有很多贫寒子弟看到电影学院太贵，就望而却步了？

**刘：**那当然有啊，都是登在招生简章上的，他们看这么多费用就不来了。来了的人发现还是有困难，那就向学校申请，给予他相应的补贴，总归是可以让他很好地买到书，不会因为来了以后钱没有了，背着书包走人了。

**陈：**您有没有重点考虑建立健全奖学金制度，确保有艺术潜质的学生不会因为高学费望而却步？

**刘：**我们当初只考虑招生，不考虑交不交得起钱，这个问题不在我们考虑范围之内。

**陈：**那电影学院不就变成贵族学校了？

**刘：**我们没有那么说，也没有那么定。因为中国社会包括中国的农村许多人，包括工人家庭的子女，很多人自己凑凑可以保证来得了的，而且谁都不会抱着一来就申请奖学金的想法，保证有这么多钱才来，因为学费是登在招生简章上面的，自然会运作成这个情况。这是对另外一个更深层次的考虑，那个问题不在我们考虑范围内，包括国外来的研究生，都不在我们考虑范围之内。

**陈：**外国留学生也是同等交费，不提供留学生奖学金。

**刘：**不提供的，都是要交费的。

## 第五节　教材出版情况

**陈：**您在职期间，教材出版有了亮点，您有哪些布置？

**刘：**我真的是这样。在我当教员期间，教材科按照系里的安排，教师们出版的书，都会纳入学校的出版计划，教材科统筹。有好几个出版社，包括辽宁的，中国电影出版社都出我们的书。因为我们这个是教材，请他们来出版，他们按照我们的要求运作。后来一大段时间，我这个系是完全统一的教材，基本内容统一，教授计划统一，在教材问题上，按照统一计划来写，并不是把每本书都写成像我们原来那个书一样，完全按教授计划来写。我原来出的书是完全按教材计划的大章小节弄下来的，后来出的书就不那么弄了。

**陈：**它跟教学大纲关系是什么呢？

**刘：**有一定关系，我昨天就考虑两门课，一个标题下面两门课，我有两份教材，考试内容是两个领域结合起来，是我这里面的专业基础课。

**陈：**您做院长时，教材出版工作新政是什么？

**刘：**电影学院成立以后，始终不断地强调出版教材。你看我的那本教材是 1959 年讨论通过的大纲，出书是 1963 年，就是说，从那个时期开始到后来，一直不断地出版教材。在我任职期间，应该说是电影学院出版教材的高峰期，出版了许多的书，人人都有教材。

**陈：**跟您当院长的资金补贴还是政策宽泛有关？

**刘：**资金补贴是我们的安排，出版社的安排。而到后来，教师自发地愿意多出书，必须要写教材，因为各种各样的活动当中，有没有像样的教材是衡量你这个老师能不能胜任的最重要的标准。

**陈：**您在教材上的新政有哪些？

**刘：**我特别不同意你这个观点，我当领导期间我的新政，我认为没有。因为这是电影学院一贯的传统，必须强调一贯的传统。我们开辟渠道，印起来方便，资金上面要么有补贴，而且要补贴的也不多。他出书单位总是要赚钱，出书的地方总要赚钱，这个书真没有人要，那我需要，我学院就要多掏点钱，这有一定的安排，这样的事情不会太多。

## 第六节　丰富多彩的学术会议

**陈：**电影学院的学术讨论会也多了，这方面您是怎么考虑的？

**刘：**我是这样来看，电影学院有一个风气，如果院领导班子里的某一位同志提出一个想法或一个主张，自然会在学术讨论上形成一个很好的风气，比如你们资料馆的各位同志，他们在电影学院听过多少报告，多少个讲座，什么原因呢？就是这些报告和讲座都在电影学院办。当然有客观原因了，我跟电影局有密切的关系，或者电影学院，自然要办各种各样的活动，我理所当然就以电影学院名义办。所以不管中国摄影家协会、中国电影家协会，中国电影电视技术学会，讨论了几部很重要的如抗战电影等，还是各种各样电影的讨论都在电影学院开会，为什么呢？电影学院有这个气氛和环境。比如"影协"到我这儿举行报告会，其实他们自己也有报告厅的。

**陈：**影协的什么报告会？

**刘：**抗战电影报告会，合办的，实际上是人家利用我们这个地点来办。电影局、电影学院、影视学会，好多报告是几家联合，都是这样的。

还有照片，"新影厂"的地方也好得很，可"新影厂"有位多年的老同志，退休之前，他跑到电影学院来，说我个人有一个摄影作品展览会，就想到电影学院展览。我有一个展览室很漂亮，摆照片的，地方不大，但是东拐弯西拐弯，非常好的地点，一进门就是大厅，现在可能搞得更好了。我的观点：第一，院领导有这样的见解。第二，院领导有广泛的社会联系，跟各个单位的关系密切，人家自动就到这里来了。你们到我们这儿搞艺术性的报告会，电影学院的院长赚了，大赚了。我的学生和老师是免费听的，只要挤得进去他就听啊，这些送上门的报告我干吗把它关在外面，我不花更多的钱，他们做报告都请吃肯德基，给大家发一个饭盒，我负责招待场地，供应茶水，提供会客室。

**陈：**场地要租金吗？

**刘：**我一分钱不收。没有收过一份，就赚在我的人能听报告，看展览，看设备，这是多大的收获啊。王枫同志、钱筱璋同志这些领导到我们这里主持报告会，中午我们接着讨论，都是这样干的。招待费用是谁办谁来招待，我只是提供人员服务。

**陈：**您主持过哪些报告会、研讨会？

**刘：**柯达公司报告会的主持人就是我，类似这样的会议多得很。还送了我们两台非常好的高精密的编辑机，电影学院对他们招待、照顾得太好了，报告之前就说两台高级编辑机无偿送给电影学院，跟我们签署一个协议，我们就有大收获了。做摄像机全世界最有名的德国，就在这里做摄像机的报告会。日本三十几个单位，就在电影学院举行报告会。我拿出六间房来，大房小房都腾给他们作为报告会的会场。我主持，王枫同志做报告，但是报告会报告一两次就走了，完了电影界各单位轮流来参观，展览三天。

**陈：** 电影技术展同时办研讨会？

**刘：** 技术展兼研讨会，先有报告，接着就是展览。还有宴会，在哪举行呢？就在梅地亚中心，吃饭都是二三十桌，招待外宾。这我就得要钱了，影视技术学会就运作不下来这笔支出了，王枫、钱筱璋同志都是在主桌上坐着，外宾挑几个代表坐在主桌上，名字怎么搁，主桌、分桌那些人都要写名单，都是大型招待会。

**陈：** 经费谁出？

**刘：** 由会议出，中国电影电视技术学会牵的头，实际上是在我这个地方办，钱我们找部里要，申请一点待遇，要不然干不下来的。小讨论会都办不起啊，都是高规格的讨论会，都得招待茶水、咖啡。而且这种活动是几个单位联名主持。我又是总工程师，又是中国电影电视技术学会的常务副理事长，又是主办这个活动，这几个方面都代表了。

**陈：** 电影学院会不会开技术性会议比较多，艺术性会议比较少？

**刘：** 这个情况客观上会有，因为我们有几个创作讨论会在那儿开，还有更多讨论会有特殊的原因，就是说，电影学院牵头的，你的成员在艺术创作上面不是电影界拔尖的，你的讲话、你的报告在整个影视界，只是说谁谁做了报告，很少说电影学院谁讲了什么话，影响就小一点。我们人员的水平跟整个影视界拔尖的相比，总归还是比较差一点，拿奖状我们可能拿。比如谢飞，导演系拿金熊奖的《本命年》《湘女萧萧》，举办活动他都不在电影学院，他在电影局办。他的好几个活动都不在这里。大华电影院那个剧场，你说多大，他的活动在那个地方办。

## 第七节　关于北京电影学院“金烛奖”

**陈：** 1993 年 5 月，北京电影学院举办了首届“金烛奖”的颁奖会？

**刘：** 这是我办的第一件大事，就是电影学院的“金烛奖”，奖励教师的，每年都办，奖励一批，够年龄的都奖励。第二件大事就是我们有一个学院奖，够多少年龄以上的都颁给“金烛奖”。不是每年获奖，就是够了三十年，就给你颁奖。今年你拿奖，明年我拿奖，还有一个纪念章，什么纪念章呢？比如我那年没有去开会，在外头拍片还是干什么去了，还给我一个大暖瓶，发奖状，发奖金。

**陈：** 创立这个学院奖？

**刘：** 注意，不是我创立的。我在任的时候电影学院创立的学院奖，奖励这样一批有成就的同志。学院奖就是奖励电影学院搞艺术创作的同志，包括我们的职工，包括你拍了好的影片。

**陈：**学院奖跟年龄没有关系吧？

**刘：**没有关系，学院奖只办了一届。顾长卫[①]、张艺谋都得奖了，我们还合影照了相。我们第一次学院奖的规模大得很，文艺界许多的知名人士，电影界几乎全体要员都来了，我有学院奖颁奖典礼的大照片，规模好大的。主持讲话的人就是我，在大会上做颁奖词的主席是我。我们的意思是奖励电影学院有艺术创作成就的人员，我们提的是艺术创作人员，是不是以后发展技术人员也可以？要把他们的名字一个一个列在“学院奖”的金字塔上面。

我们搞学院奖的第二年，是表彰有成就的电影学院毕业生所进行的艺术创作，把他们的影片成就都写在上面。我们报上去的名单没有被认可，而且明确讲，我们这次评奖的结果不要去说了。所以搞了半天无形地就不说了，关键问题是影片的内容。

**陈：**第二年哪部影片？

**刘：**两部影片。后来党委研究这个事看起来涉及艺术创作，肯定在学院范围之内，当年是无法进行的。

**陈：**所以后几年就没有了。

**刘：**没有了。也许现在电影界比较开放，这些问题就让专家们去做，上面不要过分地干预。当年的各种评奖都要有领导批准。现在颁奖不一定要上面批准了。

**陈：**还是要报批。

**刘：**也许好批一点。一个时代有一个时代的做法，我们那个时候做的效果，明确讲没有得到批准，而且不要往下面传达，党委讲你们不要再弄，没有认定这个东西，这个话就没法向我的评委会人员交代了，就是现在也交代不了。

**陈：**后来没跟评委解释吗？

**刘：**没有解释，就是不要再弄了。

---

① 顾长卫（1957.12.12—），摄影师。生于西安。1982 年毕业于北京电影学院摄影系。后任西安电影制片厂摄影助理。1984 年任摄影师，拍摄影片《海滩》。后拍摄影片《红高粱》和《孩子王》，1988 年获中国电影金鸡奖最佳摄影奖。参与拍摄的影片还有《大明星》（1985）《神鞭》（1987）《菊豆》（1989）《霸王别姬》（1993）《狭路英豪》（1993）《阳光灿烂的日子》（1994）等。

## 第八节　任职期间学院的基本建设情况

**陈：** 您任职期间，基建方面有哪些政绩？

**刘：** 也谈不上更多的政绩。电影学院在我任职期间，结合当时的经济实力，我个人认为有重大发展。我们报告厅，剧场，在门口右手边，那一大排房子，那个里面有五个放映室，实际上最后装修好了的是三个，一个大放，三个小放，能放各种各样的电影。放映室我记得清楚，大放根据电影学院当年的情况能坐 935 个人，主席台可以升降的，平常又要做报告厅，做会场，上面可以升上来，做主席台，前面是乐池，乐队演奏的地方。能放宽银幕、立体声，音响设计要求比较高，好像完成得也还好。大报告厅旁边有小厅，休息的场地，还有两侧，其他相应辅助设施都有的。遗憾的是没有化妆间，现在有演员要化妆，就在后面搞一小块儿地方出来化妆，我们当初不是疏忽，而是没有资金。没有休息接待室，可以说是我们的遗憾。

**陈：** 大家没有想到？

**刘：** 就是想到也没有钱。还有俩小放映室，各能坐 30 来人，横排坐 30 个人，后面是放电影机房，前面是喇叭话筒，完整的一套，两边就是一个小型的会场，凳子可以任意摆，是比较活动一点的。这样的小剧场有两个。还有一个坐 150 人左右的报告厅，那个地方有同声传译。我们当初的设想是六种语言同声传译，后面有很多个格。开报告会，小型译音室。讲话后，后面几种声音都可以传声出来，大家戴耳机都可以听。

关键中的关键，当初最大的问题是宿舍，我一上任后大家反映意见最多的，九年电影学院没有盖职工宿舍，所以大家强烈要求能盖职工宿舍。这样我们就有几个地方同时施工。小西天有一个，你们主楼的后面，搞了这么一个宿舍，112 户。黄亭子加盖了一个宿舍楼，那是完全新建的宿舍。那个费了好大劲。地下有水，当初知道这个地方有水，总觉得应该想办法把它隔除掉，因为你没有地点，只有那块地方，要隔除地下水，用了好多方法，挖下去，铺沙垫，还要打类似房顶的油毡，搞了好多，用了好多方法隔除地下水的问题，从开始施工就费了好大的劲，但是终于还是搞好了。大概这个地方也是一百多户。这都是在我的任期之内做到的。

**陈：** 一下子解决两百多户？

**刘：** 严格讲，我盖了这么多，大概一次解决了五六百人的住房。什么原因呢？你住了新房了，后面的人住他们的房，大概三四百人都改善了住房条件。所以你注意，电影学院多年没有人嚷嚷没有房子住。现在嚷嚷的是后调进来的一些人，留校学生，这样的人现在困难得不得了，他们没有房子了。电影学院要盖房，又盖不起来。现在盖职工宿舍的房子，又是遇到很大的问题，我下来的时候，有一个房子要施工了，至今没有搞成，就在小西天，靠我们新盖的这栋楼的后面，那一排房拆掉，三层楼拆掉，这边是我们职工住的临时的房，再起一个高楼，那边起一个高楼，这两个高楼给连起来，跟两边的楼形成一个大U字形，后面就是马路，前面还有一块大空地，要搞出这么一个楼来。如果能搞成又能出来一百多套房子。

**陈：**没有成的原因是什么？

**刘：**第一，我不当院长了，好像因为种种原因，也没有太努力地去奔波。第二，往后盖职工宿舍得形成买房的特点，现在各个单位都不盖房了。

还留了一个大尾巴，中影公司靠马路旁边的筒子楼，四百多间房，中影公司占了一半儿，剩下一半儿是电影学院人在住。这一半儿我们当初的想法，楼上改善，楼下做一个小商场，当初是准备这样的，不准备拆这栋楼。你知道为什么不拆楼，北京有个规定，拆了的房要再盖，得符合北京城市建设的规定。我拆了以后，盖不了房了，就等于那个楼有一多半被切到马路的公用地了，我只能用，但不能盖它。所以那个房子在我任期之内，也想到我任期快到了，这个地方盖两个楼上去，跟后面新盖的楼形成一个U字形，还出来一个空地，这是完完全全地在计划中，已经做简单的草图了，我的任期内都开始做准备了，后来没有实施。塔楼前面最早的锅炉房那儿，准备盖一个教授楼，地方虽然小，但是我们自己的地方，大家还是希望在城区里住比较好。这两个楼都在我卸任之前基建当中的实施项目当中。

**陈：**为什么有变化了？

**刘：**国家建房政策上的一些变化。几个单位占了电影学院这一块儿地方，所留下的后果真是无法解决的。电影学院的校址，我拿图给你看，也是挺好的，也是搞得密密麻麻分不开。

**陈：**您在任时，院长需要筹资、募款吗？

**刘：**没有筹资，第一电影学院没有筹资，也没人向电影学院捐过钱。

## 第九节　关于北京电影学院董事会

**陈：**1994年9月，电影学院建立董事会的意向，一直到1996年董事会正式成立，前因后果是什么？

**刘：**电影学院董事会的建立，首先要明确一条，最重要的一条，国家的政策之一，不是电影学院心血来潮，广播学院已经先于我们成立了董事会，它在我们之前一年多成立的，后来我们才开始筹备电影学院的董事会。这件事情是根据国家的有关政策。当初有一个说法，改变政府独揽办学的格局，建立与社会共同办学的体制。这句话写在了“中国教育改革纲要”

里头了，第一就是政府提倡。

第二，政府有关报告里面也讲了这一条。教育部在相关的文件里面也做了相应的一些介绍。这些来源融合到一起，电影学院就正式讨论建立董事会的问题。而电影学院建立董事会，首先国家广电总局，不管是田聪明还是别的人都是极为赞同的，我们都提交了专门的报告。有了这个计划，当初就决定还是由院长当董事会各方面工作筹办的主体，董事会职务那是以后的事情。

最重要的是哪些单位有可能作为我们董事会的第一批董事单位。当初按照政府批示的体制，经过党委会的讨论，我就组织了一个三个人的班子，师晓荻、王鲁闵就是董事会当初最主要的成员。我们这三个人作为主体，联络内内外外。经过广泛联系社会各界，不太长的时间，有 54 个单位都表示愿意作为电影学院董事会的成员，当然首先是广电部、电影局等单位都成为我们董事会的成员，包括中影公司。有了这样一个基础以后，关键的是起草董事会的章程，还有一个基金管理的章程。当初最早立案的，要定下来的是把这两个章程必须弄好。

**陈：**当时董事会成员需要交钱吗？

**刘：**要交钱，自愿交钱，没有限额，愿意交多少交多少。比如广电部就给了比较多一点，100 万元，中影公司 80 万元，中央电视台好像给的也是 100 万元，“珠影”好像给我们 20 万元，这些单位都陆续表示愿意给董事会提供基金。而起草章程是最费事的，那么多条款得一条条写成文字，要拿到各个单位去审议，还是要费一大番工夫的。院内讨论无数次，各种各样的小会讨论，大会讨论，在院务扩大会上的讨论，党委讨论，快要拍板定案了，要送到部里了，就起草章程。而且还要起草基金管理办法，资金来源，资金使用，我们都要写得很清楚。写完了以后，送到预备成立的董事单位，这是最早一批。最后就来不及了，到快要改选才开始表态，54 个单位不是一天表示，有先有后。在这样的情况下，再开董事会，围绕董事会章程讨论。

最重要的是，董事会单位的人选，哪些人担任什么？谁是名誉董事长，谁是董事长，最复杂的是讨论名单。名单经过反复讨论，写出每个人极为简要的情况，然后和这个情况一起报到部里。当初是田聪明，还有最重要的是何副部长，何副部长作为我们董事会的董事长，我们这些人是副董事长，还有几个电影界的要人，也是我们副董事长。

**陈：**这个董事会管用吗？各单位换了领导后，董事会还能开吗？

**刘：**这个话现在可以这样讲，董事会没有太多发挥它的作用，我不能说没有用。任命了三届，开了三次董事会的会议，每年开一次，我在位的时候开了三次。

## 第十节　率中国教育代表团去雅加达参加国际高校电影教育联合会议

**陈：**1994 年您去雅加达参加国际高校电影教育联合会议，几个人随行？

**刘：**两个人，我和外事办主管（翻译）。因为在会议当中，电影学院各种工作是通过这个翻译起草制订的，所以他单独主持了里面的小型会议。会议主题是什么？一句话，交流各个电影专业学校发展的状况，加强学术之间的交流，主要是看他们在教育方面各种各样的资料，电影方面的图比较多，资料多，我看不出来有什么更多物品的展示。就是说，在他们那个国家，电影教育有好大的发展，文字多，图表多，但没有领着我们去多少个学校参观。我们住在很高级的宾馆，苏加诺还专门在总统府里面接见会议的代表，我们各个单位的代表上台，跟苏加诺握手，交谈。他给我们讲雅加达各种各样的发展建设的状态，希望搞更多的交流。

实际就是各个单位介绍高等学校发展的状况，看一看他们展示的图表。

**陈：**您在这次会上有主题发言吗？

**刘：**没有主题发言，外事办主管（翻译）介绍了电影学院发展进展，因为我们学院关于国际交流学生这一块儿是归外事办在管。现在是专门机构管理，是侧重在结合学院发展介绍"国际交流"的方方面面。我做补充。

**陈：**对那个会您的印象是什么？有什么收获吗？

**刘：**从报告里面来看，国外的这种国际交流中心，听起来人家还是极为赞赏中国的电影教育。专业设置、"国际交流"与学院教育的结合。

**陈：**北京电影学院是亚洲最大的。

**刘：**亚洲最大的，效果最好的，办的层次最多的，水平也是最高的。所以会上我只是简短地讲话，观看有关带去的国际培训的资料。

**陈：**这次会议多少个学校参加？

**刘：**可能有二十来个代表参加这个会。我印象当中，也就是到一两个单位参观，根本不是电影学院这样的大学校，就是小地方转一转，看一看，参观一两个地点，可能都不够学校的水平，举行几个招待会，还给电影学院颁了一个奖状，一个银盾，可以摆出来。

**陈：**1995 年 12 月，电影学院举行活动纪念建院 45 周年，这个记得吧？

**刘：**纪念大会不是在电影学院开的，是在外面大剧场开的。电影学院的人下午开了报告会。晚上开的纪念大会，国务院副总理刘延东出席了纪念会议。在这个大会上，我讲了电影学院的发展，艺术院校的领导们，包括戏剧学院的领导们都来了，坐在第一排。我主要讲电影学院的发展和建设，那个报告的论文集里面有专门的一篇，就是刘国典同志在这个大会上做报告。在这一次大会上，我们聘请了 21 个名家作为我们的客座教授，而且给他们颁发客座教授的聘书。

**陈：**1996 年您带中国教育代表团赴美，与杨伯翰大学的朋友做了交流。

**刘：**就这一次。杨伯翰大学是先打了招呼，举行了一个小型报告会。我上去还是讲的电影学院的建设情况，也听了听他们介绍杨伯翰大学的发展。没有签订项目，就是一个访问交流。

## 第十一节　培养年轻人的想法、做法和成果

**陈：**您在院长任内，培养年轻人的想法、做法，实际成效有哪些？

**刘：**是不是可以这样说，院长任期比较短，只有五年，从外面更多地调人进来不多。留下的更多的是研究生、毕业留校的这批人员。如果招人的话，主体是留人，包括沈嵩生带的研究生，也包括我当初的研究生屠明非他们这批人都留下来，所以我们谈培养接班人，主要就是留下了这些人作为电影学院的教师。现在看起来，这些人留校当老师，他们在教学期间，更加认真细致，在教学当中起的作用也最大。现在看到的一些文章，一些活动，这些留下来的人的东西最多，当然个别人员调出的也有，调到北京大学去的老师戴锦华，她就是电影学院很好的老师。

**陈：**为什么放她走呢？

**刘：**人家不愿意待在电影学院。凭她的知识和学识，去了北京大学很快开始工作。她离开是在我任期之内。肯定是人事部门定的。

**陈：**戴锦华是这一代杰出的电影学者。

**刘：**就是啊，她当时是电影学院最好的老师啊！记得当初王凤生同志和我商议后，我是同意的，她能到北京大学当老师，对于我们来说也是件很高兴的事情，毕竟是从电影学院去的。进人、走人也是很正常的事情，人才流动嘛。

**陈：**张会军是在您的任上定为院长助理吗？

**刘：**我任期内定的院长助理。当初我和王凤生同志一起商量，在院长办公会议上面提出，最后由书记会议决定，把他留下来当院长助理。感觉到教学工作需要有更多的人来帮助。我们当初考虑王伟国同志也是院长助理，需要有人帮助，因为他一直主管教学，而且干得很好；后来就把张会

军[①] 提为院长助理，协助王伟国工作。慢慢地，张会军就得到更多的锻炼。

当初还把俞剑红定为院长助理，主要协助主管外事工作。从实际运作来看，院长助理对电影学院管理来看还是很好的事情，他们在实际工作中都成长了，后来还都当了副院长。院长助理是很重要的工作，参加院长办公会议，好多事情就是他代表学院就做了，特别研究生这一块儿，张会军在研究生这一块儿管得更多一点，实践证明，院长助理是培养人的好方法。

**陈：**北京电影学院和影视技术学会办的“21 世纪电影教育国际学术研讨会”，有哪些成果？

**刘：**专门出了一本论文集，论文集我现在还保留着。这个会就是学术研讨会，报告会。报告会请了相关人员出席，包括我们的学生，放的《龙王》作为小节目穿插在里面。

**陈：**开这个会的主要动机是什么？

**刘：**21 世纪应该动员各个方面写各种各样的论文，做各种各样的报告，推动各项事业的发展，提法是这样的。影视学会（电影学院是合作主持这个活动的），从不同的类别，把报告形成文字稿，大家拿来交流，起这么一个作用。

**陈：**您发表《艺术与技术紧密结合，是新世纪电影教育的必然趋势》，这是主题报告吗？

**刘：**研讨的（发言），有一个报告讲到这个。我就是主持会议的成员，我也做了小小的报告，电影学院的人不多，社会各界人还多一点。都写了报告或提纲，提纲都印在书里面了。有外国人在会上做报告。

**陈：**您在电影学院院长上任后，还有哪些我没有问到的经历？

**刘：**这样的事不多了。在当院长期间，我概括几句话，我认为电影教育还是有比较大的发展的。从学科建设这些问题上面来看，当初是七个系，招生的人数还是比较多的，虽然不是年年招生。

**陈：**电影学院不是每年都招生？

**刘：**每年招，这个系不招那个系招，这是发展当中一个大的进展。还有基本建设，修建那么大的礼堂，你注意，是国家最没有钱的时候。我为修这个房子真是东奔西跑，一而再，再而三地申请要钱，使学校的基本建设有一定的发展。宿舍楼的建设，这是最突出的问题。两百三十多家住了新房，三百多人改善了住房条件，而且是在九年没有盖房的情况下，居然在我任期之内解决了。我下来的时候都在往新房里搬家，大家钥匙拿手上

---

① 张会军，北京市人。1978 年考入北京电影学院摄影系电影摄影专业，大学本科学历，1982 年以优异成绩毕业，获文学（电影摄影）学士学位，同年留校任教。硕士学位，博士生导师、教授，曾任北京电影学院院长。

了，这是一个大的建设。

电影学院七个系，19 个专业实现了招生，而且六个系招收了研究生，国际培训 21 个国家，两百多人。

## 第十二节　任期内学院的体制改革

**陈：** 您先补充电影学院院长任上的事。

**刘：** 如果要概括起来，这样一个大的历史阶段里面，最大的问题是学院内部的体制改革，体现在许多方面。首先从学院的管理方面就有比较多的变化，学院的管理系统与学院的党委管理机构，或者学院的管理机构，原则上是统一的，管理体制上改动得也比较多，体现在教学通盘的组织上，就在这个期间，学院的招生体制上老有变动。比如电影学院从招生来讲，大体上划分成为七个系，七个系里面再分专业，这是社会发展的需要，是一个大的变动。

**陈：** 变动在哪？原来不是七个系吗？

**刘：** 原来是七个系，但专业设置变动了，这完全适应社会新的需求。主要是新的专业，比如那个时候的摄影学院，原来是在一个摄影系里面，我刚刚进去的时候，就把它设置成为一个具体的专业来招生。照相专业，就在摄影系里开了这么一个专业，后来正式成了一个系的体制，摄影学院，这也是重大的变化。小的办公室组织啊，人员调整是随时进行的，电影学院管理系统变动还是比较大的。比如影视技术的管理办公室，部分调整到其他的方面，一个大专业所有的管理机构都归到这一个系里面，有点类似加拿大学校的做法。

**陈：** 影视技术管理本来是摄影系的一个部分，现在全学院各个系的影视技术管理都统一到一个办公室里面。

**刘：** 当然还有小的划分了，总的在这个系科里面，设备管理、器材管理、器材添置，涉及后来的进口设备，统一归口到管理办公室了。影视技术管理上这一大块儿也有变化。至于说青年电影制片厂的管理，慢慢也更加健全了。管理是越来越规范，更加严格，机构得设置，人员得充实。

**陈：** 您指的是国际培训？

**刘：** 国际培训这一块儿单独建立起来了，以前就是一个资金流入比较大的办公室。体制上面有一系列的变动，比如人员的调整有一些变化，但这个变化不牵涉总体，进来的人员有一定数量，但总体来讲进人是不多的，也就是因为这一条，很多人想融入电影学院管理范围来，我们还是控制比较严。

看电影在电影学院也是重要环节。我先讲礼堂这一块儿，除了大礼堂，表演系里面还有一个礼堂，也是留着放电影的。而且有六种语言的同声传译，这个对教学是大大的改进。我们在洗印厂开过大会，在“北影厂”靠近大马路的旁边召开过国际性的报告会，因为学院没有条件开大型会议。就是这个期间，基本建设这一块儿有了较大的发展。

影视创作方面，这个期间拍了不少电影，搞了不少摄影创作，还有拿大奖的，比如我们自己拍的影片，拿了国家的奖励。还有谢飞拍的影片，也拿到了国家的奖励，等等。

还有一个重大的发展就是教材，我们是 65 门课程，出版了 102 种教材，这不单单是教员写书的问题，还涉及人事，因为这个期间职称改革，那个阶段紧锣密鼓地进行，评审教授几乎年年都有评审会。而且这个期间，除写文章外，出现更多的就是出版专著。

**陈：**100 多种教材都是您任内出的还是加上原来一起？

**刘：**主要是我的任内期间完善并正式公开出版的，因为这个时候，社会发展、国家发展进入这个节点，人人都考虑到必须把自己的教学成果用教材的形式体现出来。第一，教授必须有教材。第二，学校强调根据个人的发展，必须写出教材，这是评审教授、副教授的首要标准。

**陈：**65 门课怎么有 100 多种教材？

**刘：**分几种，一个人写这一段又写那一段，有的出了书以后又重新调整，一共是 65 种，102 种教材。

**陈：**多出来四十多种是？

**刘：**结合课程，还有的是作为课程里面的辅助材料，同样也是很重要的。这么多教材都是记录在学院文档里面的。所以那个时期，电影学院是发展了。我讲这个话的意思，我们只不过适应了这个形势，电影学院是如此，其他艺术院校同样是这样一个状况。形势促进了这一领域的发展。

再讲到个人，归纳起来，从一个普通的教师开始，我给 17 个本科班院内外上过课。

**陈：**后面有专题。您现在说也可以。

**刘：**因为这个学院的发展，一个普通的教员，从 1957 年算起，到我这次上课为止，归纳起来 55 年了（只计算到 2003 年办理离开工作岗位）。

**陈：**加起来有 17 个本科班，21 个大专班，76 个短训班，有 100 多个班。

**刘：**教学的问题，有广院的班，都是在外面的。体现了国家的发展，教育的发展。就以摄影系为例，招生是很严格的，学生质量的控制也是很好的，只有张会军这个班是 25 到 26 个人，其余都是 15 个以内。回顾一下我们的考试方法，只有加强没有削弱。为什么呢？因为学生的质量逐年提高，这样电影学院的整体水平也就提高了。学院内外带有专业性质的本科的、大专的、社会性的教学越来越紧密，原来松。1957 年到 1959 年，特别“文革”之后，社会上面的教育活动非常紧，是不是现在社会教育又少了一些，有别的听课方法了。

**陈：**您讲的社会教育是指？

**刘：**社会办班，开始少，后来多，这个阶段又少了，社会教育是特别多的。我统计了一下，我们有 76 个短训班，不给学历，让你的专业有所提高，这种班也是比较多的。

**陈：**清华大学的，国防科委第 11 院短训班，西安摄影短期班，长沙、北京文化宫短训班，有什么特殊的经历？

**刘：**要分开来讲，清华大学短期班是我走向社会教学的第一关，那个时候我很年轻，还没有投影仪，就凭手在黑板上写字。

**陈：**最早是哪一年？

**刘：**就是 1958 年，我在电影学院刚刚开始上课的时候，也就是二十多岁的时候，板书还不像样子呢，因为短期，就是晚上四个小时，天黑了开始讲，讲到深更半夜再送我回来。

**陈：**清华短训班是“58 班”？

**刘：**“58 班”，教材我还曾经留在那儿，后来三改两改，改到以后就成一个文本的样子了，你看北京市文化宫就连续不断地办培训班，教材就以它为基础。

**陈：**清华“58 班”找老师是找到您本人，还是学院派您去？

**刘：**没有一个找我的，那个年代都是找到电影学院，单位指定我去。

**陈：**报酬怎么算？

**刘：**我的印象当中好像没有报酬，科委好多地方也没有报酬。你注意，那个年代是不给钱的。电影学院不会拿钱，如果拨了钱电影学院会给我，但那个时期不讲究的。在国防科委单位里面都是谢谢之类的，他们还印教材的，他说请你们给我们讲课。

**陈：**拿电影学院教材去印？

**刘：**清华没有，到这儿有教材了，清华写一个大提纲，挨个往下捋。进入社会上也没有，讲起来不方便，不顺手，投影仪都没有的，就是靠在黑板上写，在板上画。我的字写得不像样子，马坤林的字写得很漂亮。最糟糕就是在清华大学讲课，大礼堂里面一坐都是二百多人，老师在那儿讲课，写个字都觉得不太好，就会有影响。

**陈：**到清华大学那么远的地方，交通费怎么解决？

**刘：**来车接。

**陈：**夜宵费呢？

**刘：**好像是吃了饭再去，晚上吃夜宵到哪吃去，那时候不讲究的。

**陈：**11 院的短期班呢？

**刘：**也是这样，讲课费没有，夜宵费也没有，这也是在 50 年代。

**陈：**西安、唐山那些班是什么情况呢？

**刘：**唐山没有教材。比如，我们四个人包括广院很有名的教员，一位女士，她是在我们这儿听了好长时间的课，后来成为广院最出名的讲摄影课的教员。这次中央台开大会，朱羽君跟她的丈夫坐在春晚前排的。朱羽君，我，还有摄影家协会两个同志，一位来自湖北很有名的摄影家，加上摄影家协会一个，我们四个人组成一个班子，到西安去讲课。这是我外面讲课规模最大的一次，三百多人，前面装一个话筒，那是第一次用话筒。我一般讲课都是两三天，连续讲。讲完参观，浏览。

**陈：**有报酬吗？

**刘：**有报酬。到宁夏去，宁夏是先到社会上讲课，讲完了以后又把我单独留下来，给宁夏的制片厂讲两三天，再送我们回北京。

**陈：**80年代还是50年代？

**刘：**80年代，“文革”以后。

**陈：**西安那次也是“文革”以后？

**刘：**80年代以后。那个时候钱也不多，讲了两三天课，就是二三百块钱，感觉还很高了。到宁夏讲课天数短一点，讲两天，或者一天半，给了一百多块钱，之后让我们到毛毯厂，一个人可以买一条毛毯。80年代的毛毯现在还是我家里最好的毛毯，在毛毯厂里买出来的，就是象征性地收一点钱，北京买要贵得多啊！等于是给了稿费，还可以给一些优惠，这个类型的比较多。

**陈：**制片厂呢？不给钱吗？

**刘：**印象当中，就是像做报告一样，集中精力，一天讲完，然后给一点钱。当然我去讲课，有北京电影学院的背景，大家都知道。但是社会规定只能给这么多钱，不能给太多，有钱也不好给。去唐山没有给酬金，就住了两天。因为当时唐山是大地震之后。

**陈：**大地震之后若干年？

**刘：**紧挨着不久，一片废墟，刚开始恢复建设。讲课的地点和住的房间，就是很简陋的棚子。当时当地小孩出去玩，回来以后就找不到家了，为什么呢？处在这样的时期，所有的房子都是千篇一律，路口的标志都震倒了，唐山那边知道我们是在沈阳一个什么地方讲的课，经过唐山，他们说你们一定要来给我们讲课。都是文化局出面，文化局或者劳动人民文化宫，都是这样的机构。文化局请我们到厂子里讲课，我们能到唐山讲课，不给钱也是非常乐意的。当初人人都有这样的思想高度，所以讲到教学这一块儿，类似这样的就太多了，几乎好多地方都找我们去讲过课。

**陈：**76个短训班全是外面的？

**刘：**外面的，电影学院开班，都合到那里面去了，比如我们看到几个短期班，都有班的名称，都给学历的，那个时候已经开始有学历了。从电影教育这一块儿来讲，评论是极佳极好的。我可以这样讲，在电影学院范围内，我讲得多，我们教研组里面别的同志也出去讲，金驾东、裴治都讲，应该说，他们讲得稍微少一点。回想起当年那个阶段，个别同志真的出去讲课，我一直强调这是社会发展使然，不是某某人长某某人短。我们有积极性，愿意为社会做贡献。电影学院肯定你的教学，好多讲座是通过学院联系的，好多是通过摄影家协会安排的。有的是慕名而来，请我们讲，做个报告，找系里面，系里面说让谁去，一发话我们就去了。所以事业的发展促使我们走上社会，在不断的讲课实践中使我们得到了锻炼和提高。应该说这是一个互利互惠的事情，没有报酬也愿意去。

**陈：**为什么呢？

**刘：**对于个人来讲是极大的提高，这个话不是我现在这么讲。回想到短训班，真是忙到深更半夜，嗓子都哑了。在教学过程或辅导当中学生们提出来的问题，无形中也帮助了我，促使我思考如何搞好这门课程的教学。我教的这一大批学生，他们帮助我进一步了解了这门业务，因为讲课的门数太多了，有的地方就不太流畅。电影光学讲了一个班，八到九门，前面四门是经常讲的。

摄影曝光控制，滤光器与影调调节，摄影机与拍摄操作技术和摄影机照明术，这是最基本的。不是十分懂得洗印技术，就在教学过程当中促进了我对洗印技术更加全面了解。起码我教学教得更好了，是学生反过来帮助了我成长提高。电影学院对我个人只能说是看重。不是发奖章了嘛，“五四运动四十周年”奖章。五四运动四十周年，国家发的大奖章。

**陈：**五四青年奖章？

**刘：**就叫五四奖章，表彰先进青年，电影学院教师里就我一个，还有一个学生，那个学生是“大炼钢铁”的时候一只眼睛失明了。电影学院的学生响应号召。他是摄影系的学生，我是摄影系的老师，钟敬之同志开全院大会把两个奖章都发给我们。

**陈：**您的学子超过几千，上万了吧？

**刘：**不好那么讲，差不多。

**陈：**76 个班，每个班 100 人，这就 7600 人了。

**刘：**这都是电影学院范畴，也涉及个人，涉及个人的教学，个人的活动。

教务处统计，2586 学时，含 1979 年共 61 个研究生，本科、大专班各类培训班 4639 人次。

# 第十三节 关于研究生教育

**陈：** 下面说研究生教育。

**刘：** 我在电影学院摄影系里面招研究生略微晚一点，最早招研究生是郑国恩，我是第二年，第二个就是我，我招了屠明非和吴杰。林志中是我第二届的。范金慧是后来摄影班的，她是以屠明非的名义招进来的，我在这个班里有教学和活动。

**陈：** 还有一个徐小东。

**刘：** 跟范金慧一起的。我认为我们在研究生的教育上，从现在上研究生课的标准来看，我们太认真了。屠明非和吴杰，不是说一天到晚，几乎是天天跟着我。暑假出去拍东西也都归我这儿安排，向沈嵩生院长申请单独的经费，研究生部的教育没有这项活动，没有那么多的差旅费。沈嵩生真关心教学啊，单独批准。他是院长，我就是个普通教员。

**陈：** 您是系副主任。

**刘：** 总归是普通教员嘛。告诉你，让我到局里当总工程师，我说只要这个单位有首长在，我们绝对是帮手，干具体活儿的，绝对不会当自己是个干部。屠明非和吴杰去广东，还有一个摄影系的教员叫张敏，要跟着他们一起去。我给他们讲课，别的老师也一起上课，只要跟系里的课没有冲突的，张敏都坐在那里听课。

**陈：** 张敏老师也跟着研究生听课。

**刘：** 跟着听，始终都听课。

**陈：** 当时研究生实习路费都是学院报销?

**刘：** 都是学院报销，系里没有钱的，都是从研究生经费里头开支。助学费、补助费都要发的，只是不发零花钱就是了。张敏后来到日本去了。

**陈：** 也是学校掏钱?

**刘：** 日本那边掏钱，国内派遣人员，按派遣人员的名单，置装费什么的，也领出差补助，公派啊。都是这样的。日本电影电视技术学会委派的五个名额，电影学院两个，“北影厂”一个，洗印厂两个。

**陈：** 电影学院除了屠明非以外……

**刘：** 就是吴杰，两个人一块儿去的。

**陈：** 您的两个研究生都去日本，是不是您利用职权?

**刘：** 人家要求摄影系的学生去的，学院只能派我的研究生。研究生进修没有什么问题，一点问题都没有。研究生不归系管，归研究生办公室管。很有意思，他们出国了，没有给他们做个人名片，做了集体名片，电影学院学生张三、李四、王五,四个人都是一张名片上面，印着他们的照片，一个人拿一摞，该给的都给。这也符合他们的身份，他们是以学生名义出去的。名额是从中国电影电视学会委托派遣的，我是影视学会常务副理事长兼秘书长。

**陈：**而且去德国是德国资助的？

**刘：**德国资助的。第二次活动又是屠明非，去德国。这都是对方定的。经与影视技术学会理事长王枫同志商定，由我以副理事长的身份，请电影学院沈院长定。由他来定啊。另请广播学院派一个女士，我们这边也最好是一个女同志。也由他们定。我说在德国更多可以用英语，屠明非的英语最好。我说院长定吧，他定了，又是她去了。头一次到日本学的很多是技术问题，都是日本大公司，日本的领导机构全是日本影视学会的理事长。他们把我们的人员安排到基层去。这里面不光是增加见闻，而是技术学习。

**陈：**您讲的三门课跟本科生不太一样的，包括影像质量控制及改进。

**刘：**不一样，这个是定量控制了，但是要辅助课程啊，我做这个研究项目，我研究的是这个课题。我主攻的方向，最后由我的研究生实现这个目标。

**陈：**现代电影技术。

**刘：**现代电影技术讲数字电影在电影当中的应用，这是屠明非研究生的主攻方向，而且写她的名字。当初也提出来希望写我的名字，我说既然她符合条件招研究生，那就是她的研究生，但是我也给她的学生上课。最后用她的名义出书了，她头两本书都要写我的名字，开始跟我提，把我写在前。后来我始终不肯，我说你把东西给我看，我绝对认真地像我出书一样给你看，绝对是你的，不是我的，你不要认为你是学生，我不愿意跟你写，那就是你的成果。她是讲师、教授，一部部的书拿出来，就是她的，干吗一定要写我的名字呢。她后来实在不得已了，你看她的书前面都有好长一段写着我的名字，写着导师刘国典，参考刘国典哪本书，很长一段话，写在前言里面。

**陈：**这也是应该的，是学术规范，也是人之常情。

**刘：**今天我还给她打了电话，我的节目下午四点半电视台播，我说你下午得看电视，因为据我所知，记者也上她那儿去过，也有她几个镜头。

学生在学习期间，这些东西都是极为重要的教学活动。但是光有这个培养不出正经的人才来。我按照电影学院或者按照我对影视技术的理解，组织好授课的讲稿，除了跟着我的活动以外，我请了很多教员专门给这两个学生开课，再加上两三个人，所以我总有五六个人或三四个人共同听研究生的课。第一，我认为在研究生教育上，这是种好的教学方法，不要讲个人是不是负责的表现。第二，一种好的组织形式，不单单是教了，我要给教员发一个单子，请他们对我的研究生有一个大概的评定。到最后答辩的时候，可以看图片，看他们拍的照片，贴到考场周围大家都看，考试的卷子都摆到那儿，哪一门课是张老师签的单，哪一门课是李老师签的单，看到这个学生还听了这么多课，而且是单独讲课的。

**陈：**讲课费都是研究生办发？

**刘：**开单子，刘国典写条儿，几个学时，这个教务处管，非常好。这样一种教学方法，我认为至今也应该这样来做。

还有一条没有讲到，我在北京所有外事方面的活动都带着屠明非，比如都是安排两个人的，吴杰也在内，她们都去的。到电视台出席什么活动，座位都是三个人坐那儿的，我有电视台的出入证，我填个条，就可以进去了。教学活动应该这样来组织，而且是全盘的。我自始至终坚决反对挂一个名就带研究生当导师了，一个人管好多人，管不了的。因为你带的是研究生，你不是在那儿带上课的老师，你是研究生导师啊。

**陈：**还有什么要补充的吗？

**刘：**我去外地访问，我作为中国教育代表团一员，国家教委韦钰同志是代表团团长，随团出访。

**陈：**哪一年？去哪儿？

**刘：**1994 年 1 月 24 日，去香港。这个代表团中，国家教委去了四位同志，包括韦钰，还有三个负责人，代表团包括我在内是 61 个人，我要以副团长的身份出来主持部分工作。

**陈：**访问团的目的是什么？

**刘：**目的就是到香港，邵逸夫[①] 先生要给一批教育方面学校的捐款，建逸夫楼，一共是 15 个省市，应邵逸夫先生的邀请，组成教育代表团。新华社的社长就是这个代表团的最高领导了，周南同志是社长，所以香港接待规格也就很高。特别是这次活动当中有两项活动，我都是以副团长的身份来主持这件事情。在第一次大会上面，大家都向邵逸夫先生陈述学校的情况，要争取邵逸夫先生给予补贴。邵逸夫旁边坐的韦钰，这边是周南，

---

① 邵逸夫（1907.11.19—2014.1.7），电影事业家。浙江宁波人。上海青年会中学毕业。1925 年与兄醉翁、邨人、仁枚在上海创办天一影片公司负责发行业务，并学习摄影和编剧。1928 年与仁枚携影片去新加坡、马来西亚开辟放映市场。后成立邵氏兄弟有限公司，并在南洋各地拥有数十家电影院。1957 年与仁枚在香港成立邵氏兄弟（香港）有限公司，接办邵氏父子公司的制片业务。开辟建邵氏电影城，摄影棚扩展至十余个，拥有拍摄、录音、彩色洗印、放映等全套设备，使之成为香港规模大、设备先进的电影制片厂。公司每年约生产影片七百余部，并常以其影片领风气之先，如李翰祥导演的《江山美人》《梁山伯与祝英台》等使黄梅调电影风行香港影坛数年之久；胡金铨导演的《大醉侠》、张彻导演的《独臂刀》等又使 60 年代沉寂一时的武侠片重新兴盛起来；影片《后门》《万古流芳》《珊珊》等也接连在亚洲影展获大奖。其中多部影片均由其监制。同时，在东南亚各地，其戏院已扩展至一百六十余家，形成了一个庞大的发行网，并在东京、巴黎、罗马、伦敦、柏林等大都市设常驻代表，使中国影片打入世界电影市场。由于他对电影事业的贡献，1974 年和 1977 年分别获英国女皇颁授 CBE 勋衔和爵士勋衔。1983 年获第二届香港电影金像奖最高荣誉奖，并兼任香港无线电视有限公司董事局主席、香港中文大学校董、香港艺术节主席、香港艺术中心主席等。2014 年 1 月 7 日病逝，享年 107 岁。

再这边坐的就是我，都是坐在主要的位置上。就在这个会上，韦钰同志讲完话以后，我代表代表团讲话，讲完话以后再讲电影学院的情况，讲我们电影学院概要的情况，讲建设上需要的情况，双重身份。

紧接着看体育竞赛的表演，中午是很丰盛的午餐，晚上是新华社请客。有一个纺织厂的同志，也拿到了教育经费。

**陈：**纺织厂拿什么教育经费？

**刘：**这是邵逸夫点名给那个单位钱，所以他们也派了一个代表团去了，都是三个人一个小团。他就代表这个代表团讲话。而且当时香港的报刊都报道了这个活动，也报道了各个代表团的讲话。为了给你讲这个内容，我还把讲话的原稿找出来了，作为活动的记录材料。我的讲话代表韦钰，代表国家教委，代表 15 个省市的 61 位代表，向邵逸夫先生表示感谢。之后，邵逸夫先生在郊区，离香港市区大概有一段的距离，一个很漂亮的房子里举行了一个大型的宴会，周南也来了。晚宴后还有各种各样的活动，参观他的住地，看邵氏公司的影片拍摄场地，围绕邵逸夫本人的活动就算结束了，送了一个小小的纪念品。完了以后就留下时间给大家来参观香港的各种设备，还有赛马表演的各种类型的活动。

国家教委通过邵逸夫这个事情，通过董事会这件事情，将来有机会讲董事会，董事会也拿到各方面赞助的资金。从一定意义上讲，都有壮大电影学院的活动，当然邵逸夫先生也给电影学院资金。

**陈：**给电影学院多少钱？

**刘：**我现在记不太清楚了，可能是 200 万元。比较多，但还是比其他的少。大概觉得钱给少了，第二年又来投资，还邀请我们到那儿去，就没有规模这么大了，少数人参观一下，看了一些地方。这回给的多，给了 400 万元，加一起就 600 万元了，修一个楼都差不多了，我们自己还有资金啊。这个楼叫逸夫楼。

**陈：**还有补充的吗？

**刘：**围绕电影学院这些比较重大一点的事情，我总的感觉是电影学院这几年发展平稳，没有出现任何别的事，正常发展，专业是长进的，教材是丰富的，教学设施也是不断完善的。

还有一件事情应该要提，这么多年来对老院长陈波儿[1] 没有太多地提到。陈波儿是我们最早成立的时候，建立了表演艺术研究所，她在那个地方开始工作的，成立了电影学院。就在我当院长后不久的时间，1995 年 1 月份，国家召开了很重要的会议，叫做陈波儿的纪念会，而且是在宁波开的，我们从电影局方面知道了这件重大的事情，电影局搞活动不能忘了陈波儿是我们老院长啊。我当了院长以后，第一次以院长的名义给她发了一个致敬电，一大篇。就讲她是电影界最老的前辈，而且建立电影学院，发展电影教育事业，陈波儿是极大的有功之臣，我把这个信的原件和这个活动的情况找出来了。这封信件是那个时候的事情。最近又开陈波儿的小型纪念会，我们新任的院长刚上任。那天开这个会，我正在电影学院上课，他们要印一个纪念册，把这个事情记录在案，把以电影学院院长名义给陈波儿同志发的致敬电又收集进去了。这些都是电影学院本身的重大活动。实际上，我们对这样一些老前辈、先行者还是不能忘记的，应该牢牢好地记住这些人。

**陈：**《芬芳誓言》的创作背景，您后来写论文的经历是什么？

---

① 陈波儿（1910—1951），演员，电影事业家。广东潮州人。1929 年上海艺术大学肄业。同年入上海艺术剧社，从事左翼戏剧运动。在《梁上君子》《炭坑夫》《爱与死的角逐》《西线无战事》等话剧中扮演主要角色。主演的《街头人》轰动当时剧坛。1931 年因受国民党政府迫害，转移至香港，继续从事爱国活动。1934 年回上海，加入明星影片公司，主演影片《青春线》。同年转入电通公司，主演影片《桃李劫》。1936 年回明星影片公司，主演《生死同心》。1937 年 1 月组织上海妇孺前线慰问团，赴绥远抗日前线宣传抗日，演出国防戏剧《放下你的鞭子》《张家店》《走私》《保卫卢沟桥》等。同年在南京加入中国共产党。1938 年当选为中华电影界抗敌协会理事。不久在《八百壮士》中饰演角色。后去延安，率领战区妇女儿童考察团辗转晋西南、晋察冀、晋东南各敌后抗日民主根据地。1940 年率团到重庆，向国民党统治区的人民报道抗日根据地人民的斗争。同年入延安马列学院及中央党校学习，并先后导演话剧《马门教授》《新木马计》《俄罗斯人》等。创作剧本《伤兵曲》《劳动的光辉》等。1942 年与姚仲明合作编写并导演话剧《同志，你走错了路》，获陕甘宁边区首次文教大会甲等奖，本人被评为陕甘宁边区甲等文教英雄。同时组织拍摄《保卫延安》等具有文献意义的新闻纪录片。1946 年参加延安电影制片厂拍摄的故事片《边区劳动英雄》的编剧和拍摄工作。同年任东北电影制片厂党总支书记兼艺术处处长。1947 年组织拍摄 17 辑新闻纪录片《民主东北》，并编导中国第一部木偶片《皇帝梦》。1949 年到北京，历任文化部电影局艺术委员会副主任兼艺术处处长、表演艺术研究所所长、全国妇联第一届委员、中国文联第一届委员，中国电影家协会第一届常务委员、全国政协第一届委员等。

**刘：**《芬芳誓言》是王晓棠[①] 同志导演，王晓棠同志是国家的少将，至今我们关系仍然还是非常好，过年我们在三亚还互相打电话，通报信息。她到我小西天的家里去过，“八一厂”我也总去，她也是热情接待。王晓棠原来是“八一厂”的副厂长，老艺术家，拍了很多影片，很有名，记入史册的影片很多。她当副厂长期间，先是担任分管技术的副厂长，她非常重视电影技术，我当总工程师期间，八一电影制片厂的相关技术，必须要紧密地跟电影局的领导，特别是跟我们技术处要发生密切关系。在这个过程当中，关于她的许许多多的影片，我们不但看标拷，还看最后完成片，而且拍摄过程当中，经常把我们办公室的人，有的时候连同我一起拉到“八一厂”看片子，看片子里面的问题，反过来再去对那个正在拍摄的影片给予指导，关系很密切。她特别注意抓“八一厂”的技术工作，特别注意环保，没有在环保问题上受过批评。像我们“北影厂”、洗印厂就是因为环保问题老是挨板子的，弄不好总挨电影局的批评。你不批评他，查出问题来了，国家环保局就扣你的款。环保局扣款是非常厉害的。我们电影局就管这一块儿，王晓棠抓得好，没有被罚过款，整个技术工作跟我们这儿联系很紧密。所以“八一厂”拍的关于解放战争时期的《大决战》等好多部影片都获得了国家的重大奖项，后来又拍一部影片《芬芳誓言》，这部影片一开始就非常明确，我是技术顾问，她不是影片拍完了找我，拍片的过程当中就一次、两次把我拉到“八一厂”，讨论会我参加，审查活动也拉我去。最后这个片子送到电影局，得到国家的表彰。

**陈：**怎么会报国家的进步奖？

**刘：**国家每年有一部影片要拿技术型进步奖，“华表奖”系列里面的，发奖状的。她申报了，也参加了评奖，但最后没有拿到这个奖。她拿到许多别的国家奖，“五个一工程奖”什么的。这个奖我参与了鉴定，起草了文章。

**陈：**“……确保思想先进性，完美体现创作特色”是吧？

**刘：**对，发表了这篇影评，《电影技术》也登载了这些文章。

**陈：**您还给这个影片印了字幕，做了校审。

---

① 王晓棠（1934.1.4—），演员。原籍江苏南京，生于河南开封。幼年随家迁至重庆。小学读书时即从师学唱京剧。1948 年随家迁至杭州。翌年毕业于浙江省立女子中学。1952 年考入中国人民解放军总政治部文工团京剧团。1955 年，在长春电影制片厂主演影片《神秘的旅伴》。1958 年因《边寨烽火》中饰演景颇姑娘玛诺，获第 11 届卡罗维·发利国际电影节青年演员奖。1958 年起任八一电影制片厂演员，相继在《英雄虎胆》《海鹰》《鄂尔多斯风暴》等影片中饰演角色。1963 年在《野火春风斗古城》中一人饰演一对性格迥异的孪生姐妹金环与银环获得好评。“文化大革命”后自编自导自演影片《翔》。后编导《老乡》《芬芳誓言》等。1988 年任八一电影制片厂副厂长。1992 年任厂长。1993 年被授予中国人民解放军少将军衔。中国电影家协会第四、第五届理事。

**刘：**对，快到后期了，我坐在底下看样片，对英语字幕提了好多意见。王晓棠脑子比较灵，一看我对英语还这么在行，马上一道命令，把整个影片现有的字幕一份不落地送到我家里，请我给她校一遍。文章里写到了，应该我是这个片子的校译。

**陈：**技术顾问写了吗？

**刘：**当然写了，滕进贤也是顾问啊。我感觉原来翻译工作人员有点不太在行，特别不在乎英语字幕。比如语言打到字幕上面要适当地调整，表达意思要简单明了。我给她提了一大堆的意见，她非常满意，所以至今我们来往还很频繁。

**陈：**除了《芬芳誓言》，您还参与过其他电影的创作吗？

**刘：**没有。

**陈：**您很少参与电影艺术创作，是不是怕麻烦？

**刘：**不是。第一，真的没有时间。第二，我自己认为也没有那个水平，我原来是搞新闻片出身的。

**陈：**2003 年 12 月 31 日，您正式办了退休的手续？

**刘：**没有办手续，后来知道我算这天办的退休。其实，1997 年我不当院长了，王凤生代院长就上来了。我是全国政协委员，还按照政府级别拿各种各样的待遇，按照原有的职务拿工资，按照原有的条件用车。后来我查到从 2003 年那一年开始，工资开始有变化，2003 年政协委员不当了，就拿退休的工资了。等于是保持不变。2010 年又涨了一次。

**陈：**除了工资以外没有什么退休的感觉，一直在上课。

**刘：**现在还没有休息。开各种各样会议的请柬有这么多，开幕式、宴请，还有报告会。对我们这些人来说，还是在发挥余热。

# 第十六章　任全国政协委员

**陈：**下面说您当选全国政协委员的事。

**刘：**我到电影学院当院长的第二年，上头怎么想的我不知道，1993年1月份，通知我是全国政协委员，就是上面任命的。每次开会都要讨论最大的项目，当然原则上是讨论政协的报告和委员们提出来的各种各样问题的提案，审议结果的报告。而且活动当中最重要的一项是讨论政府工作报告。最后一天是政协主席讲话，中间这一大块儿，列席全国人民代表大会，而且是参加全过程。这一系列的活动之中，讨论政府工作报告是最重要的，而且是联系政协委员们这一年活动实际状况的。

**陈：**您讲的视察活动？

**刘：**那是一方面，因为政府工作报告方方面面都包括在内，大政方针、具体实施都在讨论范围之内，而且要认真提意见，有人认真做记录。不像一般活动。谁提的意见，谁提的议案，都是实名制的。不要担心记了名字以后，政府要找提意见人的麻烦，是为了记录方便，而且一个组是两个人做记录，差不多27个人一个组，四个人做记录，两个人一组，只要开会就有四个人在这个地方。

**陈：**27个人是电影组还是？

**刘：**分类，我所在的文艺口大概有157个政协委员。不知道滕进贤是不是卸任了，政协委员原则上一个人担任一届，个别人是两届，极少几个人担任过三届的。比如，张瑞芳①、白杨②，现在连于蓝都下来了。为什么呢？政协委员年纪都比较大了，要让更多人担任这个工作。你千万放心，政协委员们发表意见，绝大多数嘴上是没有人站岗的，想说什么就说什么，真的是畅所欲言，什么都敢说，他们也什么都敢记，只要你发言，话筒就到你这边了，让你充分发表意见，然后真给你上交啊。

**陈：**政协委员，人大代表应该是有豁免权的。

**刘：**但是大家并不害怕。

**陈：**您那个时候没有害怕？

**刘：**没有害怕的，什么都敢说了。都点名道姓地谁谁谁，都直接说。

**陈：**直接说的谁？

**刘：**像过去四川的省长、院长，大家就敢点名道姓地说他。大家敢于提各种各样的意见，各种各样的议案，便于整理上报，还是可以的。我还是围绕教育问题发表意见。

**陈：**提案很多是超出教育界的。

**刘：**比如社会改革啊，关于公费医疗，那是我写成的提案。一般开会的时候，我养成习惯，报道的当天晚上，小组的秘书就到各个房间问有什么提案要交的？要不要去打印？我的提案都是写好带到那儿去的，晚上看

---

① 张瑞芳（1918.6.15—2012.6.28），演员。原籍北京，生于河北保定。1935 年进入北平国立艺术专科学校西洋画系学习，并参加戏剧活动，曾演出《放下你的鞭子》《黎明》等剧目。抗日战争爆发后加入民族解放先锋队，随北平学生战地移动剧团在各地宣传抗日救亡。1938 年至重庆，同年加入中国共产党。后在怒吼剧社、中华剧艺社等剧团任演员，在二十余部话剧中扮演主要角色，其中影响较大的有《棠棣之花》《屈原》《家》《北京人》等。1940 年在重庆参加拍摄影片《火的洗礼》。1946 年任长春电影制片厂特约演员，在影片《松花江上》中饰演村姑妞儿。1949 年后相继在北京电影制片厂、中国青年艺术剧院、上海电影制片厂任演员。上影演员剧团团长。全国文联第三、第四届委员，中国电影家协会第三届理事、影协上海分会副主席，全国政协第三、第五、第六届委员，全国妇联第四届执行委员。因主演《李双双》，1963 年获第二届电影百花奖最佳女演员奖。主演的其他影片有《母亲》《凤凰之歌》《三八河边》《大河奔流》《泉水叮咚》等。在《南征北战》《聂耳》中饰演重要角色。

② 白杨（1920.4.22—1996.9.18），演员。原名杨成芳。原籍湖南。自幼寄养在北方乡村。九岁回北京就学。1931 年入联华影业公司北平第五分厂演员养成所并在影片《故宫新怨》中饰演丫环。因主演《梅萝香》《少奶奶的扇子》《茶花女》等剧而崭露头角。1936 年进入明星影片公司主演影片《十字街头》引起关注。1937 年参加上海影人剧团，赴重庆途中演出抗日剧目《卢沟桥之战》《流民三千万》等。1938 年在重庆入中央电影摄影场，主演《中华儿女》《青年中国》等影片。同时主演了《屈原》《日出》《法西斯细菌》《复活》《罗密欧与朱丽叶》等话剧。1946 年回上海，在中电、昆仑等公司主演《八千里路云和月》《一江春水向东流》《还乡日记》等影片。曾任第一至三届全国人大代表，第五、第六届政协委员，中国电影家协会第一届委员、第二至四届副主席。在《祝福》中饰演祥林嫂，显示了其表演艺术的功力和魅力。著有《电影表演技艺漫笔》《电影表演探索》等。

他一来，我就把我的几份提案拿出来。

**陈：**一年一份还是一年两三份？

**刘：**看个人，我差不多每回两三份。我十年的政协委员，七八份提案绝对是有的。

**陈：**我这个上面记的是八份提案。一次两份，才八份？不是年年两会吗？

**刘：**我有十次会议，有一年写一份。

**陈：**也有人当了五年政协委员，一份不写吗？

**刘：**我看不多。或许有的委员来自农村，或者偏工农业的，不太愿意用文字来写的，甚至会议上面不发言的委员也有的。

**陈：**提案的背后有什么样的故事吗？

**刘：**关于复员军人的提案，有若干份。我听到了一些情况，一些复员军人回农村以后生活很困难，这种情况还是很多的。有些提案，国家处理以后给我一个复函，或者怎么处理的都有。

**陈：**我们想知道您做这些提案的背景、动机和过程。

**刘：**就是了解教育情况，教师们的公费医疗情况。现在当然好了，教师也享受公费医疗，原来是官员享受公费医疗，教授都没有拿到的。后来拿到了，但是教授享受公费医疗不广泛。我就提了教授们的公费医疗问题，我知道有那么多教授就没有很好地解决，所以我向国家写提案了。

关于这类提案差不多都是围绕这些方面的事务来撰写的，不一定都是教学。

**陈：**例如防止贫富两极分化的提案？

**刘：**贫富两极分化太严重了，像城市里面工人跟农民差别很大。大家都是反复来提，包括我在内，现在农村就是富了，大大改善了，这跟大家给政府提意见都有关系。在有些农村，抗美援朝的人回来以后生活非常困难，我们举例举到这些人。我们看到这些人有困难，只要有机会能说说就说说。

**陈：**做好老龄化社会的准备工作，这份提案的背景是什么？

**刘：**感觉要进入老龄化社会了，但对老年人一切事务的安排还是相当缓慢。现在我们国家的老年人，说得难听一点还是家养，老年人的福利待遇不够啊，这些问题都是在提案里反映，都属于这样一些问题，包括我们的视察。

**陈：**您参加过 11 次视察。

**刘：**11 次视察，我视察了林业。森林业当中的问题很多很大的。森林被毁坏，损失极大。注意，有自然灾害，不知道怎么山上就起火了，怎么扑灭啊，防止火灾的扩展。要建立林业武警医疗队，当初武警就有一个想法，希望成立林业部方面的警察部队，专门来管森林。

**陈：**有森林消防啊？

**刘：**森林消防一直有，没有森林部队。一句话，不是部队建制，是维护建制，由国家森林部队管，不是警察来管，能听懂这个意思吧。我们提案就是解决这一大块儿，我们关心到这些问题。参加哪几个类型的视察队，这个是自己报名的，当然也有指名的，上面会审定你合适不合适，原则上你报哪个就去哪个，多了就拿掉一两个，是这样的。比如广电总局的副部长，我们两个人就在一个队里。视察什么呢？东北重工业基地的那些工人同志，他们现在极为困难。有一个很典型的问题，此时此刻，就是他们最困难的时期，冬天挨冻啊，供暖不足，维持不下来了。所以东北人，哈尔滨人，冬天跑到三亚去，拿很少的一点钱，到那里不用交暖气费了。我有个亲戚一家人住在三亚，租的房，冬天住五个月或者六个月，暖气没有了再回来。

**陈：**退休以后才行啊。

**刘：**是啊，退休还得有一定的经济条件啊。

**陈：**您做过这方面的提案？

**刘：**当然，专门考察这个，专门写这个提案，包括改善各种各样的待遇，提高他们离退休人员的工资。从工人角度来写，要改善他们的待遇。我们到那里开座谈会，明明是三十个人，却来了五六十人，坐在会场旁边提意见，这就是我们考察的具体内容。

比如视察当中，我还参加过一次华侨方面的活动。有一次政协办公室来电话，说有一个华侨的代表团要出去考察，准备到几个地点，包括广州、厦门、福州，考察华侨的待遇问题。为什么呢？归国华侨在这几个地方的人最多，他们离开国家出去的时候，许多人有房子有地有东西，回来后没有得到妥善的照顾。就组织了这么一个代表团考察这些地方，每个地方都写成专项报告，报到主管部门。包括他们的资金、房产都提出明确的要求，房子归还给他们，地要给退赔。这样的考察是极受群众欢迎的，因为考察的都是重要问题。

还有水利，为什么搞到水利去？关心水利啊。比如，我们视察到汉江。武汉的汉江一直过去，那个地方有大坝，还修了水库。那个地方水库的发展和建设，水坝要增高，水库开放的时间等一系列的问题，坐家里哪知道啊。水库上面的两个大坝分别要建设各种各样的水电站，如何开发，如何利用，我们考察团就考察这个问题，也写成专项提案。

到了晋江，我们也顺便看看葛洲坝，都是顺便看一看，三峡水库我们也看了，长江修大坝我们也看了，考察水利建设是我们的重大任务。到这个地方去了以后，地方的领导，宜昌的领导，政协委员一行三十多个人，每回去视察规模都是很大，规格很高。

还有发射卫星的地点酒泉，到西北那边去考察，走部队系统，飞过去。

**陈**：一般一次多长时间？

**刘**：基本上一两个礼拜，原则上是集体写提案，一般不写个人提案，要讨论研究，要听别人的报告，你才能够把这个提案写出来，光看看写不出来。

**陈**：比如张艺谋拍片子，没有时间考察，怎么办？

**刘**：我没有跟他碰过面，他跟滕进贤是我退下来的那一年进入政协的。

**陈**：他不去考察没有问题吗？

**刘**：他肯定会请假，他在当委员期间总是要去几回的，不可能每次都不去。

**陈**：考察和游览，比例是多少？

**刘**：没有游览。

**陈**：您说去西昌、酒泉这些地方。

**刘**：那就是考察完了到这些地方看看，顶多就是 15 天安排一到两天去看看，到西昌我们是看卫星发射基地，是不带任务到那儿去的，到别的地方都有任务的。

**陈**：您到汉江呢？

**刘**：就是考察水利啊。

**陈**：或者您到厦门考察华侨，不去参观鼓浪屿吗？

**刘**：那就是顺便去了鼓浪屿。

**陈**：我问的是跟考察没有关系的游览比例占多少？

**刘**：比如 12 天或者 15 天的考察，有一两天的时间出去游览一下，其余的都是工作行程。我告诉你，活动当地安排得比较紧，因为当地要接待这些委员，这是一个大事。到省里面去，至少二三十个领导都要来，甚至跟我们住在一个宾馆里面。视察有一条路线的，领导事先都要联系好的。各个地方进来几个代表团，哪些委员来视察，视察什么问题，这些内容都要提前发给他们的，程序很严谨的。挂的小牌子，桌签都很详细的。归纳起来，现在有三千多政协委员，来自各行各业，代表不同的方面，他们要进行这么多的活动，除了政协委员这个头衔，他不能不考虑别的事啊。比如视察，尽管吃得挺好，住得挺好，但是都带有任务在里面的。

**陈**：您说话和思维都符合文件精神，这是怎么“修炼”出来的？

**刘**：我没有这个考虑。我一直都这样做的，处事都是这样的。我不是为了说话才这样的，比如我讲的教学当中的问题，跟我的具体课程内容都是紧密相关的，我还没有跟你讲那一大块儿。长期以来帮助胶片厂搞胶片的改革当中，那就更加严谨了，谈起事情都丁是丁，卯是卯的。

**陈：**您说胶片厂是指什么？

**刘：**胶片厂生产胶片，要紧密地联系使用。他跟我打交道，跟电影学院打交道，来了解胶片，讲解胶片，谈胶片里面的问题，自然跟胶片的发展都是紧密相关的。因为我们讲的不是外行话，不是不在点儿的话。讲它的发展建设，自然会联系到电影工业，电影化工工业，自然就了解国家政策，就是这么紧密相关联的。

**陈：**胶片厂找您提意见、建议，您跟保定胶片厂的厂长非常熟悉？

**刘：**非常熟悉，而且我还最了解国外的情况，包括爱克发、柯达公司，他们还老邀请我去参观，自然就形成这么一种观念。

# 第十七章　担任中国电影电视技术学会副理事长兼秘书长

**陈：** 您一直担任中国电影电视技术学会的副理事长兼秘书长，说说这个学会的事？

**刘：** 讲到这里，有些话可以说了。我可以说小块儿，也可以说大块儿。小块儿说什么呢，这个学会成立我不知道。

## 第一节　成立背景

**刘：** 我不是讲时间，讲影视学会的成立，先有中国电影电视技术学会，司徒慧敏、钱筱章他们希望中国能成立一个电影电视技术学会，而且开会筹备了电影电视技术学会。于是就有王枫，当时中央台的台长，副台长孙同根，还有一位干事，加上司徒慧敏、钱筱璋，这边是马守清[①]、邸世杰，他们几个人筹划成立电影电视技术学会。司徒慧敏是理事长。好像是1981 年 1 月份就成立了影视技术学会，开了第一次会议，邀请了影视界

① 马守清（1923.11.26—2006.11.11），电影技术专家，原名马清。原籍山东平原，生于吉林长春。回族。1944 年日本东京写真专门学校（今东京工艺大学）艺术科毕业。曾任满洲映画协会摄影员。1945 年后历任东北电影公司制作部部长、东北电影制片厂技术部副部长、摄影师，北京电影制片厂制片处副处长，文化部电影局技术处副处长，中国电影科学技术研究所副所长、所长、高级工程师。国际电影技术联合会理事，《电影技术》主编，中国电影家协会第三、四届理事。曾主持实验成功多层乳剂彩色胶片及电影染印法。

的各方同志到会，选举，投票。我跟沈嵩生都是会员，这一年他们搞了许多活动，成立了若干小专业委员会。正好这个时候获悉部里面科学技术协会要开另外一次会议，他们就想到，中国电影电视技术学会应该成为科协的会员，这个中间搞了许多的活动，酝酿要成为他们的成员，就在这个过程当中，把我调进去了。这之前他们大概就有想法了，王枫提出来两个人，一个叫何晶莹，一个叫刘国典。

**陈：**何晶莹是什么人？

**刘：**广播科技研究院的科技人员，还有另外一位女同志刘松英，中国驻苏联首任大使的女儿，然后就是我，加上给你们讲技术概论的李连如，他们就物色到我们四个人。我们原来只是理事，所以开会之前就讲你们几个要到理事会来，不光当理事，而且讲明刘国典同志当副理事长兼秘书长。

**陈：**就是实际大总管。

**刘：**不知道啊，哪知道那么多事。开会举手表决，我们就成了理事会成员了，下一次活动就搬家了，从电影学院的系主任，一下子就到副理事长兼秘书长。当了副理事长以后，他们就跟沈院长讲，刘国典要有较多的时间到学会去工作。办公地点就搞了两次，一次安排在现在国家计委（紧对着钓鱼台的路旁边）的楼上，找了一个大房间，一隔二。中央电视台现在这个老台址盖好了，在 8 楼（814）给了我们一个大房间，后来 814 里面太挤了，又搬到后面的业务楼，也是 8 楼，给我们挂了牌子。干什么事，办什么东西，都按照中央电视台的来，进出门，一切按照他们的方法运作了。

**陈：**您每年要去学会工作多长时间？有哪些工作？

**刘：**我告诉你，你要这么问我，我只能这么回答你，这些年我要说每天都去可能说多了，但没有一两天不在，几乎是天天都去，秘书长啊。

**陈：**那么多事啊？

**刘：**太多事啊，只要做事就事太多，杂志不得一本本印，书不得一本本出，报告不得写嘛。

**陈：**影视技术学会有杂志吗？

**刘：**没有杂志，都是通过打字员打完拿印刷厂印，全部由文件形式来做的，我的报告集都是一大厚本的。你要抓紧做事，就有没完没了的事。我后来成了电影学院院长，这下可动不了我了。所以我就白天在电影学院，包括开会。影视学会搞活动全部在夜晚，有一辆学校的车就归我，每天下午四点多钟，就送我去影视技术学会，因为那边也安排有会，到那儿吃晚饭。开会，搞活动，做准备都是晚上。大会活动，涉及外单位的活动都安排在白天。好多都安排在电影学院，电影学院的报告厅。

## 第二节　经费来源

**陈：**影视技术学会经费是哪来的？

**刘：**按道理讲，电视台掏钱，电影局掏钱，还有一些单位适当地赞助，科协要给钱。它是我们的上级单位，我会是第 156 个学会。

**陈：**中国科学技术协会？

**刘：**对，中国科协，我都有它的证章，它的活动，它的楼我随便进的。他们不主张给钱，要学会自己创收，不主张电视台给我们钱，也不主张电影局给我们钱，要自己创收运作。

**陈：**影视技术学会能创收运作吗？

**刘：**我们搞活动也不愿意收费，收费不像办学会的样子，都是无偿地付出，有人做报告要付报告费的钱，听报告都要请人家吃饭的，肯德基都是一盒盒的，还带饮料的，中午就送饭来了。中央电视台那个地方吃饭，我们自己掏钱啊，要向中央台买餐券，虽然便宜，但是也得付钱啊。

既然讲到钱，就顺便讲一点钱的事情。现在不知道了，那时我们一直都没有一分钱的收入，王枫到离开影视学会也没有拿过一分钱，我没有拿过一分钱。理事长跟我两个人不拿一分钱，别的办公室六七个人，他们拿一点补助费。

**陈：**四五个人是专职还是兼职？

**刘：**基本上是兼职，兼职等于是专职。电视台派到这儿做的事，等于是专职的。罗茅的夫人李寄凡就是我这儿的秘书，还有刘艳丽，“科影厂”的。我们要人，要“科影”派一个人到我们这儿工作，这些人除了我跟王枫以外，他们拿什么待遇呢？我们觉得这些人一分钱都不给实在过意不去，后来想了一个办法，有些活动稍有收入，比如出点资料有点收入，有了这个钱就给他们几个人（四五个人）点儿补助。我们能开到的补助费最高拿到 260 块钱。

**陈：**80 年代？

**刘：**80 年代。他们从本单位拿钱，我们这再挤一丁点钱补助。李寄凡的单位是湖南出版社，湖南寄钱给她，在我们那儿她拿 200 多块钱，当时还是比较高的，还是搞了活动以后有一点结余的情况下补助给他们几位。

**陈：**您做 24 年副理事长秘书长没拿过钱？

**刘：**没有，这也是少有的，我是副理事长，秘书长，我手下一支笔，所有钱我签了就归纳存档，可我能签自己头上吗？王枫坚决不要，那我就更不要了。

**陈：**影视学会有多少会员？

**刘：**好像全国各地 3000 多人。

**陈：**每年常规运营费是多少呢？

**刘：**背靠大山好乘凉。比如要开一个报告会或主题研究会，每年我跟电视台要 20 万元，电影局也跟着要 20 万元，电影局不好开支，一分不给，他们说我是你的合建单位，对于你们这个学会，我们电影局没有钱。电视台每年按规定是 15 万元到 20 万元，将钱转到我们账上。如果赶上开一个什么报告会，为了这个活动再要 20 万元，再申请，电视台有我们的理事长（前台长），最早就是王枫画了一个圈，他以为画了我们就可以拿钱。单子送到上面以后，他们送去找杨伟光签个字。

**陈：**每年运营费 20 万元左右，搞活动另外再申请？

**刘：**搞活动就 30 万元左右的钱，因为年会不是每年都开，小一点的两三万块钱，我们就直接付了。电影学院不收钱，有些活动两三万我们自己就报销了。我们不设财务，归电影家协会管，由电影家协会管理我们的账，到影协去报销。

**陈：**电视台，电影家协会，一西一东。

**刘：**都是这样，我们管理很严格。我们管理财务的人，到我卸任的时候为止，没有发现他们有半点差错。这班人马在运作影视学会方面是相当有成效的。

## 第三节　中国电影感光学会

**陈：**您也是中国感光学会的常务副理事长，这个学会的情况呢？

**刘：**刚才讲到影视技术学会成立的时候，不是选我当理事长嘛，别忘了，到这个时候还没有批件。你成立，还要科协成立，司徒慧敏写了简短的报告，加上开会的各种各样的文件，司徒慧敏的报告，盖上广电部的章。

**陈：**文化部管电影，广电部管电视。

**刘：**两个主管单位盖了章，特别是司徒慧敏的函，这是极重要的文件，一起报到中国科学技术协会。这个事上面指定我办，我就找到老科协，我都留着文号的，当时中国科协恢复以后，第一次批准 154 个单位，就有电影电视技术学会，成为中国科协的会员，正式来文，那都是国家的大函给电影学院，批准我们成为他们的会员。这个函我们分别报送给文化部和广电部，讲了我们的组织结构，谁是理事长，谁是副理事长，协会有哪些人员。所以以后所有的活动都是这样的，算到中国科协了，而且中国科协到后来反过来不许你们收费，你们得自己创收，这个过程都是中国科协在管理学会上面的方法。

科协现在还给一点补助费，三五万元作为临时活动补助费，不要报销。

**陈：**感光学会呢？

**刘：**感光学会我是第一批常务理事，不是理事长。王佩芳当过理事长。

**陈：**这个学会是哪些单位组成？

**刘：**洗印厂、胶片厂，包括你们电影资料馆，你们单位是它的忠实会员，大概你们还是它的专业委员会的领导。我就是挂一个常务理事，开会每次都去。我不当院长以后，就推荐了电影学院另外一位同志担任理事，我希望它再改选一次，不要选我当理事，我就不担任职务了。我单独打报告，由广电部签字了以后，科协单独批的，超过年限了嘛。24 年了，中间历届改选都是单独打报告的。

**陈：**感光学会没有具体工作？

**刘：**没有具体的，就是参加开会，调动电影学院的人，调动电影系统的人，这两块儿人调过去作为它的成员。

**陈：**感光学会一般多长时间开一次会？

**刘：**每年一次会。他们基本活动比较有规矩，印刷、杂志都有收益，运作得还特别好，我们影视学会就不善于创收。

**陈：**感光学会挣的钱比影视学会多吗？

**刘：**挣得多，挣的钱可以维持开会。

**陈：**没有人给它拨款？

**刘：**我估计感光研究会会给它一点钱，很少。保定胶片厂可能是较大批的，有困难找保定。

**陈：**您加入中国科协就是随着影视技术学会集体加入的？

**刘：**集体加入，而且每次填表的时候，就推荐我们报表，开始报王枫，他不干，他是中国科协的委员，他一定要报我，所以我当了两届中国科协全国委员会的委员。后来干半届就下来了，担任委员是两届。也就是开会提意见。

**陈：**开过全国代表大会？

**刘：**参加过两次全国代表大会，委员会我不参加，而且听过中央领导在人民大会堂关于科学教育搞原始创作的原始材料的一个重要报告。

**陈：**中国科协？

**刘：**中国科协的报告会，全国大会的报告，我还在电影学院开大会传达了这个报告，传达中国科协各种各样会议进展。

**陈：**在全国科协您只是担任全国委员，不担任实际的职务或者别的工作？

**刘：**没有。那我担任这个职务就太大了。

**陈：**中国科协？

**刘：**就是中国科协。现在有的同志退休了，我们老科协开会，还在那个地方兼任职务，他还认识我这个老同志，因为过去跟他们打过很多交道。

# 第十八章　丰富多彩的晚年生活

## 第一节　担任国家科技进步奖评审委员

**陈：**您担任四届国家科技进步奖评审委员，有哪些记忆？

**刘：**当初做过四届评委，评审的主要是文化界，是里面的一个分支，主要包括两大块儿，一个是体育系统，一个是文化系统，包括制片厂，各个展览会，不少评委是来自展览方面的同志。还有体育界一大批非常在行的体育方面搞科技的专家。

**陈：**就是运动器械、运动医学这些。

**刘：**文化大系统，包括电影、戏剧、戏曲、舞台都在我们组里评。这里面评审通过的项目，后来都进一步上升到国家最后的审定，评审通过的材料报到上面去，上面认定他们能够获得国家奖励。其中包括电影科研所的环幕电影获一等奖，它的意义比较大。项目大，报了九个课题组成员，获奖者是九个人，规定一等奖只能报九个人，不能多，我们评了九个，都给一等奖。而这九个人，我们从环幕电影的设备里面，有一大块儿是制造，生产环幕电影摄影机都有。包括一机部的同志，比如来自江西的同志。专门做镜头的来自长春、非常有名的大专家，也都是获奖项目，项目的设计是电影科研所的同志。都在这九个人范围之内。

**陈：**课题负责人是在科研所？

**刘：**科研所。还有北京市里面的六〇八厂，给环幕电影九块大银幕做反光镜的，这是大项目，别看做那么多反光镜，大的角度，各种各样的计算，各种各样的参数，都是要求很严格的。电影科研所的同志是搞机器的，整个环幕电影总体机器的设计。项目里面最早对环幕电影提出设想，最早参加国外环幕电影拍摄的这位同志是电影学院的毕业生廖博兴。还有电影录音设计，他是拿大奖的最重要的同志。对这些同志，国家给了重大的奖励，而且有一定的奖金。当然按照这个项目，按照他们的贡献，奖金应该也分给课题组相关同志，包括江西光学仪器厂（上饶），他们也都来了人参与。

后来，就我们这一套设备，到目前为止，国内大概生产了九套，安排在九个地方，北京有两家，是电影学院里面搞了第一家，还有长城建筑。严格讲，给长城建筑出钱的是日本福冈地区的国外专家。名称是叫北京长城有限公司，现在还在那儿经营，我至今还拿着那个地方长期免费的出入证，因为我是那部影片的总监制。

**陈：**是长城风光片？

**刘：**风光片，廖博兴负责拍摄的。我这里有很完整的详细的影片宣传资料。

**陈：**参加评奖评委的组成和程序有什么印象？公正吗？

**刘：**当然是公正的。告诉你，到这个范畴里面来当专家的绝对是公正的，人人都是公正的。比如，里面就有与我们无关的最大的老技术专家，他是评委，我是评委，而且都在本系统管事，都不会带有本位主义的色彩，不会说我是一机部的，我注意评审一机部的项目，我是电影系统的我专门评电影，这样的问题一点都没有。这个项目对国家起了重大作用，因为这个项目拿了国家最大的奖项，也给你最雄厚的奖金，都是这样的情况。

## 第二节　担任国际标准委员会专家

**陈：**您什么时候开始担任国际标准化组织摄影委员会的专家的？

**刘：**这是国际性的讨论决定审议项目的机构，这个项目属于国际标准委员会，中国在这个组里面好像有五六个人。国际标准委员会第 42 届委员，是摄影委员，还有一个电影委员。在这个 CCTC 国际标准化组织第 42 届委员会，是摄影委员会，大概有五六个中国的专家，有我和金驾东等。

**陈：**金驾东是从电影学院调到科研所去了？

**刘：**调科研所去了，他这个职务是从科研所角度担任的，电影学院只剩我了。这个组织人员的挑选还是蛮严的，挑的什么呢？要站得高，知道国际电影照相的情况，原则上了解中国的生产跟应用这两大块儿。当然，首先自己在摄影理论上应该说是专家吧。当时挑选就是聘请我当委员，我们到波士顿开会，柯达厂也在那个地方，所以我们多次受到接见，即使参加这个会议，同时我们又接到了柯达公司单独的邀请，所以既出席这个会又到他们那里去。

**陈：** 多长时间开一次？一共参加了多少次？

**刘：** 参加了两次会议。一次在那儿，一次在北京。

**陈：** 标准化组织的总部在哪儿？

**刘：** 标准化组织的总部就在纽约，具体指定在哪个地方开是有变化的。

**陈：** 在北京开会，东道主是谁呢？

**刘：** 电影科研所，马守清为代表的，邸世杰挂帅的，那时候我还没有到电影局工作，全都是搞电影时间比较长或者是电影方面的专家，称号就是委员会的中国专家。金驾东、马守清是摄影委员会的专家，等于金驾东在这两个组织里面都是挂大帅的，一个摄影委员会，一个电影委员会，是分开的。金驾东在两边都挂了专家称号，我只是摄影委员会的专家。就是专家交流确定行业标准的职能。但是你注意，他们制定的标准对中国只是参考，要制定我们自己的标准，标准是按照各个国家认定的，不能拿到国际上面去。

**陈：** 国际标准作用是什么呢？

**刘：** 起一个指导作用，这是专家们制定的，大家自然会尊重那个标准，或者参照那个标准。但是要执行我是拿出国家标准来执行啊，这个大的范围内经常讨论，但真拿到桌面上谈的是中国自己的标准。

中国是电影局主抓这一块儿，电影局是委托科研所帮我们当家作主的，所以跟科研所的联系又是极为紧密的。

**陈：** 咱们国家干吗不完全执行国际标准呢？

**刘：** 他制定还得看我采用不采用，就是再好，挪到你们国家来也是参照执行，你们得拿出经过中国标准委员会制定的标准，国家仪表局里面专门有一个机构，就是管标准制定的，都是这样的。中国在广电行业里头，电视台、广播电台，专家们至今干什么事情都是按标准行事的。

说得简单一点，拍片子的画格不是有标准吗？录音有录音的标准，那都是执行我们国家的标准。所以我把有关的材料摘录或转译，这些材料成了我做电影局总工程师时候的重要参考，这个总工程师当起来就比较好当。

**陈：** 您什么时候开始担任广播电影电视部科技委员会的常务委员？

**刘：** 当总工程师以后，包括担任总工程师以前，我就十分注意广电部科技委的工作，为什么？我尊重科技委制定的各种各样的规定和方法，作为指导我这个总工程师在电影行业里面制定重要政策的根据。当总工程师的必须抓好标准，必须依靠科技委，所以我们工作搞得好。科技委经常不断地传达广电部党组对于广播电影电视技术，特别制片技术这一大块儿所制定的方针政策，我要把它挪到电影系统。

**陈：**科技委是一个专门的机构？

**刘：**专门的机构。不是一般的学会，这是行业里主管的最高权力机构。

**陈：**科技委的主任应该是什么样的人？广电部的总工程师吗？

**刘：**历来是总工程师兼科技委的主任。比如这些年来一直是张海涛部长管这个事，他就非常依靠部里的科技委员会。他开会讨论制定标准，讨论行业当中各项事务，最善于依靠这一块儿的同志帮助我搞好广电部的工作。我们出的东西都是他挂帅的，他很善于依靠这一块儿推动工作。

**陈：**出的东西是指文件？

**刘：**文件，每次都下发，每年至少一次会议，而且是全广电系统，各省的总工程师，总工程师下面总有那么两三个人是科技委最得力的人员，在单位总工程师的率领下出席科技委的会议，回来以后就要传达。所以我们电影系统搞得好啊，在部里面也算是搞得好的。各个系统都叫专业委员会，电影专业委员会。

**陈：**归科技委底下的一个机构？

**刘：**没错，一上任，我坚持邸世杰要当专业委员会的主任委员，我是副主任。因为他了解电影系统，熟悉各种各样的政策，依靠他对我工作有帮助，所以他退休了，还是担任这项工作。

**陈：**常委的工作职能是什么？

**刘：**因为科技委的委员好像是61个，常委我记不清了，好像是22个，我一直担任常委会的委员，当了十四五年，后来实在不能再继续了。当电影学院院长期间还是科技委的常委。

**陈：**甚至卸任以后还担任？

**刘：**还担任，一直是六七年以前才拿掉我科技委常委的头衔。继续当顾问啊。广播电影电视设备展览会，我至今一直在这个展览会里面当高级顾问。

**陈：**展览会的主办单位是哪家？

**刘：**广电部，但挂帅是广播科学研究院，主任委员过去都设置在他们这个地点。部里面有几间房就是科技委的。

**陈：**您说的展览会办公地点是广播科学研究院？

**刘：**院里头的一个机构，我们一直在这儿。前几日我去参加他们的会议，继续任命我是这届展览会的组委会成员，我是高级顾问。

**陈：**这个顾问要做哪些事情？

**刘：**还是开会，咨询，议论，讨论。

**陈：**不决策也不实际操作？

**刘：**所有这些机构都不做最后的决策，讨论以后报到部里面，部里由总工程师来拍板决策这个事情。电影局的专业委员会也不做最后决策，专业委员会只是开会制定，最后由分党组下文到行业当中执行。邸世杰主持那么多会，或者我们一块儿主持，讨论完了还得分党组下文件。我讲到的这些工作，包括电影局的部里面的科技委，对国家是一个咨询性指导性的工作，但是都对行业有很重要的指导作用。

## 第三节　中国艺术家协会和老科技工作者协会的成员

**陈：**您还是中国艺术家协会的成员，这是个什么组织？

**刘：**挂过名。出版过一种指导艺术家工作的大型的图书，书里面挂名我是那本书的高级顾问。我看没有任何专门的务实的活动，几乎一次活动都没有过，就是出书的时候写上我们是委员会的成员。

**陈：**您知道这个艺术家协会的会址在哪儿吗？

**刘：**不知道。比如艺术家协会里面出的书包括电影电视的书籍，那部书里面有我发表的论文。

**陈：**书的名字叫什么？

**刘：**《电影艺术家大传》还是什么的。不是辞典，就是一个传记之类的东西，我家里有一本，好多艺术家都写在里面，我也写在里面的。

**陈：**您是技术专家，加入艺术家协会理由是什么？

**刘：**很简单啊，因为我的教学内容是这个，我挂了电影学院的院长，人家客气了。

**陈：**中国老科技工作者协会的广播影视分会，您是什么时候加入的？

**刘：**我现在是那儿的高级顾问，退休以后任职的。广播电影电视分会是2000年筹备的。协会就早几年，最大的专家是给国家做过大贡献的钱正英，水利部部长，水利专家。

**陈：**他是中国老科技工作者协会的会长。

**刘：**对，协会的会长，现在大概不是了。他领导下面有一个分会，就是“中国老科学技术工作者协会广播电影电视分会”，这个分会是2000年筹备的，2001年成立的，我们第一任领导是章之俭，广电部的副总工程师，退休了。章之俭是我们第一任会长。接着成立第二届，中间有一次改选，改选以后董事长是郭炎生，科技司的司长，退休了。第三任会长是郭炎生。我在这个机构里头。2000年筹备我就参加了，没有退休呢，我当着电影学院的院长，这边开会就找我去，觉得我是他们的后备人员。

**陈：**在老科技工作者协会广电分会当中？

**刘：**都是电影方面的，都是广播电视的人。一定意义上来讲，找我参加是要找我串联电影界的各种技术专家，成为广电分会的会员，这样我早早就进去了。所以第一届、第二届十年多，我一直担任它的专家，常务副理事长，管事的，老去部里开会的。大概就在两年以前，我就成了高级顾问了，副会长当了两届以后无法再延长了，已经七十多岁了，不能再担任下一届了。这次改选就当高级顾问了。

**陈：**您在老科协和部科委都是当高级顾问。

**刘：**是高级顾问这样一个职务。张海涛是主管，这些机构都是领导在我们这儿挂帅，你看那些成员，全都是广电大系统技术方面18位专业人士，不是副厂长就是副总工程师，都是这样的职务。

**陈：**是卸任以后的总工程师。

**刘：**对。批的词叫做“发挥优势，服务大局，为事业的发展，科技创新，人才培养，议政决策，再立新功”。虽然不是决策机构，但是我们提出的工作方针，对现任领导绝对都是有用的。新建立的“北影厂”，组织这么多的人，三四十人参观新“北影厂”，就是怀柔的拍摄基地，那是一个新兴的电影基地，设备很充分，而且还很现代化，新型的设备全挪过去了，那是现代化的制片厂啊。

**陈：**那应该叫中影集团。

**刘：**中影集团。那也是根据决定来新建的，去参观是为了了解电影发展的动向，了解现在的设备，好提建议和意见。或者有的人不是搞电影的，还可以了解和学习新的情况。

洗印厂，从上到下看得很彻底，深入各个车间里面去看，要看什么给什么，还接待吃饭什么的。

**陈：**老科协的活动经费怎么筹集呢？拨款还是……

**刘：**拨款，没有人给你钱，活动要打报告，需要有这个活动，希望部里给予支持，这个跟北影一个样。每年将近要给30万块钱，广电部把给你的钱拨到一个机构，那个机构给你们代管，你到那个机构报账。

**陈：**老科协本身没有常聘的工作人员？

**刘：**都是临时的，章之俭是老专家啊，郭炎生就是科技司的司长，当了两届了，他要干什么活动那就是涉及这个系统的，通过打报告申请解决，多打个报告就解决了，就这样一个情况。也包括出书。

**陈：**现在提到老科技专家文库，一共出了多少本，您的这本主要内容是什么？

**刘：**我记不清楚了。用我们自己的话来说，老科技专家做了许多事情，到各个地方去参观，开展各种活动，也包括出书在内。出版这类东西对于老科技专家来讲，叫充分发挥过去他们在领导广播电影电视技术当中的重要作用，把他们过去不管是出版的著作，这是发表的文章或讲话挑选一部分，规定每一卷不要超过 21 万字，太多了不行，不要太多的照片。我用了五页插图即二十三四张照片，把书稿送“老科协广播电影电视分会”，编辑出版就可以了。有一个专门的编审委员会，我也是编审委员会成员，直接参与编辑，最终具体工作找出版社编辑来做。

**陈：**编委会只是确定大政方针、体例。

**刘：**是的。个人提出来我要出哪一些，拿来供编委会参考通过。

**陈：**要出您的文集是编委会通过，收集哪些文章也是要编委会通过？

**刘：**要通过啊，不是自己说了算，要交到编委会。比如张三、李四要出版，把稿子带页码，写上附录，经编委会讨论，然后再回去编。材料要整理啊，有一些早年发表的文章，不合适的语言要改，比如文章当中有些不适合的讲话、提法可以变动。后头说明就行了，每篇文章都说明了，过去刊登在哪个刊物上，但是具体的改动就不说了。理事长对出版这本书有一个序言。郭炎生，他对我的书就有一段讲话。

**陈：**这个序言是给整个文库的。

**刘：**整个文库的。对我这本书也是这样讲的，他说对于个人来讲，虽然不是树碑立传，但也是一个认定，至少是很好的回顾和展示。这个总序十分重要，张海涛副部长写了一个总述，序言是郭炎生写的。我的书谁负责把关呢？北京洗印录像技术厂厂长王佩芳。我们把稿子送到王佩芳那儿，请他给我写一个书的前言。王佩芳很客气，说刘总我怎么好给你写前言呢？我说一定得写，你了解我，我在电影界的活动，几乎没有你不参加的。他还是感光学会的领导，我们分别搞学会，我请他当常委，他请我当常委，都在各个专业委员会里面工作。王佩芳给我写了一个前言，叫“序”。

**陈：**其他的郭炎生写的都是整个文库的。

**刘：**文库的。还有我自己限定字数，写的前言不要超过 500 字。

**陈：**您这个超过了。

**刘：**超过了，那我越界了。后来一个人写一个简历，登的图片。他们对我的满意，人人都配有图片，说我的图片有代表性，代表了自己许许多多重大事件，不管照片好坏，都体现了自己人生活动的重要节点。你看那些照片，你将来要拍东西的话，可以把这些照片一个个拷下来，配上解说词。

**陈：**您送给我的那本我也要存档，以后送去照相馆翻拍的。

**刘：**一定要翻拍，因为有些照片是文章里没有的，比如我上大学，到加拿大读书，给学生颁发毕业证书，跟国外签署的协议，作为中国的代表，文章里头都没有登，这本书里都有。

还有，他们那六个人：邸世杰、孙延禄、章淑卿、施正宁、薛殿玉、李之春，这些人都是我们系统当中有代表性的技术专家和技术骨干，出文库的时候，我向上头推荐我们系统写哪些人，因为这是我一个重要工作。

比如孙延禄，搞环幕电影摄影机，技术杂志出版的文章也是最多的。他是环幕电影重要的把关的人，在设备当中把关的。都是很有代表性的这样一些人。

**陈：**这几个人文库的序言是您写的？

**刘：**多数都是我写的，写这种文章就得好好读他们的书，认定他们的文章。邸世杰知人懂行啊，他拿来的书，我要看啊。

**陈：**写了几个人？

**刘：**邸世杰、张淑卿女士，专门给我们搞环保，电影科研所的，科研所我挑了两个，还有几个还不到时间，没有出来，下一批才能有他们。

**陈：**邸世杰的也是您写的？

**刘：**我都有文稿在这儿啊，我希望你能提到这些有影响的专家，他们对电影系统有影响啊。我跟你讲，作为总工程师，作为现在各个方面管理事情的同事，必须要认真地考虑到，熟悉这些人员，谁真正能够对你从事的事业起重大的推动作用。听起来干了这么多这样那样的事情，这个大盘子很重要，全靠这些人，没有大家帮助真干不下来。

**陈：**他们几个人的书都出来了吗？

**刘：**邸世杰跟张淑卿的马上出来了，我去三亚疗养之前，既要把电影学院考生的事情安排好，也要把他们的事情安排好，还有一个，我是真给他们跑出版社，我当审稿人，我不是只管一管，我是真跑。

## 第四节　八十高龄继续上课

**陈：**您到 2011 年还在电影学院带了三个班，继续上课？

**刘：**都是本科生。

**陈：**上哪些班？什么原因还给他们上课？

**刘：**电影学院开庆祝党的生日九十周年大会，组织上特别照顾退休的同志，每次开会都坐在电影学院的头几排，系主任（穆德远）跑到我旁边叫我散会以后到系里来坐一坐。我以为就是坐一坐，我就去了，他看我身体挺棒的，说："您还有可能给学生再讲讲课吗？"我说你有什么事情？他说请您给几个专业讲讲基础课，我说你们怎么想到我了呢？他说学生们要听，新调进来几个博士生也要听，博士生在导演系里当老师的想听。我说你系主任开口了，我刘老师听从系主任的调遣啊。那时候差不多 80 岁了，我说我做做准备吧。大概十来天就交了一个大纲给他，讲义要根据班次调整内容，而且三个班一块儿上课。

**陈：**哪三个班？

**刘：**摄影系本科班、电影工程班、电影制作班。都是摄影系的本科班，给这三个班讲课。

**陈：**三个班合并一个课堂？

**刘：**一个课堂讲，一次讲下来。我提大纲的日期上面都有的，几月几号提纲都写了，咱们这些人办事都规规矩矩，写好大纲以后，放假之前把大纲送到系办公室，请系办公室转给系主任，让系主任召开专门的会议，我亲自参加会议，听听大家对这个大纲有意见没有？后来系办公室告诉我，说系主任对您提出来的讲课大纲一点意见没有，他也不好意思跟我说写讲义。

**陈：**新生？

**刘：**2011 级的新生。八个学时，两次课，一次课四学时，一周八学时。

**陈：**一次讲课讲四小时？

**刘：**绝对四小时，我讲课没有讲过两三个小时的，都习惯了。重新打印讲义，一个人一本，而且讲义三部分，我只讲了两部分。

**陈：**还有一部分是什么？

**刘：**一个曝光控制，一个影调调节，还有一个摄影物镜，我都准备了，打印的讲义上百分之百都有。后来学生说老师你还有一部分没有讲，我说规定我讲两门课，那部分是做准备的，我怕万一临时让我写讲义，哪来得及啊。我把这三部分课程结合我的老讲义，在 9 月底以前重新修订，打印。打印费归电影学院，别的我不管。

**陈：**打印您自己一部分还是 36 份？

**刘：**得打印出一本本的书来啊，印一百多本，拿 36 本发给学生，其余留在那儿。还有别人需要呢，愿意留就留。都打印印发给学生了，还有旁听的都给他们了。

**陈：**这个讲课有报酬的？

**刘：**有的，大概每一次课 800 块钱，两次课就是 1600 块钱，他都给你给打到工资里，跟工资一起发下来的。你问了我那么多次，过去是没有稿费的，讲课印书没有给我钱的。

**陈：**有使用费，教材使用费。

**刘：**他给我当然接受了，他不给我当然啥也会不说。

**陈：**这个显然不是挣课时费，是一种奉献精神。

**刘：**我告诉你，首先我自己在那儿讲课，允许两个人旁听，浙江电影学校的人到北京来，他也要听我的课，我说你找系里，我不能点头。系里问他刘老师什么意见？刘老师答应。还有我小外孙子，他是清华工艺美院学摄影的，他跑这儿听我的课，问我可不可以，我说系里同意。讲课的意义很重要，老教师讲专业基础课，对于学校来讲，是提高它的专业基础水平。其次，我 80 岁了还上讲台讲课，而且从头开始讲起，讲一个学期，对我个人也是很大的光荣，身体可以。

**陈：**假如再找您讲课还会去吗？

**刘：**不会的。一讲课在学校里就有一个震动，还有别的老师也具有同样的年龄，或者比我还年轻一点的，怎么年龄这么大的还请。如果再请我，我理所当然地迎难而上。总归能做一点专业性的工作，是个很令人高兴的事情。有电视台跑来给我录像了，不知道有没有关系，就到我讲课那儿录，家里也录了，哪哪都录了，而且那天还播了。录了我的学生，录了王佩芳，还录了屠明非，特别难得录了我们当时的组长张会军，他还讲了几句话。

**陈：**您自己今后有写回忆录或者学术专著的计划吗？自传？

**刘：**写那个东西干什么用呢？这种事情我自认为是不需要的，我也没有这个打算。但是无形之中，我给你整理的这份资料，差不多 100 页，从自己的角度出发，也差不多概述了我这儿的情况。如果说它还有点什么作用的话，那这个就可以了。2003 年退休前的材料，我给了院党委委员每人一本，也给了张会军一本。

**陈：**我现在拿的是第三次修订的。

**刘：**对。这就包括老科协的一些搁进去了，后头的文章一大堆，文章目录也一大堆，这个没有大的变化。

**陈：**您退休后一直担任一些社会职务？

**刘：**就是老科协的顾问。科委的顾问没有了，展览会的高级顾问，就是中国国际广播电视信息网络展览会的高级顾问，这个还参加。

**陈：**您是 1950 年 6 月 20 日参加工作的，1950 年 3 月加入青年团。

**刘：**那还不算。6 月 20 日，以这一天为界，当年文教厅的领导同志写了证明，他说这些同志都是 6 月份来报到的，因为 7 月份我们已经在南京了。我登记的时间是我在南京登记的时间，我们这一些人填 6 月份的只有极个别的人，他们按照湖南报到的时间，而不是按照南京登记时间，所以大家都不符合他们的规定。

**陈：** 您过去填的时间是7月份？

**刘：** 7月10日，在南京登记的时间。过去都写的7月10日，现在我改成6月20日，不管承不承认，表都交上去了。我们7月1日已经在南京了，当然是那个之前报到的了。所以我们把相关文件都整理了，湖南组织部向湖南省都下发了文件，而且补了钱。

**陈：** 在湖南的已经转为离休了？

**刘：** 没有转离休。但拿钱了，把前面这段时间按照那年参加工作补了工资了，就以他们几个部委的意见。

## 第五节　2003年以后的生活

**陈：** 2003年以后的生活方式有哪些改变？时间怎么分配？

**刘：** 也没有改变，还是没完没了的做事，而且事情的头绪还比较多。你说我给你整理这份资料是不是大事？我在海南岛待那么久，就忙活这么一件事情，我就认认真真地干。里面肯定有很多差错，我是一个字一个字写出来的，不是用剪刀剪贴出来的。用电脑，但更多是笔。

**陈：** 您有哪些业余爱好？

**刘：** 太少了。

**陈：** 我看您在三亚，几个月都在那儿。

**刘：** 旅游休闲，其实休闲就是写东西，重新整理一些东西。我拿掉了很多，加进去很多。你去看看湖南这六七份材料，这回都要合理地搁进去。当时省政府对我们7月初拿待遇时的补充报告，这要证明什么呢？我们是6月份参加工作的，至今工作没有停，这是第一条；第二条，参加革命之初拿供给制待遇。省委的信等于是证明我们拿的供给制待遇，起到这么一个作用。

**陈：** 您的业余爱好是什么？

**刘：** 还是电视看得多一点。也听听音乐，新闻联播是一定要看的，音乐频道一定要听。

**陈：** 您喜欢古典音乐还是民族音乐？

**刘：** 还是喜欢古典的，中国的古典音乐，民族音乐。

**陈：** 看电视以外呢？

**刘：** 写写东西，还是写东西。论文写得也不多了。有些资料来了，有些东西要整理了，都是把它整理得规规矩矩的，整理成像样的资料的流程，还有一些图片整理整理，清点清点，大部分留下来，有些不要的扔掉了，扔掉的东西很多。家里的书太多了，那些无关紧要的书就清理掉，卖起书来都是论斤的，还不如废报纸。

**陈：** 旅游呢？

**刘：** 旅游最愿意去。（每年）至少两三个月，在外面，最近刚刚回来。

**陈：** 旅游方式是不断地走？还是找一个地方待下来？

**刘：** 待下来，走一走。三亚去了多次了，找个地方住下来，早上起来走走路。

**陈：** 跟张老师去过美国吗？专门探亲去？

**刘：** 去了四五次了，探亲去，今年说不定去洛杉矶，去洛杉矶怕什么呢？有孩子照顾，要用钱都不在乎，万一生了病怎么办？美国的住院费偏高。

我们一去都是半年。也可能我们还是去三亚，或者去儿子那儿。5 月份左右要去趟庐山。因为我爱人年轻的时候，当护士的期间在庐山待过很多天，觉得庐山是个好地方。

**陈：** 您的健康秘诀和锻炼方式是什么？

**刘：** 我现在睡眠特别好。至少八个小时是足够的，十点来钟十一点睡觉，总要睡到早晨六点钟以后起床。在三亚就睡得更加早一点，五点半多一点起床。用我女儿的话说，脑袋搁在枕头上就睡着，没有失眠的情况，至今没有，睡觉一直比较好。

最重要的是饮食，说我们家里不吃荤菜有点夸大，但是基本上有这么一小块肉或者两小块肉，就是吃一点点肉。

**陈：** 素食为主？

**刘：** 基本是素食，盐分特别少，肉食少，不喝酒，也不抽烟。1989 年还是 1990 年跟滕进贤去杭州附近的一个庄园视察，浙江省文化厅的厅长一起去的，市委招待滕进贤，我也在内。参观完了之后，我们每个人可以买两瓶绍兴黄酒，就在鲁迅的家乡，还买了一个酒壶，冬天拿酒壶烫着喝觉得挺好，就上了酒瘾了，喝绍兴酒之类的非常好。喝干红，我跟我夫人每天晚上都喝干红，大概到不了 30 毫升。

**陈：** 锻炼方式呢？

**刘：** 就是活动，转圈、散步，在三亚都是这么慢步走。就来回这么走将近一小时，散散步，锻炼锻炼，对我们这些人，有一点活动还是很有好处的。我到三亚之前，腿经常有一点点疼，到三亚每天早上起来锻炼，有一个动作就是腿来回这么甩动，各个方向来回甩，来回这么走，转圈，动动胳膊动动腿，这个活动经常有一些。

**陈：**退休以后还看电影吗？关注中国电影吗？

**刘：**电影肯定是要关注的。买票看，中影公司。可能一个月看一次左右。

**陈：**还有广电总局呢。

**刘：**政协那儿有看啊，政协有看电影的证。

**陈：**现在还有吗？

**刘：**观摩证都有，委员活动证现在还有，不分年纪的，退休好久都有，今年换届换个牌，挂在身上，可以多带一个人员，我跟我夫人礼拜四都去，我还要请假到那儿去看电影，那里面都是好片子，新片子。

**陈：**电影学院放片子也去看吗？

**刘：**我可以去，我随时可以进去。谁愿意跑那么远看电影去啊。

**陈：**一部外国片，一部中国片，您选哪个？

**刘：**还是喜欢看国外的影片，看国产片绝对是带有任务的性质，想了解国家电影情况，但遗憾的是，你注意，没有国产电影可以看，中影公司也不演国产片，很少有。我要看片就不是一张票了，我就跟中影办公室主任要票。

**陈：**到中影公司要票，不是买票。

**刘：**跟我夫人去是买票，我代表学会是大批地要票。

**陈：**现在看电影还关心电影技术吗？

**刘：**会不自觉地关心。片子里的问题一闪就出来了，过去老审查片子，有一点毛病就看出来了，已经形成职业本能了。

## 第六节　对电影学院的期望

**陈：**作为老领导，您对摄影系和电影学院有什么样的期望？

**刘：**现行的各种各样的技术规定和要求，总体来讲，第一，的确不太了解；第二，他们有各种各样的活动，也不请离退休多年的老院长，包括其他的老教师都不请到学校里来研究商定各种事务。总是隔一定时期，院长、书记可能到家里坐一坐，谈一谈，问寒问暖的情况比较多，学校情况多多少少问一下，不会更多地了解学校的方针，招生班次多少什么的。

**陈：**他不说您也不问？

**刘：**不问，我不要管闲事。用政协委员的话来说，不要添乱。广电部也是这样要求我们这些委员们的。

**陈：**您对电影学院和摄影系教学情况满意吗？

**刘：**他们有一定的困难，困难在什么地方呢？条件好。

**陈：**条件好怎么是困难？

**刘：**总体讲，条件好，设备好，条件设备是在大的应用上的条件好，而学生的应用条件就是学生自费，是这样一种方法。对于拍摄过程，实际应用极为不足。拍片子，拍照片，做作业，包括类似操作性的实习，两个拍摄，一个操作，这个环节太少了，而且从指导思想上可以大大加强。

**陈：**指导思想指的是什么？

**刘：**我只能讲提供条件，是不是现在就不够呢？那就要进一步考察了。学生没有更多拍电影的机会，没有更多操作实习的机会。电影摄影教育不能光凭一张嘴讲，光讲是讲不出摄影师来的。

**陈：**要操作，不断训练。

**刘：**这是我的看法，我只能说要加强这个方面。那么他们现在加强的方法和条件，还有什么缺陷没有，要进一步考察，我不能说是好还是不好，但是这一块儿肯定是不够。现在又出现另外一个局面，老师全讲课本了，讲理解了，光讲对电影技术的理解而不操作，形成这么一个局面了，那样是讲不成摄影师的。为什么屠明非那么短的学习可以拍一部故事片啊，而且是公开上映，她为什么能做到？拍摄机会多了啊，要创作的。

**陈：**要院系领导创造条件和机会。

**刘：**屠明非在院内的条件也是不够的，她是走出去以后，在我给她安排的实习当中去锻炼的。她花几个月，在摄影棚里面，在冲洗暗房里面，在灯光室里面，包括电灯光都了解个够，摸个够啊，所以她能拍出一部故事片来，更多地看，更多地做，她就成了摄影师了，是不是这个意思。摄影系的学习，要想在学习期间能够成才，就必须要有充分的实践，任何类型的实践。拍照片你得让他去，要交一个日出的照片，日落的照片，要有一个日出日落的画面啊。

**陈：**现在是不做还是少做？

**刘：**我不知道，起码看起来是不够啊，老师不严格要求是不行啊。我们过去的摄影系，孔祥竺、韦彰要求学生得交了照片才可以给分，为了日出日落跑了好多回。

**陈：**日出跟日落在照片上不一样吗？

**刘：**当然有区别，天空的晚霞、朝霞，霞光都分得很清楚。霞光的光芒效果分出的光线不一样，天空的上层云彩的分布也不一样的。学生就是要实习要实践啊，我感到这一块儿是缺乏的。

**陈：**您对电影学院有什么看法？

**刘：**电影学院也是要加强学生的实践。要加强电影学院的学术活动，社会各界，电影界电视界，国际上广播界的同行，应该经常地进出电影学院这个大门。请他们来做报告，介绍动态。不能把电影学院搞成一个关门的学校，必须要加强这一块儿。在我的任期之前之后，多少专家经常被请到学校做报告。教学活动要加强，学术交流要加强，教材要不断地丰富和更新。我们老教材该请出去就请出去了，要进一步增加的就努力增加，不增强是不行的。对现行的教学安排，咱们提不出太多的意见，什么原因呢？根据电影学院的特点、特性，要不要招那么多学生，咱们回答不了，我也不知道现在招得多不多。我感觉到教师的容量、教学的容量是一个太大的盘子，因为你的基础没有。还要注意，增强你也增强不到哪儿去，社会上的东西都反映在你的教学里，这一块儿要进一步加强。

总的来看，电影学院有大大的发展，大大地进步，大大地提高。但是要想再进一步提高，这些方面的增强比增加人数更加重要。只是有这么一个想法，不是说哪个地方不合适。

**陈：**您在电影界印象比较深的有哪些人？

**刘：**我并不是为官衔考虑这个事情，对领导电影事业来讲，在我接触到的人员当中，老的当然很大一批，真正想到电影事业的发展，老人不外乎像司徒慧敏，甚至包括丁峤，在领导的过程当中，对他的考虑自然会向纪录片、新闻片这方面考虑更多一些，你自然就想到丁峤领导电影事业这一块儿。当然邸世杰，外界的王佩芳这样的同志，上海也有一些同志。电影学院这一块儿，无论如何首先会想到章泯、钟敬之、卢梦。

**陈：**换一个角度，您举三个了解您的电影人。

**刘：**邸世杰、王佩芳，第三个在老的同事当中，目前还健在的，相处比较好的就是张益福。

## 第七节　和睦一家人

**陈：**请介绍一下您的太太，工作简历，退休情况，以及对您家的作用。

**刘：**张修焕是一位非常好的老同志，我们两个人相处多少年了，65年以上了，结婚之前十一二岁就在一起，结婚56年，相处到现在。她是极好的一个同志，好在哪儿？这个人从人品到大事小事，社会、家庭、孩子，都是极为公正的。这个妈妈不是一味向着儿子或者女儿，对一切事情十分公正，因为她毕竟是在部队工作过的。

**陈：**儿子、女儿之间没有偏向？

**刘：**没有。毕竟人家十六岁左右开始就在部队，第六军医大学，当过护士，当过大夫。从当护士开始，一直在这个熔炉里头锻炼。要注意，在部队里面锻炼过的同志，处事更容易做得好一点。因为我自己跟这些人打交道，关系都非常密切，特别在处理自己的家庭事务当中，张修焕的原则性还是很强的，对我父亲，对我们的家庭，她历来的看法是按照部队的人员来看待这个事情，很公正。该是什么就是什么，该很好地对待就对待，该接来就接来，该回去就回去。平常对家庭的照顾，家庭成员对她很尊敬。她的最大的特点就是处理一切事务都是非常公正的。

**陈：**这像是说领导，不像说太太。

**刘：**是啊，我们两个人结婚到现在，没有吵过一次嘴，没有打过一次架。

**陈：**发火也没有？

**刘：**不高兴的事当然有，但是发脾气、生气、赌气一次没有过。家庭事务当中能做到这一点也不是太容易。还有，在家庭当中我是不管钱的，我从她那儿要一点钱搁在那儿，她也知道我有多少钱，没花完的她又拿走了。

**陈：**您拿来的钱，没花完她也拿走。

**刘：**就给她了，我留在手里干吗呢？我没有再跟她要。还有家里的东西都是她买的，没有一样是我买的，我买的不是这个不合适，就是那个不合适，大了小了坏了都是她弄的。做衣服就不一样，非得自己量身材不可，但是做衣服也是她说你是不是该做套西装了，也归她管，这是必须亲自出马的，买回来不合适，她又得去换。可以说，我们的家庭比较和谐。

**陈：**用三个词说张老师，用哪三个？

**刘：**公正、慈祥、周到，包括对丈夫也是很体贴，一切事情都安排得好好的。

**陈：**对丈夫应该是温柔。

**刘：**没有什么温柔不温柔，都是老夫老妻了。

**陈：**贤淑呢？

**刘：**非常贤淑的，一切事务我根本不要操心，都安排得好好的。

**陈：**您一句话说家庭和睦的奥妙是什么？ 56 年夫妻没有吵架。

**刘：**关键问题是相互体谅，这个是最重要的。当然首先互相要信任，这些话都不用说了，这都是必须要做到的。

**陈：**比如我们在家里大吼大叫，您怎么能做到不吼叫呢？

**刘**：不会形成那个气氛，出现矛盾之前，该解决就解决了，消除在无形当中了。

**陈**：下面介绍一下您儿子和女儿，以及他们的小家庭的情况。

**刘**：我们家庭里头，女儿刘洪燕 1958 年生人，生下来不久就“文化大革命”。她这么成长过来，正常进入小学、中学，没有读书地度过了 12 年。她弟弟上了清华大学了，她“文革”的时候下乡插队了，没有读书，1977 年高考的时候，女儿报名。给孩子们一点时间自己看看书，做做准备，好参加第一届高考啊，应该有这么一个意识。结果一天假不放，他们提什么口号？“八小时以内拼命干，八小时以外加油干”，你说都要高考了，还这么干，压根儿不给孩子们读书的机会啊。

**陈**：后来结果是什么？

**刘**：结果我孩子还真争气，中午不睡觉，翻翻书，高考还考取了，他们一个公社考取两个人，一个她，一个男孩子。考取了北京经济学院，地点就在人民日报社的旁边，很大的学校。按照一般人习惯，既然考取了，就不在农村插队了，进城回家了。可我考虑到开学还有两三个月，怕她从农村一走，影响农村里其他插队青年的情绪，这孩子懂事啊，拿到录取通知书，从北京花了半天多时间坐车到所在大队，就在农村里面待着。学校报到的那天，我去接她的时候，她还带了很多同学。一个月一次假期，赶上同学们休假，她回家上大学，还拉了五六个孩子进城回家度周末。我是跟电影学院借了一辆车，直接把她送到学校。

**陈**：毕业以后的工作单位是在保险公司，是吗？

**刘**：中国人民保险公司人寿保险公司，她在那个地方，也要退休了。

**陈**：她的家庭是什么情况？

**刘**：丈夫也是较有名气的科技工作者何业冶，现在根据中国科研的体制，等于是半退休状态，国家不给科研费了，他们自己组成了单独的公司。他是低温物理研究所，专门搞低温的，他的导师就是搞低温超导材料的，他们做出来的设备第一次获得了国家的大奖。

**陈**：他们有个儿子？

**刘**：小外孙叫何流，是中国传媒大学广播电视技术系的硕士研究生，明年要毕业了，现在进入实习阶段。何流的女朋友叫艳玲，清华大学的硕士研究生，两个人要结婚了。

**陈**：儿子刘嵩屹呢？

**刘**：在美国，他是清华大学毕业。他当初有一个想法，清华大学的毕业生，将来是要在国内分配，他想到这一条，他读研究生考的北京工业大学，学的是广播电视，他实际上在清华大学学的也是电子。研究生学的是

"电视电子技术"，学了以后软的硬的都可以。

**陈：** 软的硬的是什么意思？

**刘：** 搞软件可以，搞硬件也行。清华学的硬件当然行，学电子技术软件的东西多，这两个结合起来软的硬的都行。所以刘嵩屹学习的水平比较高，学完了之后留在北工大当老师。第一件事又是下乡，研究生毕业之后，都要下去锻炼一年半年，正规分配他下乡锻炼，到农村去。

**陈：** 后来怎么去美国呢？

**刘：** 锻炼回来上课期间，北京有一个台湾人办的三力公司，他在那个地方工作，为什么在那儿工作呢？他跟他们学校的校长和系主任讲，三力公司要招聘，我想去报考，系主任和院长认为三力公司招那么几个人，你去报考能考上吗？没有关系，你去考吧。

**陈：** 三力公司是 IT 行业？

**刘：** IT 行业。考了以后来了通知，正式录取了。一个北工大的老师被三力公司录取了。拿通知书给院长和系主任看，系主任跟院长没有办法了，同意他去考的，人家考取了，就去那吧。那是民营的公司，是国家挂了牌认可的。档案怎么办？北京有一个地方专门管理类似人员的档案的，就把档案原封不动转到那儿去了。

**陈：** 您跟他妈妈会同意吗？大学老师不当，跑到民营公司去？

**刘：** 当然同意，觉得这个是有前途的。孩子干了三年还是几年，时间不长，三年干出了三个软件，申请了专利，他给公司赚钱了。公司给他一点点钱，没有给他正常待遇，他就不干了。他就提出来要到美国去，我们家里不同意。迈出中国的大门，找谁啊？我也不知道介绍啊，也不像屠明非在学会系统啊，而且当初也没有想到学术界，只想到搞工业。

**陈：** 他不是出去留学吗？

**刘：** 不是留学，是工作去，就那么出去了。到了洛杉矶，也不知道怎么认识一个朋友，那个朋友跟他搭了一个茬儿，说你不如到另外一个公司去工作，他就到那个地方去工作了。

**陈：** 后来没有上学？

**刘：** 在美国没有读书，一去就工作了。干的是他特别熟悉的活儿，无线电技术类型的活儿，他有计算机头脑，又有无线电技术，干了一年都不到，半年多一点儿，好几个专利又申请到了。他干的东西送到网上，别人又用了，现在这个不太大的小老板，通过他这个东西又挣了钱，不单单是挣了钱了，而且慢慢就传播开了，这个东西是洛杉矶的某个公司某某人搞的，结果加拿大一家公司知道刘嵩屹会这个项目，请他周五的晚上到周一的凌晨从美国到加拿大搞两天生产，开发设备和软件，帮助人家搞出名堂来了，搞得很不错，返回来又影响到他现在洛杉矶的公司。有人说你这么年轻，在加拿大干出点名堂来了，在美国这边也出名了。后来人家说刘嵩屹你别在这个公司干了，也别到加拿大干了，我们成立一个公司，你当一个股东，跟我们一起建立另外一个公司，就自己创业了。

**陈**：他的孩子有多大？

**刘**：八岁半，九岁。

**陈**：晚婚还是晚育？

**刘**：晚婚。说点题外话，孩子懂事，出国以后干得那么好，但是有两条，不找到好工作，不自己盖好房子，绝不结婚。

**陈**：盖房子？

**刘**：他们都是买地皮自己盖，不花太多的钱，不是买现成的房，是买人家的旧房，有院有房子。

**陈**：他的孩子叫什么？

**刘**：英文名叫杰森，男孩，姑娘叫杰西卡，这是小的，小的今年开始上小学了，曾在我这儿待了一年多，两个孩子均在美国读小学。

**陈**：在国内上什么学校？双语教学的？

**刘**：国内纯粹的中文学校，中文说得好着呢，待了半个月，用中文就可以，就住在这个院里面，有名的淘气包。现在都回去了，都上学了。所以刚才你问我，我说今年冬天说不定到他们那儿去，我怕给他们添麻烦，怕我们生病。老太太看病花那么多钱，想到我们待那儿万一生了病，刘嵩屹负担不起啊，所以我们没有敢去，怕花钱花得太多，现在公费医疗对我们来说是大靠山。

**陈**：最后一个问题，请您对您自己前80年的人生做一个总结。

**刘**：我1950年进入革命队伍，1950年以前我也讲过，纯粹是青年学生，爱国青年。但是也是带有革命性的，因为那个时期已经到了那么一个阶段了。那一个阶段里头有不少的断面，总体来讲，我是从1950年算起，或者从1950年的6月20日算起到我2003年政协退休，这样一个长长的历史阶段，是在党和政府的直接关心下成长的。这个概念还是很清楚的，要依靠集体，依靠组织，依靠事业，说白了一句话，依靠事业。从一个拿供给制的干部到退休，按照教授、正局级享受待遇。退休以后，又在老科协干了差不多十年，等于在革命队伍中干了62年多，至今这个概念没有变，或者说多多少少有点老古董的架势，觉得很多事情要依靠事业的发展，在事业发展的全过程当中，用我的话来说就是漫漫求索路，这是我对个人人生的一个看法，漫漫求索，慢慢成长。不能说哪个阶段我的贡献是大的，在事业发展的过程中，不断地丰富提高自己。

从紧密地依靠事业这个意义上来讲，我 80 岁了还在给学生上课；还当广播电视重大展览会组委会的成员，还要参与商量、筹备、组织这些活动的讨论过程，展览会对我们自己也是提高，世界各个国家都有来往；这个时期中央电视台跑到这儿来给我录像，还向全国播放。我虽然 80 岁了，该告老还乡了，一系列活动却成为我的加油站，让我认为我自己还可以继续往前走，这是我对自己前半段和后半段的回顾、概括，依靠事业，依靠国家。

**陈：**作为儿子、丈夫、父亲，您如何评价自己？

**刘：**我是一个平凡的人，很普通的人，很正常地处理一些家庭当中的事务，一切都会按照事情发展的规律去演变，我也不会过分担心。

我的家庭生活非常和谐，今天中午到你这儿来，要过三八节了，因为考虑到明后天不知道有什么事，今天中午跟家里的妇女同志该会餐的已经进行完毕了。

**陈：**送太太礼物了吗？

**刘：**礼物就不要买了，礼物有各种各样机会的。至于电影学院的教学，我也不说以后教不教，如果让我教，我一定会继续搞好教学。社会上的活动，只要还有我能出力的地方自然会找我。比如现在老科协的事情没有完，章淑卿的书还在印刷之中，我们还提了几位同志，下面还要继续干，也许还是我继续干，也许以后少操心一点，让后面接班的人去干，那就随着事情的发展顺其自然。所谓与时俱进，就这个意思。

你们口述历史对我的采访，对我来说是加油站，你们跟我谈这些问题，促使我思考整理，好像我又年轻了，因为在回顾这些事情的过程当中，我似乎又回到了年轻力壮的状态，沉浸在美好往事当中。万分感！

**陈：**谢谢刘老师！

# 编后记

接手这本书的编辑工作，对于我来说是一次重新学习的机会，因为对于技术方面，我是一窍不通的外行。好在老专家刘国典先生虽然 80 多岁高龄，还是思维敏捷，一丝不苟，在我编辑的稿件上逐字斟酌，认真修改，包括人名、地名等，都进行了严格的把关。

本书的主书名《漫漫求索 孜孜不息》是我在编辑这本书的过程中，从字里行间总结出来的。之前我并不认识刘国典先生，也从来没有打过交道。可是通过编辑这本书，我认识了这位老先生，他一生都在求索，从来没有停下探索的脚步，直到今天，他还在为党的教育事业忙碌着。我相信看过此书的读者也一定和我有着同样的感受。

书的编排，基本上按照陈墨先生采访的顺序，分了 18 章，每章根据谈话内容分若干节。前后重复的内容进行了微调，使谈及的问题更为集中。

书中的注释均为编者所加，牵涉人名、地名等，基本参考的是《中国电影大辞典》（上海人民出版社 1995 年版）和网络上的有关信息。在此向他们表示感谢！

编者